LUXUS

Laster

Leidenschaft

Gewidmet meinem Bruder **Mag. Gernot Spreitzhofer,** *dem ich ganz besonders für seine wertvollen fachlichen und motivierenden Impulse, die wesentlich zum Gelingen des Vorhabens beigetragen haben, danke.*

Arno Spreitzhofer

LUXUS LASTER *Leidenschaft*

~ Seitenblicke auf die k. u. k.-Gesellschaft ~

MOLDEN

INHALT

Zur Affäre Eulenburg.
U·S
SCANDAL
Ich bin der Skandal,
Streng international.
Bald bin ich in Berlin,
Bald in Paris oder Wien.
Und wo ich nicht bin,
Da – lachen sie sich den Buckel voll.

Abb. 1

Affären und Skandale

Ein lohnender historischer Seitenblick

»Die Journalisten suchen ihn, das Publikum liebt ihn, die Mächtigen fürchten ihn: den Skandal«,[1] heißt es in einer jüngeren medienkundlichen Publikation. Auch die Historiker haben ihn längst entdeckt, könnte man hinzufügen. Seitenblicke auf die Anlässe öffentlicher Empörung lohnen sich allemal, denn sie erlauben interessante Rückschlüsse auf die Mentalität einer Gesellschaft. Affären und Skandale sind immer ein Spiegel des Zeitgeistes: Worüber hat man sich damals empört? Konnte öffentliche Entrüstung auch etwas bewirken oder gar einen Wertewandel beschleunigen? Während Gesetze und Moralkodex einer Epoche zeigen, wie man wollte, dass die Menschen leben, geben Skandale Aufschluss darüber, wie sie wirklich lebten.

In diesem Wechselspiel von Schein und Sein geht es nicht um alltägliche Skandale, also lokal begrenzte Empörungen, die für die Allgemeinheit nicht weiter interessant sind. Die Rede ist vielmehr von mediatisierten Skandalen, also jenen Ereignissen, über die in den Medien berichtet wird, sowie von Medienskandalen, wo Vorkommnisse erst durch die Presse zu einem Skandal hochgepusht werden.[2]

Die verkaufsfördernde Mixtur aus »Sex & Crime« ist nicht neu, sie wurde bereits zu Kaisers Zeiten angerührt und verfehlte ihre Wirkung nicht. Ein umfangreiches Pressewesen sorgte vor und nach 1900 für die Verbreitung zahlloser Skandalgeschichten bis in die entferntesten Winkel des Habsburgerreiches. Wie heute ging es in der Regel um moralische und strafrechtliche Fehltritte bekannter Persönlichkeiten der Gesellschaft. Normalsterbliche schafften es selten auf die Titelseite

Die Nachwelt ist nicht besser als die Mitwelt, sie ist nur später.
Arthur Schnitzler (1862–1931)

Skandale betreffen Laster, die wir aus zweiter Hand genießen.
Elbert G. Hubbard (1859–1915)

Die Öffentlichkeit hat eine unersättliche Neugier, alles zu wissen, außer dem Wissenswerten.
Oscar Wilde (1854–1900)

Der Skandal fängt an, wenn die Polizei ihm ein Ende macht.
Karl Kraus (1874–1936)

In der moralischen Entrüstung schwingt auch immer Besorgnis mit, vielleicht etwas versäumt zu haben.
Jean Genet (1910–1986)

Alles Schöne im Leben hat einen Haken: Es ist unmoralisch, illegal oder es macht dick.
Mae West (1892–1980)

der *Illustrierten Wiener Bilder,* dazu bedurfte es schon einer besonders schaurigen und ruchlosen Bluttat.[3]

Skandale funktionieren dann am besten, wenn es einen Antihelden gibt. Berichte über das Straucheln Prominenter befriedigen voyeuristische Bedürfnisse, bieten aber mehr als bloße Unterhaltung und persönliche Genugtuung: Sie können Themen öffentlich machen, Kommunikation erzeugen und gesellschaftspolitische Diskussionen in Gang bringen.[4] Die Rolle der Presse als Vermittler und zugleich auch als Filter des Zeitgeschehens ist dabei stets kritisch im Auge zu behalten.

Luxus, Laster, Leidenschaft: Das Leben der High Society in der Kaiserzeit

> *Man lebte gut, man lebte leicht und unbesorgt in jenem alten Wien, und die Deutschen im Norden sahen etwas ärgerlich und verächtlich auf uns Nachbarn an der Donau herab, die statt tüchtig zu sein und straffe Ordnung zu halten, sich genießerisch leben ließen, gut aßen, sich an Festen und Theatern freuten und dazu vortreffliche Musik machten.*
>
> Stefan Zweig[5]

Das operettenhafte Luxusleben der High Society Österreich-Ungarns, wie es Stefan Zweig in seinen Erinnerungen beschreibt, konnte nicht darüber hinwegtäuschen, dass es unter der Oberfläche des Vielvölkerstaates gefährlich brodelte und gärte. Doch bis zum bitteren Ende versuchte man, den schönen Schein der Sorglosigkeit zu wahren. Noch im Sommer 1918 promenierte man in prächtigen Roben beim Derby auf der Wiener Trabrennbahn, während etwa auf der berühmten Pferderennbahn von Vincennes bei Paris in Kriegszeiten Gemüse angebaut wurde.

Selbst am 10. November 1918, also einen Tag vor der Abdankung Kaiser Karls, warb man in den einschlägigen Gazetten noch für das mondäne Südbahnhotel am Semmering, »vornehmsten inländischen Champagner« der Marke Törley, Juwelen als Wertanlage, Parfüms, »feinste Bijouterie- und Lederwaren« und mehr. Die gleichen Inserate erschienen nach dem 11. November, so als ginge auch ohne Kaiser alles weiter wie bisher. Am Tag der Verzichtserklärung Kaiser Karls gab man im Johann-Strauß-Theater *Eine Ballnacht* und im Neuen Wiener Stadttheater passenderweise *Der Kongress tanzt.* »Fröhliche Apokalypse« übertitelte Hermann Broch die zunehmend dekadente Epoche Wiens ab 1880, die schließlich im Ersten Weltkrieg und dem unausweichlichen Untergang der Monarchie gipfelte.[6]

Abb. 2: Die Seitenblicke-Gesellschaft der Kaiserzeit

Abb. 3: Zu ebener Erde und erster Stock: Die k. u. k.-Society beim Preisreiten 1913, darüber thront die Erste Gesellschaft in der Hofloge.

Politische und soziale Ordnung

Mit dem Begriff Donaumonarchie bezeichnet man die österreichisch-ungarische Monarchie nach dem sogenannten »Ausgleich« mit Ungarn 1867. Sie bestand von da an aus den zwei formal gleichberechtigten Reichshälften Cisleithanien (Österreich) und Transleithanien (Ungarn) unter dem gemeinsamen Herrscher Franz Joseph und dessen Nachfolger Karl. Doch während man so mit den Ungarn ein halbwegs funktionierendes Zusammenleben erreicht hatte, warteten die slawischen Völker im Reich vergeblich auf eine vergleichbare Anerkennung. Dieser Zündstoff des Nationalismus führte 1914 schließlich zum Ausbruch des Ersten Weltkrieges und 1918 zum Zusammenbruch des 50-Millionen-Reiches.[7]

Bereits 1857 hatte Kaiser Franz Joseph die alten Stadtmauern Wiens schleifen und stattdessen die prachtvolle Ringstraße errichten lassen. Wien wurde damit zur repräsentativen Hauptstadt eines Weltreichs und gab eine hervorragende Fassade für den luxuriösen Lebensstil der Aristokratie und der Neureichen ab, doch die wirtschaftliche Hochblüte fand nach dem großen Börsencrash 1873 (»Gründerkrach«) ihr vorläufiges Ende. Ein Großteil der Banken Österreich-Ungarns und etwa die Hälfte der zuvor gegründeten Aktiengesellschaften verschwanden wieder. Entlassungen, Lohnkürzungen, Teuerungswellen und viele Suizide kennzeichneten die Gründerkrise. Ab 1879 erholte sich die Wirtschaft wieder. Die Krise führte zu Verschwörungstheorien, man gab den Juden, die man mit der Hochfinanz gleichsetzte, die Schuld. Die »Judenfrage« und der sich verschärfende Antisemitismus prägten von da an neben der »Slawenfrage« das innenpolitische Geschehen.[8]

Ungeachtet der politischen Ereignisse war die soziale Ordnung im Habsburgerreich streng geregelt. Die Hocharistokratie blieb in der Regel unter sich. An ihrer Spitze stand das Kaiserhaus der Habsburger, es folgte der alte Reichsadel, der bereits vor dem Ende des Heiligen Römischen Reiches Deutscher Nation (1806) reichsunmittelbare Herrschaft ausgeübt hatte. Dazu gehörten die Familien Salm, Dietrichstein, Schwarzenberg, Fürstenberg, Esterházy, Windisch-Graetz und andere mehr. Direkt darunter rangierte in der Hierarchie der österreichische Erbadel mit den Familien Kinsky, Pálffy, Lamberg, Lubomirski, Colla usw. Danach folgten die gräflichen und freiherrlichen Familien.[9]

Neben dieser »Ersten Gesellschaft« des Erbadels existierte noch die sogenannte »Zweite Gesellschaft« des Briefadels. Unter Kaiser Franz Joseph erfolgten rund 5.700 »Nobilitierungen«, durch die Personen aufgrund ihrer besonderen Verdienste um Staat und Kaiserhaus in den niederen Adelsstand erhoben wurden. Diese führten die Titel »Ritter« oder »Edler von« und wurden umgangssprachlich zumeist als »Baron« tituliert. In diese Kategorie fielen verdiente Hofbeamte und Offiziere am Ende ihrer Laufbahn ebenso wie die schillernde Gruppe der »Ringstraßenbarone« – Industrielle und Unternehmer, die ihren Reichtum durch prachtvolle Palais, Villen, Pferderennställe und anderen Luxus zur Schau stellten. Die Repräsentanten der Familien Rothschild, Mautner Markhof, Todesco, Wittgenstein, Schoeller, Taussig, Reininghaus, Epstein oder Arnstein versuchten zwar, den Hochadel an Prunk und Luxus zu übertreffen, blieben aber in ihrer Denkweise und politischen Haltung zumeist dem liberalen, kaisertreuen Bürgertum verbunden, an dessen Spitze sie trotz Nobilitierung standen. Als Kunstmäzene trugen sie wesentlich und nachhaltig zur Blüte der Wiener Moderne bei.[10]

Regelmäßige Kontakte zwischen männlichen Mitgliedern der Ersten und Zweiten Gesellschaft fanden am ehesten im Heer und in exklusiven Sportclubs statt. Die Frauen verkehrten kaum miteinander. Mit dem Aufkommen eines breiten Charitywesens suchten Hocharistokratinnen Kontakt zu den Frauen der Ringstraßenbarone, deren verlockender Reichtum für kurze Zeit die Standesgrenzen überwinden ließ. Man saß gemeinsam in Komitees von Wohltätigkeitsbällen, doch danach gingen die hochadeligen Salontüren wieder zu.[11]

Das liberale Bürgertum – eine urbane, gebildete Mittelschicht, darunter viele zum Teil assimilierte oder zum Katholizismus konvertierte Juden – hatte nach der gescheiterten Revolution von 1848 und mit dem Aufstieg von Massenparteien seine politische Macht weitgehend eingebüßt. Die von Kaiser Franz Joseph zähneknirschend akzeptierte Ernennung Karl Luegers zum Wiener Bürgermeister 1897 war ein sichtbares Zeichen dafür. Die Liberalen zogen sich verstärkt auf eine kunstsinnige Gefühlskultur zurück. Die Masse der Bevölkerung fristete hingegen ihr Dasein in schäbigen, mit »Bettgehern« geteilten Wohnungen oder in den Massenquartieren der Außenbezirke. Wien war zur Millionenstadt angewachsen, die »soziale Frage« drängte und schwächte das morsche Gebälk der Donaumonarchie zusätzlich.[12]

Lebensgefühl und »Zeitgeist«

Wieder ist es Stefan Zweig, der uns in seinen *Erinnerungen eines Europäers* eine handliche Formel für das Denken vieler Menschen in die Zeit vor dem Ersten Weltkrieg liefert: »Es war das goldene Zeitalter der Sicherheit. Alles in unserer fast tausendjährigen

Abb. 4: High Life: Wer es sich leisten konnte, lebte gut mit den Annehmlichkeiten der neuen Zeit.

österreichischen Monarchie schien auf Dauer gegründet und der Staat selbst oberster Garant dieser Beständigkeit. [...] Jeder wußte, wie viel er besaß oder wie viel ihm zukam, was erlaubt und was verboten war. Alles hatte seine Norm, sein bestimmtes Maß und Gewicht. [...]«[13]

Im Rückblick hat Zweig dieses Lebensgefühl einer Welt der Sicherheit zwar als Traumschloss bezeichnet, doch für die Zeit seiner jungen Jahre ist es durchaus nachvollziehbar: Als Sohn eines Industriellen kannte er keine Geldsorgen und konnte sich wie viele andere Bürger den schönen Dingen des Lebens zuwenden und die Segnungen des rasanten Fortschritts wie Elektrizität, Telefon und dergleichen genießen.[14]

Doch nicht alle dachten und fühlten so. Die ärmeren Bevölkerungsschichten sahen sich zunehmend an den Rand gedrängt und als Verlierer der Industrialisierung, man war vom Kaiserhaus enttäuscht und organisierte sich in der Sozialdemokratie. Aber auch unter den Bürgern und Aristokraten gab es nach der Jahrhundertwende viele, die in der neuen Zeit der Technisierung und Modernisierung weniger eine Chance auf bessere Zeiten als eine Bedrohung ihrer bisherigen Lebenswelt sahen. Die Zeit nach 1900 war geprägt von Beschleunigung in allen Bereichen; eine Epoche, in der traditionell männliche Tugenden wie Kraft und Kriegshandwerk sowie das Rollenverständnis als Ernährer und Beschützer der Familie stetig an Bedeutung verloren. Es kam zu einer »Krise der Männlichkeit«. Diese Identitätskrise versuchte man durch betont männliches Auftreten, übertriebene Barttracht, militärischen Habitus und Inszenierung als »Sportsman« nach englischem Vorbild mit Reitstiefeln und Jockeykappe zu kompensieren. Auf den Sonntagsjagden wurde das Wild im Akkord abgeknallt, Thronfolger Erzherzog Franz Ferdinand setzte hierbei neue Maßstäbe. Nie zuvor sah man so viele Männer in Uniform auf den Promenaden und es kam zu einer wahren Duell-Epidemie.[15]

Andere wiederum suchten in obskuren theosophischen und okkultistisch gefärbten Heilslehren Zuflucht. Man wollte zu den Auserwählten gehören und so den Stürmen einer unsicheren Zukunft trotzen. Nietzsches »Übermensch«, gedacht als Befreiung aus der geistigen und moralischen Bevormundung durch Staat und Kirche, wurde von selbsternannten Heilsbringern umgedeutet und mit Mystik, fernöstlichen Elementen und antiquierten Ritualen vermengt. Das Resultat waren zumeist rassistische und elitäre Sekten mit humanistischem Anstrich. Rudolf Steiner war einer ihrer erfolgreichsten Propheten. Doch es gab auch kritische Stimmen wie jene von Herbert Silberer. Der Privatgelehrte und Sohn des Sporttycoons Viktor Silberer prangerte schon früh die moderne Theosophie und die »Aufgeblasenheit der Lehre und ihrer Träger« an.[16]

Obwohl sich Friedrich Nietzsche vehement gegen die Vereinnahmung seines *Zarathustra* durch die von ihm als »Gesindel« titulierten Antisemiten aussprach, fiel seine Idee von der »Höherzüchtung des Menschen« auf fruchtbaren Boden. Anknüpfend an einen in der Bevölkerung latent vorhandenen Antisemitismus entwickelte Guido von List seine Visionen eines »arischen Herrenmenschen«, der die nordische Rasse unter dem Zeichen des Hakenkreuzes zum Sieg über die Juden und andere Rassen führen würde. Sein Magazin *Ostara* fand eine breite Leserschaft, dazu gehörte auch der junge Adolf Hitler. Die wachsende Judenfeindlichkeit und die politische Radikalisierung führten zu steigender Unsicherheit unter den jüdischen Bürgern der Donaumonarchie, die sich lediglich auf die schützende Hand des Kaisers verlassen konnten.[17]

Das schnelle Tempo der neuen Zeit und die damit verbundenen Anforderungen an den Einzelnen brachte ein neuartiges, europaweit grassierendes Krankheitsbild hervor: die »Neurasthenie«. Auch in der Donaumonarchie litten viele an »zerrütteten Nerven«, darunter zahlreiche Mitglieder der gehobenen Gesellschaft, die sich im Gegensatz zu kleinen Angestellten immerhin eine Kur in einem der wie Pilze aus dem Boden schießenden Luxussanatorien leisten konnten. Am ehesten war es noch dem Adel möglich, an seinem althergebrachten Wertekanon festzuhalten: Treue zum Kaiserhaus, Familiendenken und Katholizismus. Die Neurasthenie wurde als Modekrankheit betrachtet, als Adeliger wurde man dazu erzogen, sich nicht gehen zu lassen und Disziplin zu bewahren. Noblesse und Contenance waren die erstrebenswerten Tugenden, keine Schwäche zeigen war oberstes Gebot. Alles andere galt als »portiererisch«.[18]

Abb. 5: Selbstbewusste Frauen: Sport als Mittel der Emanzipation

Die Beschäftigung Sigmund Freuds mit dem Unterbewussten des Menschen rüttelte ebenfalls am männlichen Ego. Die aufkommende Frauenbewegung tat ein Übriges: Sie stellte das von der Gesellschaft vorgegebene Rollenbild der Frau infrage und vertrat, verglichen mit dem traditionellen Denken, radikale Ansichten und Forderungen. Die Tatsache, dass seit der Industrialisierung viele Frauen ihren Lebensunterhalt in der Fabrik selbst verdienten oder damit maßgeblich zum Familienunterhalt beitrugen, verdrängte das Bild vom Mann als Ernährer der Familie. Der Adel, dem Erwerbsarbeit seit jeher fremd war, bildete hier ebenso eine Ausnahme wie das Familiengefüge in begüterten Bürgerhäusern.[19]

Während nach außen hin ein strenger Sittenkodex das gesellschaftliche Zusammenleben reglementierte, galt hinter den Kulissen das Prinzip, dass man mehr oder minder tun konnte, was man wollte, solange man es nicht öffentlich tat. Dies betraf insbesondere die Sexualmoral. Selbst der über allem thronende Monarch, sonst ein extrem disziplinierter und vorschriftstreuer Mensch, ging hier mit schlechtem Beispiel voran. Franz Joseph unterhielt mehrere Verhältnisse, auch mit verheirateten Frauen. In der gehobenen Gesellschaft legte man allerhöchsten Wert auf Sittsamkeit, hierzu gehören gute Manieren, Sitte und Anstand, das Beachten von Tradition und Etikette. Echte Sittlichkeit, nämlich bewusstes Einhalten moralischer Normen zum Wohl anderer, geriet dabei ins Hintertreffen. Auch die öffentliche Meinung war geprägt von der herrschenden Scheinmoral.[20]

Es kümmerte kaum jemanden, dass Heerscharen junger Mädchen aus bitterer Armut heraus und oft auf Betreiben ihrer Eltern als Prostituierte in der Vorstadt landeten. Bis 1900 konnte man sich bereits ab 14 Jahren, danach ab 16 Jahren, beim Gesundheitsamt registrieren lassen und ein Gesundheitsbuch, den sogenannten »Deckel«, erhalten. Paradoxerweise wurden die Sexarbeiterinnen behördlich registriert, obwohl die

Prostitution an sich gesetzlich verboten war. Im Habsburgerreich boomte der Sexmarkt: Straßenstrich, Bordelle, pikante Herrenabende mit Sexfilmen sowie pornografische Fotos, verkauft von fliegenden Händlern beim Heurigen. Else Jerusalem beschrieb 1909 in ihrem viel gelesenen Roman *Der heilige Skarabäus* die damalige Welt des Mädchenhandels und der Bordellbetriebe. Arthur Schnitzler hielt in seinem *Reigen* der doppelbödigen Moral der Jahrhundertwende den Spiegel vor. Karl Kraus brachte das damalige Denken auf den Punkt: »Moralische Verantwortung ist das, was dem Mann fehlt, wenn er es von der Frau verlangt.«[21]

Praktischerweise bediente man sich einer doppelten Sexualmoral. Es gab eine für den Mann, die sich auf die seltsame »Dampfkesseltheorie« berief, wonach der Mann aus biologischen Gründen regelmäßig »Dampf ablassen« müsse. Unverheiratete junge Männer durften ihre Bedürfnisse mit Dienstmädchen ausleben oder bei entsprechender gesundheitlicher Vorsicht zu Dirnen gehen. Dem gegenüber stand die Sexualmoral für die Frau: Diese hatte als Jungfrau in die Ehe zu gehen und durfte keinerlei Reize zeigen, der Blick auf ihren Körper war ausschließlich dem Ehegatten vorbehalten. Alles Weibliche musste unter bodenlangen Kleidern versteckt und durch enge Mieder zusammengeschnürt werden. Stefan Zweig beklagte dieses körperfeindliche Denken seiner Zeit: »Dass junge Frauen auch im heißesten Sommer Tennis in fußfreien Kleidern oder gar mit nackten Armen spielten, hätte als skandalös gegolten, und wenn eine wohlgesittete Frau in Gesellschaft die Füße überschlug, empfand die ›Sitte‹ dies als grauenhaft anstößig.« An einer anderen Stelle meint Zweig: »Aber in dieser ungesund stickigen, mit parfümierter Schwüle durchsättigten Luft sind wir aufgewachsen. Diese unehrliche und unpsychologische Moral des Verschweigens und Versteckens war es, die wie ein Alp auf unserer Jugend gelastet hat.« Heuchelei und Prüderie bestimmten das Verhältnis zwischen Mann und Frau in den gehobenen Kreisen. Diesen Luxus konnten sich Arbeiterinnen nicht leisten, die oft mit einer Schar Männer in riesigen Schlafsälen hausten. Für Schamhaftigkeit blieb da kein Platz.[22]

Kunst und Kultur

Während sich Kaiser Franz Joseph eher an zeitloser Kunst in Form von Hubertusbildern und Jagdszenen delektierte, entwickelten sich im Sog der allgemeinen Modernisierung neue künstlerische Richtungen, die unter dem Begriff »Wiener Moderne« Weltruhm erlangten. Im Bereich der bildenden Kunst kam es 1897 zu einem Paukenschlag: 23 Künstler verließen die bis dahin alles dominierende Genossenschaft der bildendenden Künstler Wiens im Künstlerhaus und gründeten ihre eigene Vereinigung bildender Künstler Österreichs, die »Secession«. Gustav Klimt wurde deren erster

Präsident, zu den weiteren Mitgliedern zählten etwa Kolo Moser, Josef Hoffmann und Carl Moll. Man kehrte dem Klassizismus und der Neuromantik des 19. Jahrhunderts den Rücken und grenzte sich gleichfalls von Realismus und Naturalismus ab. Das neu geschaffene Ausstellungsgebäude der Secession mit seiner Kuppel aus goldfarbenen Dekorblättern wurde zum weithin sichtbaren Zeichen der jungen Bewegung. Die Kunst um 1900 begann als ästhetischer Aufbruch, man wollte Schönes schaffen. Die Künstler der Jahrhundertwende standen in ihrer Denkweise jener liberalen Mittelschicht nahe, die sich nach der politischen Niederlage des Liberalismus seit 1848 immer mehr in eine private Welt des Ästhetischen zurückgezogen hatte. Mit einer sinnlichen Stilkunst und offen zur Schau gestellten Nacktheit des Menschen brüskierte man die prüde Öffentlichkeit der Donaumonarchie. Die Ornamente des Jugendstils eroberten nicht nur die Malerei, in der »Wiener Werkstätte« fertigte man Alltagsgegenstände, Plakate, Möbel und Kleiderstoffe im neuen Design. Manche sahen darin allerdings eine Entwertung der Kunst zur bloßen Dekoration. Einige wie Oskar Kokoschka, Egon Schiele und Richard Gerstl rebellierten gegen den Jugendstil, indem sie sich der wesentlich radikaleren Richtung des Expressionismus zuwandten. Ihr »Drang zum rücksichtslosen Ausdruck der nackten Wahrheit der menschlichen Kreatur« rief Sittenwächter und Gesetzeshüter gleichermaßen auf den Plan.[23]

Mit dem stetigen Umbau Wiens zur Großstadt sah sich auch die Architektur vor neue Aufgaben gestellt. Otto Wagner, der richtungsweisende Grandseigneur unter den Wiener Architekten, wandte sich wie auch andere Bauplaner vom Historismus der Ringstraße mit ihren pseudoantiken Tempelgebäuden ab und dem Jugendstil zu, integrierte aber auch zunehmend Elemente eines nüchternen Funktionalismus. Adolf Loos schließlich verdammte das *Ornament als Verbrechen* und setzte mit seinem schnörkellosen Funktionsbau am Michaelerplatz einen gewagten Schritt in die Zukunft des Bauens, der heftige Proteste auslöste.[24]

Im Bereich der Musik gingen aus der Wiener Moderne einige bahnbrechende Komponisten hervor: Gustav Mahler, Arnold Schönberg und Alban Berg. Mahler brachte es immerhin zum Hofoperndirektor, wurde als Komponist aber weiterhin angefeindet und ausgebuht. Schönberg und Berg mit ihrer radikalen Auflösung der bisherigen Tonalität stießen beim Publikum auf völliges Unverständnis. Gleichzeitig feierten Walzer und Operette ungebrochene Erfolge, Werke von Johann Strauß, Emmerich Kálmán, Franz Lehár oder Carl Millöcker zählten zum Standardrepertoire vieler Häuser. Im Bereich der Literatur trafen sich die Autoren des »Jungen Wien« im Gefolge ihres Vordenkers Hermann Bahr regelmäßig in den Wiener Kaffeehäusern. Arthur Schnitzler, Hugo von Hofmannsthal, Felix Salten, Peter Altenberg und andere zählten zu dieser Gruppe. Man orientierte sich an Ästhetik und Sinnlichkeit und sah sich im Gegensatz zum derben Naturalismus. Von den Erkenntnissen Freuds beflügelt, leuchtete Schnitzler in seinen

Abb. 6: *Selten gehen die Grafen vor drei Uhr morgens schlafen …*
(aus E. Kálmán: Die Czárdásfürstin)

Bühnenstücken die psychologischen Tiefen menschlichen Verhaltens aus. Karl Kraus hielt wenig vom »Jungen Wien« und ging seinen eigenen Weg als radikaler Aufklärer. In seiner regelmäßig erscheinenden Zeitschrift *Die Fackel* kommentierte er scharfzüngig das Tagesgeschehen der Donaumonarchie. In den kaiserlichen Schauspielhäusern dominierten aber weiterhin die klassischen Dramen.[25]

»Dolce Vita« unter dem Doppeladler

Kaiser Franz Joseph galt als notorischer Frühaufsteher. Pünktlich um halb vier Uhr morgens begann sein Tag mit einem Gebet, danach erschien der kaiserliche »Badewaschl«. Doch mit der eisernen Disziplin des Monarchen konnten nicht alle seiner Untertanen Schritt halten. Während seine Majestät im Morgengrauen in die Gummibadewanne stieg, waren wie in Kálmáns Operette *Die Csárdásfürstin* noch die letzten Nachtschwärmer auf dem Heimweg. Für Männer mit Geld gab es zu allen Zeiten der Monarchie ausreichend Möglichkeit, sich nachts mehr oder weniger standesgemäß zu amüsieren: unzählige Bars, illegale Spielhöllen sowie einschlägige Etablissements, in denen man »champagnisieren« und den Trieben frönen konnte.[26]

Das gesellschaftliche Treiben tagsüber hat Robert Musil in seinem *Mann ohne Eigenschaften* so beschrieben: »Man entfaltete Luxus; aber beileibe nicht so verfeinert wie die Franzosen. Man trieb Sport; aber nicht so närrisch wie die Angelsachsen […].« In England waren mit dem Tod Queen Victorias 1901 nach 64 Regierungsjahren vor allem im Herrscherhaus selbst neue Zeiten angebrochen. Ihr ältester Sohn und Nachfolger Edward VII., der »flotte Bertie«, hatte mit der puritanischen Lebensweise seiner Mutter wenig am Hut. Er galt als Dandy und lebte seinen Hang zu Frauen, Luxus und teuren Hobbys ungeniert aus. Disziplin und Pflichterfüllung, wie man dies von den Langzeitmonarchen Queen Victoria und Kaiser Franz Joseph kannte, zählten nicht zu den hervorstechenden Eigenschaften des schwergewichtigen »Bertie«, der sich gerne mit neureichen Rennstallbesitzern und Sportsmen umgab. Edward war der Vorreiter einer gehobenen Spaßgesellschaft. Auch in Deutschland war 1888 mit Wilhelm II. ein Kaiser angetreten, der statt preußischer Sparsamkeit Luxus und Sport liebte. Das Auftreten der britischen Sportsmen hatte es auch den oberen Zehntausend der Donaumonarchie angetan. Der bürgerliche Journalist, Politiker und Millionär Viktor Silberer verhalf mit seiner *Allgemeinen Sport-Zeitung* der Idee des Gentleman-Sports zum Durchbruch. Exklusive Sportanlagen samt Clubhäusern wurden errichtet. Der 1866 gegründete *Jockey-Club* mit seinen feudalen Räumlichkeiten galt als Treffpunkt der männlichen High Society.[27]

Der gesellschaftliche Jahreslauf hatte einen strengen Rhythmus. Dieser wurde vom Adel vorgegeben und von den Bürgern kopiert. Das neue Jahr wurde in der Residenzstadt

Abb. 7: Alle Jahre wieder: Aufbruch in die Sommerfrische

Wien mit der »Neujahrscour« am Hof begonnen, zu der allerdings nur die »hoffähige« Elite zugelassen war. Danach begann die Ballsaison. Die Tanzsaison endete am Faschingsdienstag, danach hatten Spaziergänge durch die Praterhauptallee und Pferderennen Hochsaison. Die Derbywoche in der Krieau bildete den Abschluss der Wien-Séjours.[28]

Nun kam die Zeit der Sommerfrische. Der Adel zog sich auf die Stammschlösser zurück, die Ringstraßenbarone in ihre Villen im Semmeringgebiet und in den Kurorten wie Bad Ischl und Baden. Die Anreise erfolgte nach der Jahrhundertwende bevorzugt mit der Eisenbahn erster Klasse oder später im eigenen Automobil. Im Herbst folgten die Jagden, zunehmend standen auch Reisen in die Seebäder wie Abbazia sowie Schiffsreisen am Programm.[29] Für alle Untertanen mit kleinerer Brieftasche, also die überwiegende Mehrheit, gab es eine Reihe von erschwinglichen Zerstreuungsmöglichkeiten: Heurigenbesuche, Bierhallen und vor allem den Prater. 1895 wurde hier sogar einer der ersten »Themenparks« der Geschichte eröffnet. Unter dem Titel »Venedig in Wien« hatten die Betreiber ein Miniatur-Venedig mit Palazzi und einem Kanal für Gondelfahrten angelegt. Auch die ersten Kinos erfreuten sich großer Beliebtheit.[30]

Während sich die männliche Society die Zeit mit teuren Automobilen, Glücksspiel, Gentlemensport oder den Angeboten des gehobenen Sexmarktes vertrieb, konnten die Frauen der Oberschicht auf ein eher beschauliches Freizeitangebot zurückgreifen. Die intellektuell gesinnten Damen unterhielten Salons, andere wiederum frequentierten lieber die neu aufkommenden »Shoppingcenter« der Monarchie, wie etwa das Großkaufhaus Herzmansky in der Mariahilfer Straße, kombiniert mit einem Besuch beim Nobelfriseur. Sportarten wie Fechten, Reiten und Schwimmen boten ebenso Abwechslung vom Alltag im goldenen Käfig. Frauen der Society verfügten allerdings über eine sehr eingeschränkte gesellschaftliche und soziale Bewegungsfreiheit. Unverheiratete »Komtessen« der Aristokratie und die Töchter begüterter Bürger wurden ständig beaufsichtigt und kontrolliert. Die Ehefrauen der Aristokraten und Reichen hatten etwas mehr Spielraum und nahmen sich mitunter einen Geliebten aus der engeren Umgebung, was nicht nur bequemer, sondern auch diskreter war. Doch dies stand in keinem Größenverhältnis zur Mätressenwirtschaft der männlichen Oberschicht. Fatalerweise brachte manch feiner Hausherr von seinen erotischen Ausflügen die gefürchtete Syphilis ins heimische Ehebett mit.[31]

Zu den sichtbaren Attributen wirtschaftlichen Erfolgs gehörte für viele auch die dicke Zigarre. Während sich der Monarch Franz Joseph mit einer dünnen Virginia aus der heimischen Tabakregie begnügte, die deshalb im Volksmund als »Kaiserliche« bekannt war, protzten die Bankiers und Industriebarone mit importierten Havanna-Zigarren. Selbst wenn in der Kasse Ebbe herrschte, verzichtete man nicht auf den gewohnten Standard. Arthur Schnitzler berichtet in seinen Erinnerungen *Jugend in Wien* über seinen Onkel Edmund, dem die Familie ständig finanziell aushelfen musste, der aber weiterhin Feste feierte, »wo man – freilich vom Geld der Gläubiger – vorzüglich aß, trank und rauchte«. Stefan Zweig hingegen berichtete, dass sein Vater trotz Millionenvermögens auf Luxus verzichtete und nie im »Sacher« speiste, da es ihm peinlich gewesen wäre, als Bürgerlicher neben Aristokraten zu tafeln. Doch das schöne Leben konnte auch anstrengend sein, deshalb zog man sich regelmäßig in die Sanatorien und Kurorte zurück. Dazu die Salondame Bertha Zuckerkandl: »Die Wiener fuhren im Sommer gerne dorthin, um sich für den Fasching im Winter die Walzerbeine gelenkiger zu machen.«[32] Wo Luxus, Laster und Leidenschaft regieren, bleiben Skandale nicht lange aus. Auch die dekadente k. u. k.-Gesellschaft sorgte regelmäßig für negative Schlagzeilen.

1

Leopold von Sacher-Masoch

Die Skandalnovelle Venus im Pelz

~ 1870 ~

1870 kann als der Wendepunkt im Schaffen des aus Galizien stammenden Leopold von Sacher-Masoch (1836–1895) angesehen werden. Seit 1857 war der Sohn des Lemberger Polizeidirektors als Privatdozent für Geschichte an der Grazer Universität tätig, nebenbei hatte er eine Karriere als Schriftsteller und Herausgeber verschiedener Zeitschriften gestartet. Mit der Novelle *Don Juan von Kolomea* konnte er 1866 einen ersten großen Erfolg verbuchen. Inspiriert von seinen zahlreichen Affären und erotischen Fantasien beschritt Sacher-Masoch ab 1870 neue literarische Wege, die ihn zum viel gelesenen Skandalautor und nebenbei zum unfreiwilligen Namensgeber einer »gestörten Sexualpräferenz« machten.[33]

Abb. 8: Leopold von Sacher-Masoch (1836–1895)

Private Turbulenzen als literarische Triebfeder

Der Literaturkritiker Karl von Thaler kannte die Werke Sacher-Masochs ebenso wie den Autor selbst: »Die Frauen fanden ihn bei der ersten Begegnung abscheulich und endigten damit, sich in ihn zu verlieben. Von allen Schriftstellern, mit denen ich in den Sechziger-Jahren verkehrte, hatte er das meiste Glück bei dem zarten Geschlechte. Er verdiente es nicht, denn die Frauen schienen ihm mehr Objekte des psychologischen Studiums als Gefährtinnen der Liebe zu sein. Nur seine Sinnlichkeit trieb ihn den Frauen entgegen, nicht sein Herz, und außerdem besaß er nicht die Tugend, über galante Abenteuer schweigen zu können.«[34]

Letzterem Umstand verdankte Sacher-Masoch immerhin seine größten Erfolge. Was seine Amouren betraf, hatte Thaler nicht zu dick aufgetragen. 1862 begann der aufstrebende Poet aus Graz eine Liaison mit Anna von Kottowitz. Sie gehörte zur Grazer High Society, ihr Vater war der Anwalt und Politiker Dr. Anton Wasserfall Edler von Rheinbrausen und ihr Ehemann der bekannte Arzt Gustav von Kottowitz. Dass Anna verheiratet war, kümmerte Sacher-Masoch wenig. Die Affäre dauerte vier Jahre und dürfte sich in der hiesigen Gesellschaft bald herumgesprochen haben. 1870, mehrere Jahre nach dem Ende der Beziehung, erschien der Roman *Die geschiedene Frau*, in dem Sacher-Masoch ohne Rücksicht auf die Beteiligten die Geschichte dieses Ehebruchs aufarbeitete und die Protagonistin wenig verschlüsselt »Anna von Kossow« nannte. Er nahm bewusst in Kauf, seine frühere Geliebte und deren Gatten dem Spott und Klatsch der Grazer Gesellschaft preiszugeben. Gustav von Kottowitz hätte seinen Nebenbuhler »fordern« müssen, da beide als »satisfaktionsfähig« galten. Durch die Unterlassung eines »ritterlichen Duells« hatte er in den Augen der damaligen Männerwelt seine Ehre schwer beschädigt.[35]

Doch zu dieser Zeit wandelte Sacher-Masoch längst auf neuen amourösen Pfaden – mit Fanny Baronin Pistor, die bereit war, seine bizarren erotischen Fantasien in die Realität umzusetzen. Beide unterzeichneten am 8. Dezember 1869 einen privatrechtlichen »Unterwerfungsvertrag«, worin sich Sacher-Masoch dazu verpflichtete, sechs Monate lang der Sklave der Frau Pistor zu sein, und ihr das Recht einräumte, ihn bei jedem Fehlverhalten »nach ihrem Sinne und Gutdünken« zu strafen. Im Gegenzug dazu verpflichtete sich Fanny von Pistor, möglichst oft Pelze zu tragen, »besonders wenn sie grausam ist«.[36]

Es folgte eine gemeinsame Reise nach Italien, wo sich beide vertragskonform in ihre Rollen fügten. Sacher-Masoch musste als »Diener Gregor« niedere Botengänge erledigen und sich regelmäßig demütigen und züchtigen lassen. Zusätzlichen Reiz für diese Rollenspiele versprach man sich durch die Einbindung des berühmten Schauspielers Tommaso Salvini. Für Sacher-Masoch endete das italienische Abenteuer in einem Fiasko: Bei einem seiner Botengänge, bekleidet mit einer schäbigen Dienstbotenuniform, traf er auf einen früheren Studienkollegen, der sich über die sonderbare Aufmachung lustig machte. Sacher-Masoch täuschte eine Verwechslung vor und verließ fluchtartig Italien, während Fanny Pistor bei ihrem neuen Favoriten Tommaso Salvini blieb.[37]

Sacher-Masoch wandte sich nun hauptberuflich der Schriftstellerei zu, noch von Florenz aus hatte er im Jänner 1870 seine Stelle an der Universität Graz »aus gesundheitlichen Gründen« gekündigt. Die Erlebnisse in Italien beflügelten ihn schließlich zu seinem bekanntesten Werk. In der Novelle *Venus im Pelz* tauchte der Unterwerfungsvertrag mit der Baronin Pistor fast unverändert wieder auf, die Erlebnisse der Dreiecksbeziehung mit Salvini bildeten vor einer russifizierten Kulisse den Kern der Handlung. Die Heldin erhielt einen neuen Namen, der als Frauentypus in die Literatur eingehen sollte: Wanda von Dunajew.[38]

Mittlerweile tröstete sich Sacher-Masoch mit dem jungen Theatertalent Jenny Auenthal. Im November 1871 gab man die Verlobung bekannt, was den Dichter aber nicht von weiteren Frauenbekanntschaften abhielt. Der erotische Briefwechsel mit einer gewissen »Emilie« hatte es ihm besonders angetan. Einen ihrer pikanten Briefe zeigte

Abb. 9: Mit der *Venus im Pelz* zum Skandalautor

Sacher-Masoch seinem Freund, dem Journalisten Berthold Frischauer, der mit Bestürzung die eigene Mutter als Verfasserin identifizierte. Um die peinliche Angelegenheit aus der Welt zu schaffen, wurde die Rückgabe der Briefe per Boten vereinbart. Die Wahl fiel auf Angelika Aurora Rümelin, eine »Näh-Mamsell«, die das Vertrauen von Mutter Frischauer genoss.[39]

Eine folgenschwere Entscheidung, denn die junge Frau suchte seit Längerem Kontakt zu Künstlerkreisen, um ihrem tristen Alltag zu entfliehen und ihre eigenen literarischen Ambitionen zu verwirklichen. Nachdem der Vater die Familie verlassen hatte, lebte sie mit ihrer Mutter in bitterer Armut und musste rund um die Uhr Handschuhe für das Militär nähen, um zu überleben. Ihr erster sozialer Aufstiegsversuch war misslungen, denn der auserkorene Peter Rosegger wollte sich nicht auf einen Briefwechsel mit der Verehrerin einlassen. Nun sah sie ihre zweite Chance gekommen. Die junge Aurora brachte Mutter Frischauer alias »Emilie« die kompromittierenden Schriftstücke zurück, gleichzeitig nahm sie deren Platz ein und beglückte Sacher-Masoch fortan mit eigenen Briefen, die sie mit »Wanda von Dunajew« unterfertigte und in denen sie seine erotischen Fantasien kultivierte. Der Dichter zeigte sich begeistert.[40]

Venus im Pelz: das Streben nach gelebter Dichtung

Sacher-Masoch löste bald darauf die Verlobung mit Jenny Auenthal, der Weg für die junge Rümelin alias Wanda war frei. Trotz erheblicher Standesunterschiede vertiefte sich die Beziehung, am 12. Oktober 1873 fand in der Grazer Stadtpfarrkirche die Trauung statt. Die ritterliche Familie des Bräutigams war wenig erbaut über die unstandesgemäße Verbindung. Das dünkelhafte Verhalten seiner Eltern veranlasste Sacher-Masoch, seine Braut gegenüber der Presse scherzhaft als »Schriftstellerin Wanda von Dunajew, Baronin von Rümelin« auszugeben. Mehrere Zeitungen fielen darauf herein, selbst das in Adelsfragen bewanderte *Salonblatt* berichtete im November 1873 über die »Schriftstellerin Wanda von Dunajew«, die es eigentlich gar nicht gab.[41]

Zehn Jahre dauerte die Ehe zwischen Wanda, die den Vornamen ihres Pseudonyms beibehielt, und dem Schriftsteller. Auch das Eheleben richtete sich nach Sacher-Masochs Vorlieben, Wanda musste regelmäßig Pelz anlegen und die Knute schwingen. Die nächsten Jahre verbrachte man im steirischen Bruck an der Mur, wo der extravagante Lebenswandel des Societypaares für Gesprächsstoff sorgte. Per Inserat suchte man erotische Kontakte und nahm sogar die Bahnfahrt nach Mürzzuschlag auf sich, um dort einen als »Griechen« titulierten Mitspieler abzuholen, der sich jedoch als Reinfall entpuppte. Sacher-Masochs Vater suchte trotz aller Skandale die Nähe seines Sohnes und zog ins nahe gelegene Kapfenberg und später nach Bruck.[42]

1880 gingen die Sacher-Masochs nach Budapest, wo man in Alexander Groß endlich einen passenden Akteur für spezielle Rollenspiele fand. Ein Jahr später wurde er gegen den Schriftsteller und Journalisten Armand Rosenthal ausgetauscht. Der Nürnberger Bankierssohn hieß eigentlich Jakob Rosenthal und hatte zusammen mit Sacher-Masoch die Zeitschrift *Auf der Höhe* herausgegeben. Was als erotisches Spiel begann, endete als Liebesbeziehung zwischen Armand und Wanda. Sacher-Masoch zog mit seiner Übersetzerin Hulda Meister auf das Gut Lindheim in Hessen, Wanda folgte ihrem Geliebten

Rosenthal nach Paris. Dieser nannte sich nun Jacques Saint-Cère und arbeitete für die Tageszeitung *Le Figaro*. Dubiose Machenschaften brachten ihn ins Gefängnis, Wanda ging in die Schweiz und veröffentlichte 1906 ihre Memoiren *Meine Lebensbeichte*. Viele nahmen ihr diese »Grabschändung« übel, weil sie mit geschmacklosen Schlafzimmergeschichten Geld verdienen wolle und das Ansehen ihres 1895 verstorbenen Mannes unnötig in den Schmutz zöge.[43]

Verehrt und gehasst

Für Leopold Sacher-Masoch galt ebenso wie für sein Werk: Beide polarisierten in hohem Maße. Für die einen war er der perverse Fließbandautor skandalöser Schundliteratur, für die anderen ein genialer Verfasser von Novellen und Bühnenstücken. »Die Einführung dieses Prügel-Elementes in die Liebe der Geschlechter, welche übrigens auch in des Autors größeren Romanen zur leidigen Manier geworden ist, erscheint geradezu widerlich«, hieß es 1873 in der *Deutschen Zeitung*. In der *Neuen Freien Presse* wurde Sacher-Masoch bereits 1870 die Einlieferung in eine Klinik nahegelegt, der Autor wäre krank und gefährlich, weil er »modernen Schmutz« und »greisenhafte Lüsternheit« kultiviere und nihilistische Denkweisen verbreite. »Ihr vermeintliches Genie zeigt sich nur in der primitivsten Grobheit«, kritisierte ein Leser im *Salzburger Volksblatt*.[44]

Zunehmend wurde Sacher-Masoch belächelt, weil er sein eigenes Werk ungeniert in den Himmel lobte. Die *Neue Freie Presse* sah ihn bereits »im Wettkampf mit Richard Wagner um den Ruhm des größeren Größenwahns«. Das Humorblatt *Figaro* machte sich 1874 über den »bekannten Dichter der Pelzhändler und Kürschner« und dessen Hang zur Selbstbeweihräucherung lustig, weil dieser seine Kurzbiografie für ein Wochenblatt so einleitete: »Sacher-Masoch, der erste österreichische Poet, dem es gelang, seinem Namen eine europäische Berühmtheit zu geben.« Im *Salzburger Volksblatt* ärgerte man sich über den »bekannterweise sich selbst vergötternden Schriftsteller«, der zuvor die Salzburger verspottet hatte.[45]

Sacher-Masochs Image litt auch unter häufigen Rechtsstreitigkeiten. Bereits 1867 wurde er wegen Ehrenbeleidigung zu einer Geldstrafe von 50 Gulden verurteilt. Unter dem Titel *Martin der Kellner. Ein Schattenbild aus dem Grazer Leben* hatte er einen Artikel in der *Gartenlaube* veröffentlicht, in dem sich ein Kreditvermittler namens Martin Kellner nicht zu Unrecht wiedererkannte. Ein herabwürdigender Artikel in der *Berliner Theaterzeitung* über das Alter der bekannten Wiener Schauspielerin Josefine Gallmeyer und deren angebliche Skandale führte zum öffentlichen Briefwechsel. Ein Disput mit seinem Freund aus Grazer Tagen, dem Journalisten Berthold Frischauer, den er in einem Feuilleton als »Judenbuben« verunglimpft hatte, landete 1879 vor Gericht.

Im Jahr darauf wurde Sacher-Masoch von einem Berner Verleger verklagt, den er per Annonce beleidigt hatte. Er blieb dem Prozess fern, konnte seine Verurteilung zu acht Tagen Arrest aber nicht verhindern. Da sich Sacher-Masoch dem Haftantritt mehrmals entzog, wurde er 1881 zur Fahndung ausgeschrieben. Durch einen Vergleich mit dem Schweizer Kläger blieb ihm die Gefängnispritsche erspart.[46]

Max Foges, langjähriger Redakteur des *Neuen Wiener Journals*, zog 1906 Bilanz über Autor und Werk: »Aus der Literaturgeschichte ist Sacher-Masoch in die Lehrbücher der sexuellen Pathologie hinübergewandert und längst wird keine Zeile mehr von ihm gelesen werden, wenn noch der Begriff des Masochismus an jene sexuelle Anomalie erinnern wird, mit der er selbst behaftet war und die er in seinen Werken verherrlichte.«[47]

Foges bezog sich in seiner Prognose auf das berühmte Standardwerk zur Sexualpathologie von Richard Krafft-Ebing, der seit 1873 in Graz als Professor für Psychiatrie lehrte und eine Zeit lang auch die neu errichtete »Landesirrenanstalt« Feldhof leitete. Krafft-Ebing hatte in seiner *Psychopathia sexualis* von 1886 die Begriffe »Sadismus« und »Masochismus« in die Fachliteratur eingeführt und damit zwei Schriftstellern ein Denkmal gesetzt. Doch während der längst verblichene Marquise de Sade nichts mehr von seinem Glück erfahren konnte, wehrte sich Sacher-Masoch vehement, aber erfolglos gegen die Vereinnamung seines Namens für die Bezeichnung jener sexuellen Präferenz, der er selbst zeitlebens frönte und seinen größten literarischen Erfolg verdankte. In einem Punkt lag die Einschätzung von Foges nämlich daneben: Die *Venus im Pelz* hat ihren Autor bis heute überlebt und gilt nach wie vor als viel gelesener und mehrfach verfilmter Klassiker der erotischen Literatur, obwohl oder gerade weil das Buch ohne derbe pornografische Darstellungen auskommt.[48]

2

Erzherzog Otto

Die »Affäre Pernerstorfer«

~ 1888 ~

Abb. 10: Erzherzog Otto (1865–1906)

Im Vergleich mit den unzähligen Eskapaden des »schönen Otto«, des jüngeren Bruders des Thronfolgers Franz Ferdinand, nehmen sich die Skandale der heutigen britischen Royals wie Kinderkram aus. Unter dem Deckmantel der Immunität ließ so mancher Erzherzog ungeniert seinen Lastern freien Lauf. Erzherzog Otto war in dieser Hinsicht besonders aktiv, das kurze Leben des in Graz geborenen »Bolla«, wie er von seiner Familie gerufen wurde, war mit Skandalen gepflastert. Mangels besonderer Ambitionen schlug er schon früh eine Karriere im Heer seines kaiserlichen Onkels Franz Joseph ein. Doch Ottos Interessen konzentrierten sich auf Alkohol, Glücksspiel und »leichte Frauen«. Seine Lebensleistung bestand für viele einzig und allein darin, in einer arrangierten Ehe den späteren letzten Kaiser Karl gezeugt zu haben.[49]

1888 brach der Abgeordnete Engelbert Pernerstorfer (1850–1918) mit einem Tabu, als er im Abgeordnetenhaus des Reichsrats einige von Ottos Husarenstücken, freilich ohne dessen Namen zu nennen, zur Sprache brachte:

> »Rohheiten unserer Jugend kommen vor, mir ist eine Geschichte bekannt von einem sehr jungen und sehr hohen Herrn, der mit seinen Kameraden – lauter hohe Herren, auch sehr junge Herren – nach einem wüsten Gelage, diese seine Freunde in das Zimmer seiner Frau führen wollte. (Hört! Hört!) Weiter ist mir eine Geschichte bekannt von einem sehr jungen, sehr hohen Herren, der mit seinen Kameraden – lauter fürstliches Blut – dahinstürmte auf den Pferden auf einem weiten Felde, wo sie von ferne einen Leichenzug sahen, den sie stille zu stehen zwangen. (Hört! Unerhört!) Und all dieses edle fürstliche Blut macht sich ein Vergnügen daraus, über den Sarg hinüberzuspringen. (Hört! Hört!) Da ist mir weiters eine Geschichte bekannt aus einer Stadt, die freilich keine Universität besitzt, aber eine Kavalleriegarnison, wo junge Herren etwas getan haben, was vielleicht dem Herrn Unterrichtsminister bekannt ist; [...] Wenn man diese beglaubigten

> Geschichten, die man in ganzen Kronländern erzählt und die die Bevölkerung ganzer Kronländer weiß, vorführt, dann wird man mit Berechtigung von der Verrohung und der Verwilderung der Jugend sprechen können, das ist aber nicht die bürgerliche Jugend, nicht die Jugend des gemeinen Volkes (Sehr richtig!), das ist eine sehr vornehme Jugend [...].«[50]

Die erste »Saufgeschichte« spielte darauf an, dass Otto nach einer durchzechten Nacht eine Herrenrunde in das Zimmer seiner strenggläubigen Gemahlin Maria Josepha geführt und diese mit den Worten »So sieht eine Nonne aus!« vorgeführt hatte. Die zweite Begebenheit war ebenfalls Stadtgespräch gewesen: Der ausgezeichnete Reiter Otto war im Übermut des Rausches zusammen mit seinen Begleitern über einen Leichenzug gesprungen. Pernerstorfers dritte Anspielung bezog sich auf eine der vielen Eskapaden während Ottos Stationierung in Kärnten.[51]

Prügel für einen vorlauten Abgeordneten

Für den Abgeordneten aus dem Wiener Neustädter Wahlbezirk sollte diese offenherzige Kritik am Herrscherhaus schmerzhafte Folgen haben. Am Abend des 25. Februar 1888, einem Samstag, bekam Pernerstorfer kurz vor 20 Uhr in seiner Wohnung in der Döblinger Mariengasse 13 unerwarteten Besuch von zwei Männern, laut Polizeibericht »der besseren Klasse angehörig«. Sie stellten sich mit den Allerweltsnamen Wagner und Maier vor und wurden von der Hausangestellten nichtsahnend in das Arbeitszimmer des Politikers geführt. Dann ging es im wahrsten Sinne des Wortes Schlag auf Schlag: Ohne Umschweife begannen die Männer mit ihren Stöcken auf den Politiker einzuprügeln. Es kam zu einem heftigen Handgemenge, Pernerstorfer konnte den beiden die Stöcke entreißen und rang einen der Kontrahenten nieder, die Schläger ergriffen schließlich die Flucht. Zurück blieben die beiden Stöcke, »schwere neue Ochsenziemer«, und der Hut eines Angreifers. Pernerstorfer und seine herbeigeeilte Frau hatten erhebliche Blessuren davongetragen. Auch einer der ungebetenen Besucher war verletzt worden.[52]

Das Medienecho auf das Attentat war groß, ebenso die Empörung bei den Abgeordnetenkollegen aller Couleurs und in der Bevölkerung. Der greise Präsident des Abgeordnetenhauses verurteilte den Anschlag auf das Schärfste, fügte aber gleich hinzu, dass er ansonsten in dieser Angelegenheit nichts tun könne. Trotz sofort einberufener Untersuchungskommission vor Ort und einer ziemlich genauen Täterbeschreibung verliefen die polizeilichen Ermittlungen im Sande. Hinter vorgehaltener Hand wurden Erzherzog Otto und Kronprinz Rudolf als Drahtzieher des Attentats vermutet. Die Täter aber konnte oder wollte man bis zum Ende der Monarchie nicht ausforschen. Der sozialdemokratische *Arbeiterwille* behauptete im Jänner 1918 in einem Nachruf auf den verstorbenen Pernerstorfer, dass es sich bei den Tätern um verkleidete Offiziere gehandelt habe, deren Identität der Polizei sehr wohl bekannt gewesen wäre.[53]

Erst als die Witwe des Kronprinzen 1935 ihre Memoiren veröffentlichte, fanden diese Theorien ihre Bestätigung, denn darin war ein Brief Rudolfs vom 5. März 1888 abgedruckt, in dem es heißt: »Die Polizei hat mir schlechte Stunden bereitet, sie haben die Spuren entdeckt und auch das Regiment, von welchem die Prügel ausgegangen sind! Die Leute konnten sie nicht finden, denn wir haben den einen in Südungarn, den anderen in der Herzegowina angebaut. Es hat meine ganze Frechheit dazugehört, um mich und Bolla aus allem zu salvieren.«[54]

Abb. 11: Auch für Spott war gesorgt: Pernerstorfer wappnet sich für weitere Überfälle.

Erzherzog Ottos Glück und Ende

Erzherzog Otto blieb auch nach der Affäre Pernerstorfer und dem damit verbundenen Imageschaden seinem ausschweifenden Lebensstil treu. Mit einer jährlichen Apanage von 100.000 Kronen aus der kaiserlichen Familienschatulle ließ es sich ganz gut leben. Weitere Skandale folgten. Besonderes Aufsehen erregte eine überaus peinliche Episode im Hotel Sacher. Otto hatte mit seinen Kumpanen und einigen Prostituierten im Separee des Hotels ein ausgiebiges Trinkgelage gefeiert. Zum Gaudium seiner Zechbrüder wurde Otto dabei sturzbetrunken und splitternackt ausgesperrt. Während er im Adamskostüm, lediglich von einem umgebundenen Säbel geziert, an die Zimmertür hämmerte und um Einlass bat, erschien am Gang der Botschafter Großbritanniens in Begleitung mehrerer Damen der feinen Gesellschaft. Die distinguierten Briten waren schockiert über den Anblick eines torkelnden, nackten Erzherzogs. Der entsetzte Botschafter legte unverzüglich diplomatischen Protest ein, doch keine Behörde wollte sich mit dem Vorfall anpatzen. Erst eine Audienz beim Kaiser höchstpersönlich zeigte Wirkung. Otto wurde wieder einmal für einige Wochen aus dem gesellschaftlichen Verkehr gezogen. Er machte das Beste aus der befohlenen Klausur in einem Kloster und widmete sich mit vollem Einsatz den dortigen Weinvorräten.[55]

Während Ottos Eheleben auf Sparflamme dahinzüngelte, loderte das Feuer der Begeisterung, wenn es um seine zahlreichen Affären ging. Diese wurden offen ausgelebt, »natürliche« Kinder wie der gemeinsame Sohn mit der Balletttänzerin Marie Schleinzer kurzerhand anerkannt. Unbeeindruckt von den öffentlichen Reaktionen führte der »schöne Otto« sein Lotterleben weiter, das schließlich einen hohen Tribut forderte. Ausgezehrt von der Syphilis und gemieden von der Familie starb er mit nur 41 Jahren in einer Wiener Cottage-Villa, gepflegt von seiner letzten Geliebten, der Operettensängerin Louise Robinson.[56]

3

Georg Ritter von Schönerer

Der »Exzess im Steyrerhof«

~ 1888 ~

Abb. 12: *»Herr Schönerer hat wieder einmal eine Affäre gehabt«*: Politrabauke Georg Ritter von Schönerer (1842–1921)

»Herr Schönerer hat wieder einmal eine Affäre gehabt«[57], beginnt ein Artikel in der *Wiener Sonn- und Montags-Zeitung* vom 19. März 1906 und man fühlt sich an die Eröffnungssätze der bekannten Brenner-Kriminalromane des Autors Wolf Haas erinnert »Jetzt ist schon wieder was passiert …« Und wahrlich, bei Georg Ritter von Schönerer, dem berüchtigten Antisemiten und Parteiführer der Alldeutschen, war wirklich immer wieder was.

Bereits Ende 1878 verscherzte es sich der Führer der *Deutschnationalen* (Die Alldeutschen) mit vielen. Wiederholt kritisierte er die Regierung Auersperg und ließ sich dabei zur Bemerkung hinreißen, dass die Bewohner der deutschen Kronländer angesichts der Staatsmisere immer lauter nach dem Anschluss an das Deutsche Kaiserreich rufen würden.[58]

Nach dem ersten »lebhaften Widerspruch« im Reichsrat folgte eine Welle der Empörung in den Kronländern, allein aus Schlesien kamen 54 Protestnoten von Bürgermeistern, die ihre Loyalität zum Haus Habsburg bekräftigten. Schönerer versuchte zurückzurudern und dementierte, doch für viele waren das bloß »jämmerliche Reinwaschungsversuche«, wie *Die Presse* am 9. Jänner 1879 berichtete. »Wir wollen Österreicher sein und bleiben!«, hieß es auch in einer öffentlichen Erklärung der Zwettler Gemeinde Langschlag und man empfahl dem Bezirksvertreter: »Sollte es ihm – Herrn von Schönerer – in Österreich nicht gefallen, so steht ihm der Weg nach Preußen offen.«[59]

Der Überfall auf das *Neue Wiener Tagblatt*

Eine andere Eskapade des streitbaren und rechthaberischen Volksvertreters zog schwerwiegende Folgen nach sich. Am 8. März 1888 hatte das *Neue Wiener Tagblatt* das Ableben des deutschen Kaisers Wilhelm I. bekanntgegeben. Etwas zu früh, wie sich herausstellte, denn zu dieser Zeit lag der Monarch zwar in seinen letzten Zügen, aber er lebte noch.

Man war einer Falschmeldung aus Berlin aufgesessen. Zur Schadensbegrenzung wurde eilig eine Extraausgabe produziert, in der man den Irrtum bedauerte. Schönerer befand sich zu dieser Zeit gerade bei einer Versammlung des Deutschnationalen Vereins, als jemand die Zeitung mit der Todesmeldung in den Gasthaussaal brachte. Die Verehrer des greisen Teutonenführers aus dem Hause Hohenzollern waren bestürzt. Die Vereinssitzung verwandelte sich in eine spontane Trauerkundgebung mit Klageliedern und Trinksprüchen, in die plötzlich gegen Mitternacht jemand mit der Dementi-Ausgabe des *Tagblattes* hineinplatzte. Die erste Verunsicherung schlug schnell in Zorn gegen die Zeitung und ihre Redakteure um. Für den notorischen Antisemiten Schönerer und seine Getreuen war die Sache klar: Die jüdischen Journalisten des *Tagblattes* hätten sich den Tod Kaiser Wilhelms herbeigewünscht. Im Bierdunst des Versammlungslokals erhitzten sich die Gemüter so weit, dass man den Beschluss fasste, dem *Tagblatt* einen Besuch abzustatten, um die Sache zu klären.[60]

Der 9. März war bereits angebrochen, als Schönerer mit einem Gefolge von rund 25 mehr oder weniger illuminierten Anhängern durch die Redaktionsräume des *Tagblattes* im Steyrerhof, Rotenturmstraße 3, marschierte. Ein Teil der aufgebrachten Schar drängte sich in ein 20 Quadratmeter großes Dienstzimmer, wo die Redakteure gerade eine Sonderschicht anlässlich der Kaiser-Wilhelm-Geschichte einlegten. Die restlichen Schönerianer blockierten Ein- und Ausgänge. Ein zivilisierter Gedankenaustausch war unter diesen Umständen nicht zu erwarten. Schönerer schwenkte seinen mit einem Bleiknauf besetzten Gehstock und ergriff lautstark das Wort. Er beschimpfte die Anwesenden als »Schandblattjuden«, die den Tod des deutschen Kaisers nicht erwarten könnten, beklagte die ständigen Beleidigungen der deutschen Sache durch die »Press- und Zeitungsjuden« und verkündete, dass nun der »Tag der Rache« gekommen wäre.

Nun kippte die ohnehin bizarre Situation vollends ins Groteske: »Juden auf die Knie! Abbitte leisten!«, herrschte Schönerer die Journalisten an. Die einzige anwesende Frau, eine Telegrafistin, versuchte zu schlichten, wurde jedoch mit den Worten »Maul halten, wir verschonen auch Judenweiber nicht!« zurechtgewiesen. Der *Tagblatt*-Redakteur Bernhard Münz zeigte sich wenig beeindruckt vom Auftritt der alldeutschen Horde. »Unser Kaiser heißt Franz Joseph!«, konterte er Schönerer, der vom Tod »unseres Kaisers Wilhelm« gesprochen hatte. Der Redakteur Adolf Schmal protestierte gegen den Hausfriedensbruch und teilte den ungebetenen Besuchern mit, dass er preußischer Offizier wäre. Ein Schönerianer namens Gerstgrasser wollte daraufhin dessen Offizierspatent sehen. Die Situation eskalierte, bald flogen die Fäuste. Die vom Lärm alarmierten Setzer und Drucker rückten indessen zur Verteidigung der Redaktion an und langten ordentlich zu, für beide Seiten ging das Handgemenge nicht ohne Schrammen ab. Schönerer hatte sich bereits diskret aus dem Staub gemacht, auch seine Getreuen traten den Rückzug an. Gerstgrasser, der sich bei der Aktion besonders engagiert hatte und verarztet werden musste, wurde von der inzwischen eingetroffenen Polizei festgenommen.[61]

Abb 13: »Heim ins Reich«: Dem Bier trinkenden Deutschlandverehrer Schönerer wird die Emigration ins gelobte Preußen nahegelegt.

Presseecho und Strafverfolgung

Tags darauf ging ein Sturm der Entrüstung durch die Zeitungslandschaft. Man solidarisierte sich mit den Kollegen vom *Tagblatt*. Die *Presse* betitelte das Ereignis als »unerhörten Skandal«, die *Extrapost* berichtete auf ihrer Titelseite von einer »Horde wüster Trunkenbolde« und ortete insgesamt einen Vormarsch der »pöbelhaften Elemente«, die keine Achtung vor dem Gesetz hätten und der Anarchie Vorschub leisteten. Das *Linzer Volksblatt* wiederum erhob die Frage, ob jemand, der sich als Anhänger des deutschen Kaisers deklariere, als Abgeordneter weiter tragbar wäre und bezeichnete sein Verhalten als »Unverschämtheit, die jeden Österreicher mit tiefster Entrüstung und Ekel erfüllen muss«. Für öffentliche Kritik sorgte auch das Verhalten der Polizei. Schönerer war mit Gefolge in der zuständigen Wachstube erschienen, um den verhafteten Gesinnungskameraden beizustehen. Der diensthabende Polizist hielt es nicht für notwendig, die Personalien der Beteiligten aufzunehmen, und rechtfertigte sich später damit, dass der Alkoholisierungsgrad Schönerers und seiner Begleiter eine ordnungsgemäße Amtshandlung nicht zugelassen hätte.[62]

Der Überfall im Steyrerhof brachte das Fass zum Überlaufen, denn gegen Schönerer lief bereits ein Ansuchen auf Auslieferung an den Reichsrat wegen der früheren sogenannten »Teutonia-Affäre«. Am 3. März hatte der parlamentarische Immunitätsausschuss einer Strafverfolgung zugestimmt. Die neuerliche Gesetzwidrigkeit wurde in die Anklage gleich miteingearbeitet. Am 4. Mai 1888 wurde der für Schönerer schicksalhafte Prozess im Wiener Landesgericht eröffnet. Punkt 1 der Anklage betraf das »Verbrechen der öffentlichen Gewalttätigkeit« nach § 83 der Strafprozessordnung und bezog sich auf den Überfall im Steyrerhof, Punkt 2 bezog sich auf die »Teutonia-Affäre«: Am Abend des 25. Jänner hatten es die Burschenschaftler der *Teutonia* in

Abb. 14: Trinkfreudig und trinkfest:
Der Bierkrug wird zum ständigen Accessoire in den Darstellungen Schönerers.

einer Wiener Bierhalle zu toll getrieben, weshalb ein Polizeikommissär die Auflösung der Festkneipe anordnete. Schönerer forderte daraufhin die Burschenschaftler auf sitzen zu bleiben und machte sich über den Polizisten lustig, ein klarer Verstoß gegen § 312 und § 314, was so viel bedeutete wie Behinderung einer Amtshandlung und Beamtenbeleidigung.[63]

Eine Reihe von Zeugen wurde aufgeboten, um die strittigen Fragen zu klären. Zum einen war unklar, ob Schönerer beim Überfall auf die *Tagblatt*-Redaktion neben seinem Gehstock auch einen Schlagring dabei hatte. Er selbst und seine Mitstreiter dementierten heftig, mehrere Zeugen der Gegenseite beharrten aber auf ihrer Beobachtung. Der Staatsanwalt wiederum erinnerte an eine zurückliegende Versammlung in den Sofiensälen, wo Schönerer verkündet hatte, die »Schonzeit für die Pressjuden« wäre nun vorbei. Für die Anklage stellte das eindeutig den Übergang »von der Propaganda des Wortes zur Propaganda der Tat« dar. Schönerer führte zu seiner Verteidigung an, er hätte seinen Mitstreitern vor dem Aufbruch in den Steyrerhof das Versprechen abgerungen, dass nur er das Wort führen dürfe und der Besuch ohne Gewalt abgehen müsse. Die Arbeiter des *Tagblattes* berichteten allerdings einhellig von der Gewaltbereitschaft und Angriffslust der Schönerianer.[64]

Das Gericht schenkte Schönerers Beteuerungen keinen Glauben und griff tief in den Schmalztopf: vier Monate schwerer Kerker, Ersatz der Prozesskosten und, was besonders schwer wog, Verlust des Adelstitels. Hinzu kam der Verlust des aktiven und passiven Wahlrechts für die Dauer von fünf Jahren nach Verbüßung der Haftstrafe, somit gingen Schönerer auch seine politischen Mandate verloren.[65]

Rückzug und politisches Comeback

Die harte Strafe löste bei Schönerers Sympathisanten einen Schock aus, spontane Beifallskundgebungen vor seiner Wohnung folgten, sogar ein Blumenkorso wurde veranstaltet. Als Kronprinz Rudolf auf dem Weg in die Staatsoper zufällig am Korso vorbeikam, stimmte man provokant *Die Wacht am Rhein* an, die inoffizielle deutsche Kaiserhymne. Manche Zeitungen sprachen offen von einem Tendenzprozess und Schönerers Leibpostille *Der Kyffhäuser* verkündete trotzig: »Wir wanken nicht!« Echte Schönerianer konnten sogar einen Nachdruck des vollständigen Prozessprotokolls billig erstehen.[66]

Doch das alles änderte nichts daran, dass Schönerer am 20. August 1888 in seine Zelle im Grauen Haus einrücken musste. Der Haftantritt geriet zum öffentlichen Spektakel. Für die Zugfahrt am Abend davor von Pürbach-Schrems im Waldviertel, wo Schönerers Familiengut Rosenau lag, bis nach Wien wurden sämtliche Bahnhöfe unter Polizeibewachung gestellt, um Tumulten vorzubeugen. Er nächtigte im streng abgeriegelten Hotel

»Zur Goldenen Ente«, das laut *Prager Abendblatt* von rund 500 Anhängern belagert wurde. Die Menge jubelte, als Schönerer am nächsten Tag im offenen Fiaker über den Ring bis zum Josefstädter Gefängnis fuhr.[67]

Nach seiner Haftentlassung verschwand Schönerer in der politischen Versenkung und widmete sich seinem Gut Rosenau im Waldviertel, das er zu einem landwirtschaftlichen Musterbetrieb entwickelte. In der Folgezeit wurde Schönerer auch zu einem Hauptagitator der »Los-von-Rom-Bewegung« und trat 1900 öffentlichkeitswirksam zur evangelischen Kirche über. Ein politisches Comeback gelang dem Gutsherrn von Rosenau zur Zeit der Badeni-Krise um 1897. Zu seinem 75er erhielt Schönerer 1917 aufgrund einer Sonderamnestie Kaiser Karls seinen Adelstitel zurück und durfte sich fortan wieder »Ritter« nennen.[68]

4

Helene Odilon

Rosenkrieg mit Alexander Girardi

~ 1896 ~

Abb. 15: Theater-Ikone Helene Odilon um 1903

Das Berufsleben von Theaterleuten, früher nicht ohne Grund als »fahrendes Volk« bezeichnet, war seit jeher von häufigen Ortswechseln begleitet. Ein neues Engagement brachte meist auch den Umzug in eine andere Stadt mit sich. Ebenso unstet gestaltete sich oft das Privatleben, Lebensgemeinschaften ohne Trauschein und flüchtige Affären waren die Regel. Die Bühnenstars, aber auch die schlecht bezahlten Ballett- und Chormädchen der Varietés und kleinen Spielstätten nahmen sich öffentlich jene Rechte heraus, die den Damen der Gesellschaft verwehrt waren: freie Partnerwahl und häufige Partnerwechsel. Aristokratinnen und Bürgersdamen hingegen konnten ihre Techtelmechtel nur im Geheimen und in ihrer engsten Umgebung ausleben. Weibliche Theaterstars wurden oft hymnisch verehrt und waren begehrte Mätressen für Vertreter der Hocharistokratie. Manche wurden entgegen den Konventionen sogar geheiratet. Da sich selbst Kaiser Franz Joseph öffentlich mit der Hofschauspielerin Katharina Schratt zeigte, wurden diese Verbindungen stillschweigend geduldet.[69]

Das Traumpaar Odilon – Girardi

Helene Odilon (1865–1939), gefeierter Star am Deutschen Volkstheater in Wien, ließ sich ebensowenig von den Konventionen ihrer Zeit beirren. Die Salondame Bertha Zuckerkandl beschrieb sie so: »Die Odilon – selten gelang es einer nach Wien verpflanzten Berliner Schauspielerin, populär zu werden, gar wenn ein leiser preußischer Dialektanklang die unbezwingbare Abneigung des Wieners gegen alles Preußische noch steigerte. Aber einem so vehementen Sex-Appeal, wie ihn die Odilon besaß, konnte die Wiener Sinnlichkeit nicht widerstehen. Sie war ein Sexualwunder. Doch war die hochtalentierte Frau ihrer Kunst leidenschaftlich ergeben. Bald waren die Odilon-Premieren große Mode, wozu nicht wenig beitrug, dass die rasch wechselnden

Abenteuer des neuen Stars dem Wiener Tratschbedürfnis willkommene Nahrung boten.«[70]

Die in Dresden als Helene Petermann geborene Schauspielerin hatte bereits am Berliner Staatstheater Bekanntheit erlangt, nachdem kein Geringerer als Kaiser Wilhelm I. persönlich ihr Engagement angeordnet hatte. 1891 kam sie nach Wien, wo sie neben Adele Sandrock zum neuen Publikumsmagneten des Deutschen Volkstheaters aufstieg. Durch ihre Bühnenleistungen sowie die Ehe mit dem Langzeit-Publikumsliebling Alexander Girardi (1850–1918) war die Odilon vom Wiener Publikum endgültig adoptiert worden. Doch gerade diese erste Ehe, der später noch drei weitere folgen sollten, stand unter keinem guten Stern. Zu ungleich war das Paar: sie jung, lebenslustig und mondän, er ein verbrauchter, misstrauischer Hypochonder. Girardi war seiner jungen Frau verfallen, umgekehrt sah die Sache anders aus: Bereits in den Flitterwochen setzte Helene Odilon dem ahnungslosen Girardi Hörner auf. Dieser wurde in anonymen Briefen damit konfrontiert und geriet in eine psychische Krise. Streit und Versöhnung wechselten einander ab. Um der Eifersucht ihres gehörnten Gatten zu entgehen, mietete sich Helene Odilon Anfang Dezember 1896 standesgemäß im Hotel Sacher ein.[71]

Eskalation einer Ehekrise

Dann spitzte sich die Situation dramatisch zu. Die Schauspielerin verkehrte nur mehr über ihren Anwalt Dr. Frischauer mit dem Noch-Ehemann und hatte inzwischen eine eigene Wohnung angemietet. Als Frischauer Girardi über die ins Haus stehenden Möbelpacker unterrichten wollte, fand er den Schauspieler in einer beängstigenden Verfassung vor. Der Anwalt riet der Odilon dringend von der geplanten Siedelaktion ab und empfahl stattdessen, den langjährigen Hausarzt Girardis, Dr. Josef Hoffmann, einzuschalten. Am Tag darauf wurde im Sacher über das weitere Vorgehen beraten und auch die Unterbringung in einem Sanatorium erwogen. Man kam überein, den anerkannten Nervenarzt Professor Julius Wagner Ritter von Jauregg zu konsultieren, dieser sagte zu.[72]

In der Folge geriet die Lage außer Kontrolle. Die »Affäre Girardi« beherrschte tagelang die Presse, die Wiener verfolgten gespannt das weitere Treiben. Auch die Satireblätter griffen den peinlichen Rosenkrieg als guten Stoff gerne auf. Wagner-Jauregg und der Hausarzt Hoffmann suchten Girardi in dessen Wohnung auf, dieser verweigerte aber jeglichen Kontakt, ganz zu schweigen von einer ärztlichen Untersuchung. Zu groß war seine Angst vor einer Abschiebung in eine Heilanstalt. Unverrichteter Dinge zogen die beiden Mediziner wieder ab. Girardi flüchtete anschließend »nachlässig gekleidet« aus seiner Wohnung, ohne Reisegepäck, doch angeblich mit einem geladenen Revolver in der Tasche. »Alexander Girardi – vermisst« vermeldete daraufhin das *Neue Wiener Journal* am 10. Dezember

1896. Die Öffentlichkeit rätselte tagelang über Girardis Aufenthalt, seine Heimatstadt Graz, das Ischler Sommerdomizil und die Wohnung des Hoftheaterarztes Stanjek waren im Gespräch. Da Girardi bewaffnet war, rechnete man mit dem Schlimmsten. Für den Fall einer heimlichen Rückkehr wurden mehrere Polizeibeamte vor seinem Wiener Wohnhaus postiert, die Nachbarschaft war in Aufruhr, Neugierige belagerten das Gebäude in der Nibelungengasse 11.[73]

Abb. 16: Öffentliche Ehekrise im Hause Girardi – Odilon

In Wirklichkeit hielt sich Girardi in der Cottage-Villa des Hofschauspielers Max Devrient in der Hasenauerstraße 37 auf. Er bat Katharina Schratt, ihre allerhöchsten Beziehungen spielen zu lassen, um ihn vor der Einweisung in die Heilanstalt des Dr. Svetlin in der Grazer Leonhardstraße zu bewahren. Bertha Zuckerkandl intervenierte ebenfalls bei ihrer gemeinsamen Freundin. Inzwischen war die Gegenpartei nicht untätig geblieben. Gleich nach der Abfuhr in Girardis Wohnung erstattete Wagner-Jauregg der Polizeidirektion Wien Meldung über dessen schlechte nervliche Verfassung. Polizeipräsident Stejksal wurde aufgrund der Prominenz Girardis beigezogen und ein Protokoll angefertigt. Wagner-Jauregg betonte später mehrmals, dass es dabei nie um ein medizinisches Gutachten gegangen wäre, da Girardi sich einer persönlichen Begutachtung verweigert hätte. Schließlich wurde eine Zwangsuntersuchung durch den Polizeiarzt angeordnet.[74]

Girardi stellte sich daraufhin freiwillig einer Ärztekommission, die seine volle Zurechnungsfähigkeit bestätigte. Der Fall wurde daraufhin auf allerhöchste Anordnung eingestellt. Girardi war rehabilitiert, doch in der Presse begann nun die Aufarbeitung der pikanten Affäre. Mehrere Fragen wurden lebhaft diskutiert: Hatte Wagner-Jauregg ein Gutachten erstellt, ohne den Patienten untersucht zu haben? Hatten sich die Behörden allzu leicht für die privaten Machenschaften der Odilon einspannen lassen? Wollte sich die Schauspielerin ihren lästigen Gatten durch Einweisung in eine Irrenanstalt und Entmündigung vom Hals schaffen? Wagner-Jauregg ließ umgehend über seinen Anwalt eine Gegendarstellung veröffentlichen. Helene Odilon dementierte ebenfalls per Anwaltsschreiben und der Hausarzt Dr. Hoffmann erklärte, er hätte nur aus Sorge um seinen langjährigen Patienten und Freund so gehandelt. Girardi schließlich bestritt seine angebliche Kokainsucht, eine der behaupteten Ursachen für seine labile Verfassung.[75]

Die vielen Darstellungen und Gegendarstellungen ließen einige Fragen offen und boten Raum für Spekulationen. Girardis Kokainmissbrauch entsprach allerdings den Tatsachen, er rührte von speziellen Behandlungsmethoden für seine oft angegriffene Stimme her. In späteren Jahren schnupfte er das weiße Pulver, »um seinen Jammer zu vergessen«, so berichtete die ihm stets wohlgesonnene Vertraute Bertha Zuckerkandl. Ernst Verganis *Deutsches Volksblatt* hingegen hatte die Hauptursache für die Misere der prominenten Eheleute schnell ausgemacht: Deren ständiger Umgang mit den Rothschilds und anderen Juden hätte die beiden verdorben. Für die Odilon geriet der nächste Auftritt vor Publikum, noch dazu ein Premierenabend, zur Nagelprobe: Würde man ihr verzeihen, dass sie den beliebten Volksschauspieler Girardi angeblich in die Zwangsjacke stecken wollte? »Es war nicht die angenehmste Viertelstunde meines Lebens«, stellte sie einige Jahre später fest. Doch sie bestand den Test und das Wiener Publikum hielt ihr weiterhin die Treue.[76]

Die Affäre Girardi erfuhr auch eine politische Dimension, denn noch am 11. Dezember 1896 kam es im Abgeordnetenhaus des Reichsrates zu einer Anfrage an den Ministerpräsidenten Graf Badeni wegen »ganz merkwürdiger Nachrichten über das Vorgehen der k. k. Polizei in Wien gegen den Schauspieler Girardi«. Die ersten drei Fragen gingen auf die Helferrolle der Polizei, das angebliche Gutachten Wagner-Jaureggs ohne Untersuchung des Patienten, auf die amtsärztliche Rehabilitierung Girardis sowie auf die Rolle mancher Zeitungen ein. Die vierte Frage schließlich lautete: »Wenn die Berichte der ›Deutschen Zeitung‹ auf Wahrheit beruhen, was gedenkt denn seine Exzellenz zu veranlassen, dass in Hinkunft derartige skandalöse und die Bevölkerung mit Recht beunruhigende Vorgänge verhütet werden?« Man hatte damit ein Problem angesprochen, das nicht nur den prominenten Schauspieler betraf: die missbräuchliche Verwendung von Entmündigungsverfahren zur Regelung privater Konflikte. Durch den Fall Girardi wurde auch der Kaiser sensibilisiert, der sich für Änderungen im Psychiatriewesen offen zeigte. Das Parlament beschloss in weiterer Folge ein Gesetz zum »Schutz von Privatpersonen gegen gewaltsame Irrenhausinternierung seitens ihrer Verwandten«.[77]

Getrennte Wege

Für Girardi war die Sache mit der Scheidung im Jänner 1897 ausgestanden. Zwei Jahre später heiratete er eine ungarische Baronesse und Ziehtochter des Klavierfabrikanten Bösendorfer. Helene Odilon feierte einen Bühnentriumph nach dem anderen und führte weiterhin ein mondänes Leben mit Gastspielen in den USA und in London. Doch 1903 war es damit vorbei. Vor einem Auftritt in Tirol erlitt die erst 38-Jährige einen Schlaganfall und blieb von da an einseitig teilweise gelähmt und auf einen Gehstock

Abb. 17: Der Fall Girardi: Hatte Julius Wagner-Jauregg ein Gefälligkeitsgutachten geliefert?

angewiesen. Es war eine Ironie des Schicksals: Was Girardi gerade noch erspart geblieben war, widerfuhr ihr nun selbst. Sie wurde für irrsinnig erklärt und unter Kuratel gestellt. Auch der damalige Staranwalt Dr. Friedrich Elbogen konnte keine Rücknahme des Gerichtsurteils erwirken. Doch es sollte noch schlimmer kommen: 1916 erblindete Odilon, ihr Vermögen war längst weg und sie war zum Betteln gezwungen. Hermann Bahr spürte den vergessenen Theaterstar in einem Salzburger Armenasyl auf und unterstützte Odilon. 1928 wendete sich das Blatt, als Helene Odilon in einem neu errichteten Seniorenheim in Baden bei Wien aufgenommen wurde, wo sie wieder gesellschaftliche Beachtung fand und 1939 starb.[78]

5

Wilhelm Diefenbach

Sodom und Gomorrha in Hietzing

~ 1899 ~

Abb. 18: »Kohlrabi-Apostel«: Diefenbach als dankbares Motiv für Satireblätter

»Die *Diktatur der freien Sexualität«* ist der Titel einer 1992 erschienenen Publikation über den Kommunarden Otto Mühl, in der die dunkle Seite der alternativen Befreiungsbewegung anschaulich auf den Punkt gebracht wird: »Otto Mühl verstand es mit geradezu teuflischem Instinkt, die Ideen der Generation von 1968 mit mehr oder weniger pseudopsychologischen Theorien zu verbrämen, um auf dieser ideologischen Basis ein strenges Sexkloster zu errichten, in dem er die Rolle des Abtes und Obergockels übernahm.«[79]

Ähnlich ließe sich auch das Treiben des Ur-Kommunarden Karl Wilhelm Diefenbach (1851–1913), der seine Ideen fast hundert Jahre vor Mühl entwickelt hatte, umschreiben. Der im hessischen Hadamar geborene Maler wandte sich um 1880 den Lebensreformern zu und sorgte für größtes Aufsehen, als er mit Rauschebart, Leinenkutte und Sandalen durch München zog und seine Naturheilslehren verkündete. Der als »Jesus von München« oder »Kohlrabi-Apostel« belächelte Freigeist wurde schnell zu einer lokalen Sensation.[80]

Die Diefenbach-Kommune »Humanitas« praktizierte im ehemaligen Arbeiterhaus eines aufgelassenen Steinbruchs bei München ihre Vorstellungen von einer alternativen, besseren Lebensweise. Dazu gehörten Freikörperkultur, vegetarische Ernährung, Abkehr von der Kirche, die Ablehnung bürgerlicher Konventionen und der Institution Ehe, denn der Meister lebte bevorzugt polygam. Beziehungskrisen blieben nicht aus, hinzu kamen große finanzielle Probleme. Der Schuldenberg wuchs, eine Ausstellung in München sollte die Finanzen wieder aufbessern. Das Unternehmen ging jedoch schief und der Gerichtsvollzieher im Hause Diefenbach ein und aus. Der freizügige

Lebenswandel in der Kommune führte erwartungsgemäß zu Konflikten mit der Staatsmacht, die 1888 im ersten Nudistenprozess Deutschlands gipfelten.[81]

Diefenbach als »Pinselknecht im Wiener Kunstverein«

Auch in Wien war man bereits auf Diefenbach aufmerksam geworden, nicht ohne Eigennutz, denn der 1850 gegründete »Österreichische Kunstverein« steckte gerade in einer Krise und stand kurz vor der Auflösung. Direktor Moritz Terke kam schließlich auf die Idee, dem Verein durch eine Ausstellung mit dem bekannten Bürgerschreck aus München wieder neues Leben einzuhauchen. 1891 folgte Diefenbach dem Ruf aus Wien, wo er gleich nach seiner Ankunft mit seinen drei Kindern Helios, Stella und Lucidus Bekanntschaft mit der österreichischen Gemächlichkeit machte. Das erwartete morgendliche Treffen mit Terke ließ auf sich warten, da der Herr Direktor, so wurde Diefenbach mitgeteilt, nie vor abends im Kunstverein erscheine und sich private Störungen ausdrücklich verbitten würde. Stattdessen wurde der Meister vom Säckelwart des Vereins, bei dem er die Nacht zuvor samt Kinderschar auf dem harten Fußboden verbringen durfte, zum Wiener Polizeipräsidenten gebracht. Man wünschte dem Künstler gutes Gelingen für seine Wiener Vorhaben und sicherte ihm zugleich besonderen Schutz vor Schmähungen auf der Straße zu, die sein ungewöhnliches Äußeres auslösen könnte. Gleichzeitig wurde er ersucht, kein unnötiges Aufsehen zu erregen.[82]

Diefenbach schilderte später das erste Zusammentreffen mit Direktor Terke als überaus ernüchternd. Nach einem einleitenden Phrasengewitter gab ihm Terke unverblümt zu verstehen, dass nur auf sein energisches Einwirken und durch seine Bürgschaft Diefenbachs Aufenthalt in Wien ermöglicht worden sei. Als Regierungsrat hätte Terke schriftlich bestätigen müssen, dass der Künstler keine Lokalitäten aufsuchen und keinerlei öffentliche Reden halten dürfe, zudem wäre die ständige Begleitung durch ein Verwaltungsmitglied des Kunstvereins vorgesehen. Lediglich der ursprüngliche Wunsch der Polizei, Diefenbach dürfe auch während der Ausstellung nicht mit den Besuchern in Kontakt treten, wurde von Terke mit der Begründung abgelehnt, ein Maler müsse dem Publikum seine Bilder erklären dürfen.

Man kann sich die Empörung des von sich eingenommenen Diefenbach über eine derartige Behandlung vorstellen, doch angesichts seiner Notlage und der Hoffnung auf einen dringend notwendigen Ausstellungserfolg fügte sich der Meister und machte gute Miene zum bösen Spiel. Am 3. Jänner 1892 konnte Diefenbach schließlich seine Tätigkeit als »Pinselknecht im Kunstverein«, wie er es in seinen Erinnerungen ausdrückte, beginnen. Ein Knebelvertrag, den Diefenbach zähneknirschend unterzeichnet hatte, sicherte Terke enormen Einfluss auf die Ausrichtung und Themenstellung der Werke zu, den der Direktor auch weidlich ausreizte. Diefenbach beklagte im Rückblick die miserablen Arbeitsbedingungen im Kunstverein, vor allem den »Kerkermeisterton« ihm gegenüber. Vollkommen sprachlos war er schließlich, als ihn Terke in eine Galerie führte und ihm schulmeisterlich erklärte, seine Bilder wären zu ernst und wenn er in Wien Erfolg haben wollte, müsste er lernen, die Reize von Frauen und Mädchen richtig zur Geltung zu bringen. »Das mir als Vorbild angepriesene Gemälde war eine bis zum Nabel entkleidete Salonhure, mit geistlos, frech-blödem Blick, glatt frisiert, mit geschneckelten Vorderhaaren«, erinnerte sich Diefenbach. Nach einer Erkrankung Terkes übernahm Verwaltungsrat Knesek von Bartosch die »Aufsicht« und übertraf dabei noch das schlechte Benehmen des Direktors.[83]

Trotz aller Widrigkeiten im Vorfeld wurde die Wiener Ausstellung 1892 ein »kolossaler« Erfolg und lockte rund 78.000 Besucher in den Kunstverein. Terkes Rechnung war aufgegangen, doch Diefenbach brachte der Erfolg außer Publicity wenig Greifbares. Er hatte sich zu einer Folgeausstellung überreden lassen und dafür seine Werke verpfändet. Das neue Projekt floppte, er verlor seine Bilder und verließ den Kunstverein ohne einen Kreuzer in der Tasche. Nach einem vorübergehenden Notquartier in Baden, wo der bekannte Künstler von der Obrigkeit sehr wohlwollend aufgenommen wurde, bewohnte der Diefenbach-Clan auf Vermittlung Bertha von Suttners das kaiserliche Lustschlösschen im Prater. Wegen Geldstreitigkeiten mit einem Gönner tauchte er eine Zeitlang ab. Später erfolgte die Rückkehr nach Wien, wo sich der auf 24 Personen angewachsene Tross in einem Biedermeierhaus in Ober St. Veit im Wiener Bezirk Hietzing niederließ.[84]

Sittenloses Treiben am Himmelhof

Wie Jahre zuvor in München kam es auch in Wien bald zu Gerüchten über das angeblich zügellose und sittenlose Treiben in der »Diefenbach-Colonie« am Himmelhof. Vor allem die gelebte Freikörperkultur und die Polygamie des Clanchefs nährten den Klatsch. Doch für die anderen Mitglieder der Kommune war das Leben alles andere als zügellos. Im Gegenteil, wie später Otto Mühl forderte auch Diefenbach bedingungslosen Gehorsam von seinen Anhängern. Die von ihm verordneten Lebensbedingungen ließen jegliche Annehmlichkeiten vermissen. Geschlafen wurde in ungeheizten Räumen bei offenen Fenstern, auch im Winter. Die Ernährung bestand aus ungekochtem Gemüse und Trockenfrüchten, zwei Mal täglich. Auch mit der freien Liebe war es nicht weit her, denn dieses Vorrecht genoss lediglich der Meister. Von seinen Anhängern verlangte er Keuschheit und minutiöse Tagebuchaufzeichnungen, die ihm täglich vorgelegt werden mussten. Gäste wie der prominente Lebensreformer Gusto Gräser konnten mit

Abb. 19: Die Kolonie am Himmelhof:
Meister Karl Wilhelm Diefenbach (rechts vorne sitzend) im Kreis seiner Anhänger

den Diktatorallüren Diefenbachs nichts anfangen und zogen bald weiter. Nach außen hin bekam die Kolonie den Stempel von »*Sodom und Gomorrha*« aufgedrückt, daran änderte auch eine wohlgesonnene Homestory in der *Österreichischen Illustrierten Zeitung* nichts.[85]

Nach einem neuerlichen Ausstellungsflopp war Diefenbach wieder einmal pleite, im September 1898 musste er vor dem Bezirksgericht Hietzing erscheinen. Er fuhr mit einem Wagen vor, der von seinen treu ergebenen Jüngern gezogen wurde. Die skurrile Szene war sogar den fernen *Innsbrucker Nachrichten* einen Bericht wert. Es folgte ein Kuratelverfahren, gleichzeitig führte Diefenbach mehrere Presseprozesse, wie jenen gegen das Satireblatt *Kikeriki*. Der Künstler war, ähnlich wie der Wiener Kommunalpolitiker Hermann Bielohlawek in den *Glühlichtern*, als gefräßiges und arbeitsscheues

Abb. 20: Alternatives Leben aus satirischer Sicht

Affenwesen verunglimpft worden. Diefenbachs Klage wurde abgewiesen. Auch seine berühmte Gönnerin Bertha von Suttner zog die Reißleine, als der selbst ernannte Prophet öffentlich die Abschaffung der Monarchie forderte. Nach der Delogierung aus Ober St. Veit blieb dem Meister nur der abermalige Aufbruch zu neuen Gestaden. Im Frühjahr 1899 verschlug es ihn auf die Insel Capri, damals ein Mekka für unkonventionelle Großbürger und Künstler.[86]

Der Sittlichkeitsprozess gegen Paul von Spaun

Noch im selben Jahr wurden Diefenbach und sein Lieblingsschüler Paul Ritter von Spaun von der Vergangenheit eingeholt. Gegen Spaun lag eine Anzeige wegen zweier Delikte vor: »Verbrechen der Notzucht sowie Vergehen gegen die öffentliche Ruhe und Ordnung«. Am 21. September 1899 stand der 23-jährige Aristokrat in Wien vor Gericht. Die Vorgeschichte: Im Juni des Jahres war im Zuge einer Pflegschaftsangelegenheit gegen Diefenbach eine ehemalige Mitbewohnerin am Himmelhof einvernommen worden. Ihre Alltagsschilderungen riefen die Justiz auf den Plan. Demnach hatte Paul von Spaun im Alter von 18 Jahren ein intimes Verhältnis zu Diefenbachs erst zwölfjähriger Tochter Stella begonnen, unter Duldung des Vaters und der anderen Kommunarden. Der zweite Anklagepunkt warf Spaun die Herabwürdigung der Religion bei der Begründung seines Kirchenaustritts vor.[87]

Der Prozess geriet zur öffentlichen Abrechnung mit Diefenbach und der früheren Kommune am Himmelhof. Genüsslich beschrieb die *Reichspost* unter Berufung auf Zeugenaussagen Diefenbach als Faulenzer, der seine Anhänger für sich arbeiten ließ, ihnen den Genuss von Fleisch untersagte und dabei selbst Schinken, Hühner und Würstchen in sich hineinstopfte. Selbst bei seinen Bildern hätten die Schüler kräftig Hand angelegt. Zudem wurden Diefenbach »empörende unsittliche Anforderungen« an seine Jüngerinnen angekreidet. Befragungen weiterer Zeuginnen verfestigten seinen Ruf als nimmersatter Wüstling.[88]

Für Aufsehen sorgte auch Paul Ritter von Spauns wenig aristokratisches Erscheinungsbild: »Er trägt die Diefenbach'sche Haar- und Kleidertracht, Vollbart, bis in die Mitte des Rückens niederfallendes, braunes, etwas gewelltes Kopfhaar und Brillen.« Spaun selbst bestätigte die frühere Beziehung mit der minderjährigen Diefenbach-Tochter und gab an, er habe sich diesbezüglich »außer jeder Verbindung mit der übrigen Welt gefühlt und gar nicht daran gedacht, dass er mit dem Gesetz in Konflikt geraten könnte«. Der Anwalt Spauns verwies auf die Willensschwäche seines Mandanten, der leicht manipulierbar und so ein ideales Opfer für Diefenbachs Ideen gewesen wäre. Das Gericht folgte den Argumenten und Paul von Spaun wurde vom Hauptanklagepunkt der Notzucht freigesprochen. Hinsichtlich der »Herabwürdigung der Kirche« sah man weniger Spielraum. Wegen »Religionsbeleidigung« fasste er acht Tage strengen Arrest aus. In der *Arbeiter-Zeitung* hieß es: »Der Glaube an das Schäferidyll am Himmelhof ist gestern grausam zerstört worden, man glaubt nur noch mehr an die Schäferstunden, die da oben gefeiert worden sind. Das hat aber so kommen müssen, denn die Sektiererei hat noch immer mit Schweinerei geendet.«[89]

Für Diefenbach, der beim Prozess anwesend war, hatte die Angelegenheit keine rechtlichen Folgen. Er kehrte unbehelligt in seine neue Wahlheimat Capri zurück, wo er 1913 starb. Auch Paul von Spaun, der seinem Meister nach Capri folgte, konnte seine Künstlerkarriere fortsetzen. Am 23. Februar 1909 berichtete etwa das *Grazer Volksblatt* begeistert von einem in der Herrengasse ausgestellten Porträt eines hiesigen Honoratioren, das vom »längst vorteilhaft bekannten Maler Paul von Spaun« stamme. Auch gegenwärtig werden Bilder von Spaun, meistens Landschaftsszenen aus Capri, regelmäßig in Auktionshäusern gehandelt.

6

Arthur Schnitzler

Skandal um Leutnant Gustl

~ 1901 ~

Abb. 21: Arthur Schnitzler um 1900

Als zu Weihnachten 1900 in der Beilage der *Neuen Freien Presse* eine Novelle mit dem Titel *Leutnant Gustl*, verfasst vom Arzt und Schriftsteller Arthur Schnitzler, erschien, rechnete wohl niemand mit dem enormen Echo, das die Veröffentlichung in weiten Kreisen der Donaumonarchie auslösen würde. Der Text gilt bis heute als bahnbrechend für die deutschsprachige Literatur, weil Schnitzler erstmals die Erzähltechnik des »inneren Monologs« in fast durchgängiger Form verwendete. Das war allerdings nicht der Grund für den 1901 folgenden Skandal um *Leutnant Gustl*, vielmehr der Umstand, dass der Autor, obwohl selbst Offizier der Reserve, darin den überholten Ehrenkodex des Militärs der Lächerlichkeit preisgab.[90]

Dichtung und Wahrheit

Im Mittelpunkt von Schnitzlers Novelle steht der junge Leutnant Gustl, der im Foyer des Wiener Konzerthauses zur Garderobe eilt und dort mit dem grobschlächtigen Bäckermeister Habetswallner aneinandergerät. Im Lauf der Auseinandersetzung nennt der Bäckermeister den jungen Leutnant einen »dummen Buben« und umklammert dabei den Griff von dessen Säbel. Gustl gibt klein bei, später hadert er mit der Ausweglosigkeit seiner Situation, denn nach dem militärischen Ehrenkodex wäre ein Duell unausweichlich, doch sein Kontrahent ist nicht satisfaktionsfähig, duellwürdig sind nur Offiziere, Aristokraten und Akademiker. Gustl könnte seine Ehre nur mehr durch einen Suizid retten, doch er hängt an den schönen Dingen des Lebens. Umso größer ist seine Freude, als er am Morgen darauf in seinem Stammcafé erfährt, dass just in dieser Nacht der Bäckermeister Habetswallner vom Schlag getroffen worden ist. Nun, da der Urheber seines drohenden Ehrverlustes tot ist, sieht Gustl keinen Anlass mehr, sich mittels Kopfschuss ins Jenseits zu expedieren, wie es sich für einen Offizier gehört hätte. Vergessen ist der Ehrenkodex.[91]

Das durch den inneren Monolog offengelegte Denken und Fühlen der Hauptfigur Gustl entlarvt nicht nur den militärischen Ehrenkodex als hohl und aufgesetzt, sondern thematisiert auch andere Wesenszüge, wie man sie damals vielen Offizieren zuschrieb: Antisemitismus, Hang zu amourösen Abenteuern und Verachtung gegenüber Zivilisten. Gustl bezieht sein ganzes Selbstbewusstsein aus seiner Offiziersuniform. Schnitzlers fiktive Geschichte traf den Nerv der Zeit, denn immer wieder machten Berichte über das ungebührliche Verhalten von Offizieren gegenüber Zivilisten in den Zeitungen die Runde. Nur ein halbes Jahr nach der Veröffentlichung der heiß diskutierten Schnitzler-Novelle lieferte in der Garnisonsstadt Bozen eine »Säbel-Affäre« den Beweis dafür, dass die Geschichte nicht aus der Luft gegriffen war.

Die Bozener Säbelaffäre

Drei junge Offiziere hatten in der Gegend um Bozen eine gemischte Ausflugsgesellschaft der dortigen Bürgerschaft provoziert und gestört. Ein Mitglied der Gesellschaft, der Magistratsbeamte Dr. Rudolph, wies die jungen Offiziere zurecht und erwirkte ihren Abzug. Wenige Tage später erschien in einem Bozener Blatt eine Darstellung der »Bubenstreiche«, durch die sich die uniformierten Herren kompromittiert sahen. Einer der Offiziere, Oberleutnant Arpad Repatzky, lauerte daraufhin Dr. Rudolph, den er für den Urheber des Artikels hielt, mitten in Bozen auf, versetzte ihm einen Faustschlag und fügte dem Wehrlosen mit seinem Säbel schwerste Verletzungen zu. Passanten eilten dem blutüberströmten Magistratsbeamten zu Hilfe, der Übeltäter ergriff angesichts der aufgebrachten Menge die Flucht. Ein weiterer Zivilist, der dabei seinen Weg kreuzte, bekam den Säbel zu spüren und trug eine vier Zentimeter tiefe Wunde am Rücken davon. Der Vorfall erregte höchsten Unmut in der Bevölkerung, auch der Bürgermeister protestierte bei der Garnison. Geschützt von einem Zug Infanterie mit aufgepflanzten Bajonetten wurde der junge Offizier zum Bahnhof geleitet und aus Bozen weggebracht. Die Militärführung versprach eine strenge Untersuchung der Angelegenheit und die Behandlung vor dem Ehrengericht. Die Öffentlichkeit war vorerst beruhigt, mit der Bestrafung des jungen Oberleutnants hatte man es aber weniger eilig. Die Mühlen der Militärjustiz mahlten langsam und sanft. Fast zwei Jahre waren seit den Bozener Ereignissen vergangen, als 1903 mehrere Zeitungen die Versetzung eines Oberleutnants Arpad Repatzky in den Reservestand und die gleichzeitige Übernahme in den zivilen Staatsdienst mitteilten.[92]

»Ehre verloren, alles verloren!«

Abb. 22: Zunehmende Kluft zwischen Militär und Volk: die Uniform als Mittel der Abgrenzung

Durch die Einführung der allgemeinen dreijährigen Wehrpflicht 1868 entstand ein Massenheer, und da es zu wenig Aristokraten für den gehobenen Militärdienst gab, rückten Angehörige des Bürgerstandes nach und stellten bald die Mehrheit bei den Offizieren. Das Militär genoss eine Sonderstellung im Habsburgerreich, die lange Zeit auch von weiten Teilen der Bevölkerung akzeptiert wurde. Man empfand sich als Elite, als ersten Stand im Staat, der direkt und nur dem Kaiser verpflichtet war. Das Heer grenzte sich zunehmend vom übrigen Volk ab, entwickelte eine eigene Gerichtsbarkeit und einen exklusiven Ehrenkodex. Dieser orientierte sich an alten Adelssitten und wurde von den bürgerlichen Offizieren bedingungslos mitgetragen. Die Uniform hob die Militärangehörigen auch optisch von der Bevölkerung ab. Der »Zauber der Montur« zeigte in vielen Lebenslagen Wirkung und ermöglichte den Zugang zu höchsten Gesellschaftskreisen.

Durch soziales Prestige und Ordensverleihungen konnte die eher magere Besoldung zumindest symbolisch kompensiert werden. Doch das ursprünglich hohe Ansehen verschlechterte sich durch rüpelhaftes Auftreten gegenüber Zivilisten und den liederlichen Lebenswandel vieler Offiziere, der sich in erhöhtem Alkoholkonsum, Hang zum Glücksspiel und Frauengeschichten manifestierte. Auch die rasante Technisierung der Militärtechnik ließ das Bild vom »schneidigen«, säbelschwingenden Offizier langsam verblassen. Nach 1900 häuften sich bei hohen Militärangehörigen Suizide wegen »Nervenzerrüttung« oder Einweisungen in »Irrenanstalten«.[93]

Eigene Ehrenräte wachten über die Einhaltung des Ehrenkodex. Offiziere hatten die Pflicht, ihre Ehre mit der Waffe zu verteidigen. Wurde man von einem satisfaktionsfähigen Kontrahenten »gefordert«, gab es ebenfalls keine Wahl, denn dabei ging es nie um die persönliche Ehre alleine, sondern das Ansehen des gesamten Offizierskorps stand auf dem Spiel. Wer einer Forderung nicht nachkam oder bei Verletzung der eigenen und somit der Standesehre eine Forderung unterließ, musste mit öffentlicher Schmach und Verlust der Offizierscharge rechnen. »Ehre verloren, alles verloren!«, heißt es dazu

Abb. 23: Angehende Offiziere beim Fechttraining in der Prager Kadettenschule (um 1897)

treffend im *Leutnant Gustl*.[94] Wurde ein Offizier wie *Gustl* von einem Zivilisten beleidigt, sah das Reglement nach Paragraph 114 des Militärstrafgesetzbuches von 1855 eine »Ehrennotwehr« vor, diese musste allerdings sofort erfolgen und eine echte Notwehrreaktion sein. Damit waren Säbelattacken auf Zivilisten wie jene in Bozen nach militärischem Verständnis weitgehend legitimiert, wobei im Todesfall eine Strafverfolgung nach bürgerlichem Recht vorgesehen war. Nach 1900 setzte eine »Anti-Duell-Bewegung« ein und die rechtliche Sonderstellung von Offizieren wurde kritisiert, weil diese nach blutigen Auseinandersetzungen nur allzu oft der gerichtlichen Verfolgung entgingen. Erst 1911 erkannte Kaiser Franz Joseph die Zeichen der neuen Zeit und hob den Duellzwang per Dekret auf. Kaiser Karl ließ militärische Zweikämpfe gleich ganz verbieten.[95]

Skandal um *Leutnant Gustl*

Mit dem cholerisch-aggressiven *Leutnant Gustl* schuf Schnitzler eine Karikatur des vom Militär inszenierten Bilderbuchoffiziers. Die Erzähltechnik des inneren Monologs ermöglichte der Leserschaft einen entlarvenden Blick hinter die Fassade der blauen Uniform, zum Vorschein kamen Gewaltfantasien, Ressentiments gegen Juden, Frauen und Zivilisten. *Gustl,* dessen Name nicht zufällig an die Volksfigur des dummen August erinnert, nimmt es auch mit dem Ehrenkodex der Offiziere nicht so genau.[96]

Abb. 24: Kein Pardon für literarische »Nestbeschmutzer«: Schnitzler und Bilse werden unsanft ausgemustert.

Die erste Lesung des Werks durch den Autor selbst in der Literarischen Vereinigung von Breslau verlief ohne großes Echo. Erst die Veröffentlichung in der Weihnachtsbeilage der *Neuen Freien Presse* entfachte in konservativen und militärischen Kreisen einen Sturm der Entrüstung, schließlich war der Autor des *Gustl* Militärarzt im Reservestand der Landwehr. Wenige Tage später erschien in der Armeezeitung *Reichswehr* ein heftiger Angriff gegen Schnitzler und seine Novelle. Der nicht gezeichnete Artikel stammte vom Gründer und Chefredakteur des Blattes, Gustav Davis, und stellte nach soldatischen Maßstäben eine offenkundige Beleidigung des Reserveoffiziers Schnitzler dar. Doch die provozierte Duellforderung blieb aus, der Schriftsteller zeigte keine Reaktion. Stattdessen übernahm ein militärischer Ehrenrat die Angelegenheit, Schnitzler wurde mehrmals vorgeladen, um Stellung zu nehmen. Doch dieser lehnte es kategorisch ab, sich für seine literarische Arbeit zu rechtfertigen. Beinahe zeitgleich mit der blutigen Säbelaffäre in Bozen erfuhr die Öffentlichkeit schließlich von der Degradierung Schnitzlers wegen Verunglimpfung des Offiziersstandes. Am 15. Juni 1901 war dem Schriftsteller ein Erlass des Landwehrkommandos zugestellt worden, wonach der militärische Ehrenrat bereits am 26. April Schnitzler »seiner Offizierscharge für verlustig erklärt« hatte.[97]

Die Meldung sorgte für Aufsehen und fand sich auf den Titelseiten mehrerer Zeitungen. Die Meinungen darüber, wie weit diese drastische Maßregelung gerechtfertigt sei, gingen weit auseinander. Manche sahen darin die gerechte Strafe für einen »Nestbeschmutzer«, andere zeigten sich belustigt über die Beschäftigung des Militärs mit einer literarischen Erfindung. Von liberaler Seite erhielt Schnitzler Beifall für seine sozialkritische Darstellung gesellschaftlicher Zustände. Die Antisemiten witterten wieder einmal

Morgenluft und leiteten das »vaterlandsfeindliche« Verhalten des Autors von dessen jüdischer Herkunft ab. Doch es gab auch unter nationalen Blättern differenziertere Töne, wonach zwar Schnitzler und sein Werk abgelehnt wurden, der Autor in der Kritik des überholten militärischen Ehrbegriffes aber Zustimmung erhielt.[98]

Der Floh griff zwei Jahre später eine interessante Parallelgeschichte zum Fall Schnitzler aus dem Wilhelminischen Deutschland auf: Der Schriftsteller Fritz Oswald Bilse hatte 1903 mit seinem Roman *Aus einer kleinen Garnison* gleichfalls einen Skandalerfolg erzielt. Die darin geübte und wenig verschlüsselte Kritik an den sittlichen Zuständen im preußischen Offizierskorps rief wie bei *Leutnant Gustl* einen Ehrenrat auf den Plan. Bilse wurde ebenfalls unehrenhaft aus der Armee entlassen und erhielt zusätzlich noch sechs Monate Haft. Das vorübergehende Verbot des Buches hielt nicht lange, der Roman wurde zum Riesenerfolg und inspirierte sogar den deutschen Kaiser Wilhelm II. zu einem geheimen Erlass an seine Offiziere, stärker auf die moralische Disziplin im Korps zu achten.[99]

Es ist nachvollziehbar, dass gerade die Presse der Kaiserzeit, die regelmäßig von der staatlichen Zensur heimgesucht wurde, auf die Prüfung einer schriftstellerischen Arbeit durch den militärischen Ehrenrat empfindlich reagierte. »In Österreich schießen die Zensurbehörden wie Pilze aus dem Boden«, kommentierte die *Bukowinaer Post* stellvertretend für viele andere Blätter. Die *Arbeiter-Zeitung* wies spöttisch auf die Neuerung hin, dass sich künftig auch literarische Figuren an den militärischen Ehrenkodex zu halten hätten. Auch im *Grazer Tagblatt* machte man sich über den Ehrenrat lustig, der seine Befugnisse von sich aus auf die Literatur ausgedehnt habe, da vom gekränkten *Leutnant Gustl* wohl kaum eine Selbstanzeige gekommen wäre. In einigen Blättern kam man zum Schluss, dass die beinahe zeitgleiche Bozener Säbelaffäre, in der es Schwerverletzte nach dem Fehlverhalten eines Soldaten gab, dem Ansehen des Offiziersstandes mehr geschadet hätte als die fiktive Figur des *Leutnant Gustl*. Der *Pester Lloyd* ortete gar eine »krankhafte Entartung des militärischen Ehrbegriffs«. Die Ereignisse in Bozen würden nur bestätigen, dass es den aufgeblasenen Offizierstypus des Leutnants Gustl wirklich gäbe, schlussfolgerte das *Grazer Tagblatt*. An Schnitzler hätte man ein Exempel statuiert und zeigen wollen, dass der Offiziersstand unantastbar sei. Die Empörung über die unverhältnismäßige Behandlung der beiden Fälle wäre umso größer gewesen, hätte man den endgültigen Ausgang von 1903 bereits gekannt: Während der »literarische« Übeltäter Schnitzler seinen Offiziersrang verlor, durfte jener Oberleutnant, der in Bozen zwei unbewaffnete Zivilisten schwer verletzt hatte, weiterhin im zivilen Staatsdienst bleiben und sich als Reservist in Ausgehuniform präsentieren.[100]

Die Folgen

Abb. 25: Schnitzler bedankt sich beim Ehrengericht für die kostenlose Buchreklame.

Arthur Schnitzler soll der Verlust seiner Offizierscharge keine großen Kopfschmerzen bereitet haben, auch den Rummel um *Leutnant Gustl* erkannte er als kostenlose Reklame für das in Buchform erschienene Werk. Interessant ist der Umstand, dass Schnitzler das Duellwesen an sich nie abgelehnt hatte, vielmehr wandte er sich gegen den Duellzwang, wie ihn der Ehrenkodex vorsah. Er betrachtete die kämpferische Konfliktaustragung bei Offizieren als Teil deren Lebenswelt, hielt aber den Ehrbegriff für überzogen und nicht mehr zeitgemäß, so wie er es im *Leutnant Gustl* dargestellt hatte. Im Rückblick war die Novelle nicht nur von literarischer Bedeutung, sondern ein wichtiger Impuls in der nach 1900 aufkeimenden Diskussion um den militärischen Ehrenkodex. Selbst Militärblätter wie *Danzers Armee-Zeitung* zollten Schnitzler dafür Respekt. Man bedauerte lediglich, dass erst ein Literaturskandal dem Thema öffentliche Aufmerksamkeit bescherte, während die militärische Fachpresse seit Jahren kein Gehör gefunden hatte.[101]

Sogar die kaisertreue *Reichspost* sah es als das gute Recht Schnitzlers an, in seinen Werken Missstände der Zeit aufzuzeigen. Wenige Tage nach Erscheinen der umstrittenen Novelle schloss man sich Schnitzlers Kritik am unsinnigen Ehrenkodex an und forderte eine Revision mit dem Hinweis, dass das Volk diese falsche Offiziersehre ohnehin nicht mehr verstehen würde. Auch das *Grazer Volksblatt*, konservatives Hauptorgan der steirischen Katholiken, schloss sich dieser Forderung an, obwohl man an Schnitzler selbst und dessen Freunden von der »Judenpresse« kein gutes Haar ließ.[102]

Ausgerechnet die *Neue Freie Presse*, die für die Erstveröffentlichung des *Leutnants Gustl* verantwortlich zeichnete, ging auf Distanz zu Schnitzlers Werk. Man bedauerte die Brüskierung des Militärs, stellte alles als Missverständnis dar und lobte den österreichischen Offiziersstand über den grünen Klee. Die *Arbeiter-Zeitung* war über diese Kindesweglegung empört und warf der *Neuen Freien Presse* daraufhin »feige Kriecherei« vor.[103]

Mit der fortschreitenden Aufweichung des militärischen Ehrenkodex bis hin zur Aufhebung des Duellzwangs durch Kaiser Franz Joseph 1911 verstummte auch die Kritik an Schnitzlers berühmter Novelle. Die Figur selbst wurde zum Synonym für schwarze Schafe unter den Offizieren. Der Skandal um *Leutnant Gustl* zeigt auch, wie es den

Intellektuellen unter den Militärangehörigen erging, wenn sie sich dem Korpsgeist widersetzten und auf Missstände in den eigenen Reihen hinwiesen. Sie wurden schnell als Nestbeschmutzer gebrandmarkt und bekamen diesen Korpsgeist mit voller Härte zu spüren, noch dazu, wenn sie jüdischer Abstammung waren. Diese Erfahrung musste Arthur Schnitzler ebenso machen wie Alexander Rosenfeld (alias Roda Roda). Diesem wurde 1907 wegen angeblicher Verstöße gegen die Offiziersehre der Rang eines Oberleutnants der Reserve aberkannt.[104]

7

Graf Georg Napoleon Csáky

Schüsse auf der Ringstraße

~ 1904 ~

Nichts deutete darauf hin, dass sich in wenigen Augenblicken ein ebenso mysteriöses wie skandalöses Verbrechen ereignen würde, als die 25-jährige Amalia Wrawenetz am Abend des 11. März 1904 aus der Innenstadt kommend über die belebte Ringstraße nach Hause spazierte. Die Gattin eines Tuchwarenvertreters war eine auffallende Erscheinung, elegant gekleidet und eine Schönheit ungarischen Typs. Doch der Heimweg in die Wohnung im 3. Bezirk, wo an diesem Abend bereits ihre Mutter mit dem dreijährigen Sohn auf sie wartete, verlief anders als erwartet. Kurz nach 19 Uhr kreuzte nahe der Radetzkybrücke ein hochgewachsener, ebenso elegant gekleideter Herr um die vierzig mit Schnurrbart und Zylinder ihren Weg. Er war zuvor von der »Elektrischen« gesprungen, steuerte zielstrebig auf die junge Frau zu und taxierte sie. Frau Wrawenetz fühlte sich bedrängt, machte eine Kehrtwendung und eilte davon. Gleichzeitig fielen mehrere Schüsse hinter ihr. Ein Wachmann, der gerade seinen Dienst am Rayonsposten Aspernbrücke angetreten hatte, stellte den bewaffneten Verfolger. Im Nu drängten Schaulustige aus allen Richtungen herbei. Die schwer verletzte Frau wurde umgehend ins Rudolfspital gebracht, zwei der insgesamt vier abgefeuerten Revolverkugeln hatten sie in Rücken und Oberschenkel getroffen. Der unbekannte Schütze ließ sich widerstandslos festnehmen und zur nächstgelegenen Wachstube abführen.[105]

Ein Fall voller Rätsel

Der festgenommene Täter verweigerte vorerst jede Aussage, nannte aber seinen Namen. Den Polizeibeamten erschien dieser nicht glaubhaft, deshalb wurde eine Perlustrierung vorgenommen, um die wahre Identität des Revolverschützen herauszufinden. Beim »Filzen« stieß man auf 25 Patronen und eine stattliche Barschaft von 10.400 Kronen. Die Kommissare staunten schließlich nicht schlecht, als sie ein Dokument in den Händen hielten, welches die Angaben des Mannes bestätigte: Der Amokschütze hieß mit vollem Namen Graf Georg Napoleon Csáky, entstammte einer der angesehensten Magnatenfamilien Ungarns und war Vizesekretär in der Ungarischen Hofkanzlei in Wien. Ein Hocharistokrat, der in der belebten Flaniermeile Wiens mehrere Schüsse auf eine junge Frau abfeuerte, war nicht nur eine mysteriöse, sondern vor allem auch heikle

Abb. 26: Mysteriöses Attentat auf der Ringstraße

Angelegenheit. Deshalb wurde die weitere Vernehmung des Grafen in das Hauskommissariat der Wiener Polizeidirektion verlegt. Dort war die Verwunderung umso größer, als der Graf wiederholt beteuerte, sein Opfer noch nie zuvor gesehen zu haben. Fragen nach dem Motiv seiner Tat begegnete er mit der lapidaren Aussage, er hätte an diesem Abend jemanden umbringen wollen. Demnach musste reine Mordlust als Motiv angenommen werden. Gegen zwei Uhr früh wurde Graf Csáky in das Inquisitenspital des Gefangenenhauses eingeliefert, wo sein Geisteszustand beobachtet und festgestellt werde sollte.[106]

Im Rudolfspital konnte indessen dem Opfer die Kugel aus dem Oberschenkel entfernt werden, das zweite Projektil im Brustbereich blieb unauffindbar. Zur Klärung wurde eine Röntgenuntersuchung angeordnet. Die junge Frau hatte, sofern nicht noch Komplikationen auftreten würden, den Anschlag überlebt und war bereits ansprechbar. Zur Überraschung der Polizei bestätigte sie die Angaben des Täters, wonach beide einander vorher noch nie gesehen hätten.[107]

Nach und nach wurden weitere Details über die Zeit vor dem aufsehenerregenden Attentat bekannt. Demnach war Graf Csáky am Nachmittag von seiner luxuriösen Wohnung in der Spiegelgasse aufgebrochen, in Begleitung seines schwarz-weiß-gefleckten Foxterriers, dessen Halsband man nach der Festnahme bei ihm gefunden hatte. Vom

Hund fehlte jede Spur. Gerüchten zufolge war der Graf mit einem Fiaker in den Prater gefahren, hatte dort seinen geliebten Hund beseitigt und wollte anschließend Suizid begehen. Die Polizei veröffentlichte deshalb einen Aufruf nach dem Fiaker sowie Zeugen, die etwas über den Verbleib des Hundes wüssten. So wollte man schrittweise die Abläufe bis hin zum Attentat rekonstruieren. Graf Csáky selbst gab an, er könne sich lediglich an eine Fahrt im Fiaker und die Schüsse auf die Frau erinnern. Personen aus seiner engeren Umgebung gaben an, dass Csáky erst in jüngster Zeit auffällig geworden sei. So hätte er beim Mittagstisch im Gasthaus Klomser ohne ersichtlichen Grund einen Tobsuchtsanfall gehabt. Probleme mit seinen verpachteten Gütern in Ungarn wurden als Auslöser der nervösen Zustände vermutet. Auch sein Arbeitsverhalten in der Ungarischen Hofkanzlei hatte lange Zeit als vorbildlich gegolten, in den letzten Monaten jedoch zu wünschen übrig gelassen.[108]

Abb. 27: Der Sohn des Vaters: Lebemann und Verschwender in zweiter Generation

Verschwender in zweiter Generation

Das öffentliche Interesse am »Fall Csáky« war enorm, zum einen wegen der gesellschaftlichen Stellung des Täters, zum anderen, weil die Tat viele Fragen offenließ. Die Presse stürzte sich auf das Privatleben des Grafen, dessen prominenter Onkel Graf Albin Csáky vor 1900 ungarischer Unterrichtsminister gewesen war und zur Zeit des Attentats als Präsident des Ungarischen Magnatenhauses amtierte.[109]

Georg Napoleon Csáky wurde 1862 in Lyon geboren, auch seine Geschwister Stefan, der 1898 in San Remo an TBC starb, und Vilma kamen in Frankreich zur Welt, da Vater Theodor Karl Csáky sich gerne dort aufhielt. Der 1894 in Budapest verstorbene Vater lebte auf großem Fuß und gab das stattliche Familienvermögen mit vollen Händen aus. Während eines Jahres soll er in Paris die unvorstellbare Summe von 600.000 Gulden verprasst haben. Sohn Georg fiel nicht weit vom Stamm und setzte diese Tradition fort, er brachte es im Jahr vor dem Attentat auf Ausgaben von immerhin 400.000 Kronen. Die Einnahmen aus seinen ungarischen Ländereien konnten die steigenden Ausgaben nicht mehr decken. Seit sieben Jahren bewohnte er in Wien eine Luxuswohnung und verfiel beim Anblick der Innenstadtschaufenster regelmäßig in einen Kaufrausch. Neben unzähligen Kunstobjekten schlug sich auch eine prunkvolle Magnatenuniform mit stolzen 25.000 Kronen zu Buche. Während das Vermögen schmolz, hatte die geschiedene Gattin vorsorglich eine bürgerliche Arbeitsstelle in Budapest angenommen, da seine finanzielle Unterstützung jederzeit versiegen konnte. 1904 war es bereits so weit, der drohende Bankrott soll ein weiterer Auslöser für die Wahnsinnstat am Stubenring gewesen sein.[110]

Nach dem Schussattentat wurde der Advokat Max Fürst als Kurator des Grafen eingesetzt. Fürst hatte auch die unerquickliche Aufgabe, die Finanzen seines Klienten zu sichten und zu ordnen. Der Kassasturz brachte ein katastrophales Ergebnis: Graf Csáky saß auf einem Schuldenberg von fast einer Million Kronen. Im Mai 1904 berief Fürst eine Gläubigerversammlung ein, doch der angestrebte Ausgleich scheiterte am Widerstand des Modehauses Goldmann & Salatsch, wo sich der standesbewusste Aristokrat mit feinstem Zwirn hatte ausstaffieren lassen und dafür 7.600 Kronen schuldig geblieben war. Über das restliche Vermögen wurde der Konkurs eröffnet und die vorhandenen Kunstgegenstände kamen im Dorotheum unter den Hammer.[111]

Vorwurf der Klassenjustiz

Wer nach dem aufsehenerregenden Schussattentat am Ring einen Skandalprozess erwartet hatte, wurde enttäuscht. Am 21. Mai 1904 wurde der »Akt Csáky« im Landesgericht behandelt, im Mittelpunkt stand ein Gutachten des prominenten Salzburger Psychiaters Josef Hinterstoisser. Dieser hatte größere Bekanntheit erlangt, als er acht Jahre zuvor den Schauspieler Alexander Girardi vor der Psychiatrie bewahrt hatte, weil er auf Initiative Katharina Schratts ein Gegengutachten zur Expertise von Julius Wagner-Jauregg erstellt hatte. Hinterstoisser war seit 1875 für das Oberlandesgericht Wien tätig, sein Wort hatte Gewicht. Er attestierte dem Grafen den Symptomenkomplex einer »degenerativen Entartung«, die Anklage wurde daraufhin wegen Geisteskrankheit fallengelassen und Graf Georg Napoleon Csáky zum »dauerhaften Aufenthalt« in das Sanatorium Lainz eingewiesen.[112]

Doch von dauerhaft konnte in diesem Fall keine Rede sein, denn noch im Sommer 1904 meldeten die Zeitungen zur allgemeinen Verwunderung die Entlassung Csákys gegen Revers seines neuen Kurators, Graf Ludwig Csáky, Reichstagsabgeordneter aus Budapest. Die Wogen gingen hoch und schnell wurde der Vorwurf der Klassenjustiz laut. Dass der Graf einem Gerichtsverfahren entgangen war, weil ihm für den Zeitpunkt der Tat und darüber hinaus »Wahnsinn« bescheinigt wurde, hatte man noch hingenommen. Die Entlassung in familiäre Obhut nach nur fünf Monaten in einer geschlossenen Anstalt hingegen stieß auf völliges Unverständnis. Das *Deutsche Nordmährer-Blatt* wurde zu Volkes Stimme: »Wie gut es doch einem Menschen in Österreich gehen kann, wenn er – Graf ist.« Die *Neue Freie Presse* widmete dem Fall eine Titelseite und sah das Vertrauen in die Justiz akut gefährdet. War der »Irrsinn« des Grafen nur vorgetäuscht worden, um ihn aus den Fängen des Gesetzes zu befreien? Man argwöhnte, »dass zwar in der Theorie vor dem Gesetze alle Staatsbürger gleich sind, dass aber in der Praxis für Leute, die ein Wappen und einen Titel führen und insbesondere mächtiger Verbindungen und Freundschaften sich erfreuen, mit einem besonderen Maß gemessen wird«. Zudem stellte sich die Frage, wer nun die Verantwortung übernehmen würde, sollte der Graf erneut zum Revolver greifen. Die Familie könne etwaige Opfer jedenfalls nicht mehr ins Leben zurückholen.[113]

Ende September 1904 wurde Graf Csáky in Paris gesichtet, ohne »Wärter«, wie einige Zeitungen kritisierten, und man verlieh der Hoffnung Ausdruck, dass der Graf nicht wieder Schießübungen auf Passanten absolviere. Um die Gemüter zu beschwichtigen, hatte man auch schon eine Hintertür gefunden: Der Graf habe die Tat auf der Ringstraße im Zustand einer »vorübergehenden Verwirrtheit« begangen. Zur Tatzeit wäre er also nicht zurechnungsfähig gewesen, andererseits gehe keine dauerhafte Gefahr von ihm aus.[114]

Der 1923 im heutigen Rumänien verstorbene Graf Georg Napoleon Csáky war übrigens nicht das einzige schwarze Schaf seiner Familie. Der ungarische Offizier Graf Georg Csáky, mit dem er oft verwechselt wurde, war um die Jahrhundertwende eine bekannte Größe der Wiener Gesellschaft. Leutnant Georg Csáky, seit 1900 auch Mitglied im exklusiven Jockey-Club, machte durch zahlreiche Duelle und Affaren von sich reden. Vor allem der bewaffnete Übergriff auf einen Zivilisten, dem er ein Ohr abgesäbelt hatte, erregte 1890 großes Aufsehen, weil der Täter mit einer geringfügigen Strafe davongekommen war. Auch der Namensvetter des Ringstraßen-Schützen war für seinen verschwenderischen Lebensstil bekannt und musste wegen hoher Schulden seine Offiziers-Charge niederlegen. 1907 war der Husaren-Graf in die USA ausgewandert, wo er sich kurze Zeit als Oberstallmeister bei den reichen Vanderbilts über Wasser hielt und im darauffolgenden Jahr völlig mittellos in einem New Yorker Spital starb.[115]

8

Erzherzog Ludwig Viktor

Die »Centralbad-Affäre«

~ 1904 ~

Für die berühmte amerikanische Tänzerin Isadora Duncan war er »ein wirklich sympathischer Mensch«, der exzentrische Erzherzog, den sie im Sommer 1903 in Abbazia kennen- und schätzen lernte. Beide hatten im Mai davor ihren Geburtstag gefeiert, Ludwig seinen einundsechzigsten, die Duncan den sechsundzwanzigsten. Ihr Urteil stand in krassem Gegensatz zu jenem Stempel, den die Gräfin Nora Fugger dem jüngeren Bruder Kaiser Franz Josephs für ewig aufgedrückt hat: In ihren 1932 erschienenen Memoiren *Im Glanz der Kaiserzeit* wurde Ludwig Viktor als intrigante Giftschlange und hässlich-unmännliche Erscheinung dargestellt, der man nebenher auch ein paar gute Eigenschaften zubilligte. Gerne werden auch die Schmähgedichte der Kaiserin Elisabeth über ihren Schwager zitiert.[116]

Abb. 28: Erzherzog Ludwig Viktor (1842–1919)

Abb. 29: Isadora Duncan (1877–1927)

Vielleicht kam die aufgeschlossene und exzentrische Tänzerin aus Amerika besser mit Menschen zurecht, die sich nicht von den engen Moralvorstellungen ihrer Zeit gängeln ließen. Als international gefeierter Bühnenstar führte Isadora Duncan ein ebenso öffentliches wie unangepasstes Leben, selbst ihre Bisexualität war bekannt. Doch während man Künstlerinnen gewisse Freiheiten zubilligte, konnte ein Erzherzog aus dem streng konservativen Haus Habsburg mit wenig Toleranz rechnen. Permanent wurde hinter seinem Rücken über Ludwigs Erscheinung und vor allem seine sexuelle Orientierung getuschelt. »Anders sein« wurde in jeder Beziehung gesellschaftlich geächtet, kein Wunder, dass sich Ludwig Viktor mit der Zeit einen stacheligen Schutzpanzer zulegte, was den Umgang mit der Hofkamarilla betraf. Egal, was er machte, er blieb für seine Umgebung immer das ewig kränkelnde Muttersöhnchen, »Bubi« oder »Luziwuzi«, ernst genommen wurde er nie. Alle jene, die Ludwig akzeptierten, so wie er war, schätzten ihn als offenen, geistreichen Gastgeber und hilfsbereiten Freund. Auch sein Hang zur Theatralik, den er leidenschaftlich beim Theaterspiel auslebte, wurde als Unterhaltung wahrgenommen. Im Sommer 1903 kamen die Duncan-Schwestern Isadora und Elizabeth in den Genuss von Ludwigs Hilfsbereitschaft.[117]

Nach einer strapaziösen Ungarn-Tournee landeten beide zur Erholung in Abbazia, doch in der Hochsaison war so schnell kein angemessenes Quartier zu finden. Ludwig Viktor erfuhr von ihrer erfolglosen Herbergssuche und bot den Schwestern Quartier in seiner Villa unweit des bekannten Hotels Stephanie an. Ein lediger Erzherzog, der zwei unverheiratete Damen bei sich beherbergte, sorgte schnell für Gesprächsstoff. Die Villa wurde besonders von aristokratischen Besucherinnen regelrecht gestürmt. Die Besuche galten allerdings nicht den Duncans und ihrer Tanzkunst, sondern vielmehr der Frage, welche Art Beziehung zwischen Gastgeber und Quartiernehmerinnen bestünde. Obwohl völlig harmlos und ohne sexuelle Kontakte, sorgte der Aufenthalt der Amerikanerinnen für bösen Klatsch am Wiener Hof. Den Erzherzog kümmerte das wenig, er delektierte sich per Opernglas am gewagten Badekostüm Isadora Duncans: Diese trug eine tief ausgeschnittene Tunika aus leichtem blauen Stoff und ein knappes Baderöckchen, das nur bis zu den Knien reichte, der Rest blieb unbedeckt. Was Ludwig und sicher auch anderen Männern gefiel, empörte die Damen der Gesellschaft, die zu dieser Zeit noch schwarze Badetoilette samt Schuhen tragen mussten.[118]

Die Bekanntschaft mit den Duncan-Schwestern setzte Ludwig auch nach der Badesaison 1903 fort. Er war Stammgast bei ihren umjubelten Auftritten im Wiener Carltheater. Auch Kaiser Franz Joseph war den für die damalige Zeit freizügigen Tanzdarbietungen der Duncan nicht abgeneigt, die barfuß in antiker Tunika tanzte und viel Haut zeigte. Der sonst als erzkonservativ geltende Monarch beehrte sie während der Sommer 1902 und 1903 im Theater von Bad Ischl mit seiner Anwesenheit.[119] Für seinen jüngeren Bruder Ludwig Viktor sollte das unbeschwerte Partyleben in der Kaiserstadt allerdings bald vorbei sein, die Tage der rauschenden Feste in seinem prächtigen Palais am Schwarzenbergplatz Nr. 1 waren gezählt. Im Jahr darauf vollzog sich eine nachhaltige Wende in seinem Leben.

Abb. 30: Neue Freizügigkeit um 1900: Nicht nur Erzherzog Ludwig Viktor delektierte sich an den gelockerten Kleidungssitten in den Seebädern.

Was geschah am Nachmittag des 24. Jänner 1904?

Zu Beginn des Jahres 1904 ging alles noch seinen normalen Gang. Ludwig Viktor nahm Repräsentationstermine wahr und absolvierte in den ersten Jännerwochen einen wahren Ausstellungsmarathon: die Klimt-Ausstellung in der Secession, die Winterausstellung im Österreichischen Museum für Kunst und Industrie, eine Schau im Kunstsalon Miethke und einige Tage später beim Künstlerbund Hagen sowie die Veranstaltung »Acht Künstlerinnen und ihre Gäste« im Salon Pisko. Auch am 17. Jänner war die Welt noch in Ordnung: Um 13 Uhr nahm Ludwig gemeinsam mit dem Kaiser an einer Trauerfeier im Stephansdom teil, um 18 Uhr gab es eine »allerhöchste Tafel« mit Mitgliedern der kaiserlichen Familie in der Hofburg. Am 21. Jänner gab Ludwig selbst noch ein Galadiner für die Dietrichsteins und Esterházys.[120]

Der 24. Jänner 1904 brachte schließlich die große Wende im Leben des lebenslustigen Erzherzogs. »Der Kaiser hat Sonntag um 1 Uhr nachmittags dem Erzherzog Ludwig Viktor einen Besuch abgestattet«, meldeten die *Wiener Neuesten Nachrichten*. Auch andere Zeitungen führten den Termin in ihrer Hofberichterstattung an. Dass der Kaiser seinen jüngeren Bruder besuchte und nicht umgekehrt zu einer Privataudienz empfing, fiel ebenso auf wie die Tatsache, dass Ludwig Viktor zwei Tage später nicht mehr am exklusiven »Ball bei Hof« erschien, wo sich die kaiserliche Familie alljährlich versammelte. In den folgenden Tagen trat Ludwig nicht mehr öffentlich auf, am 6. Februar meldete die Presse, der Erzherzog wäre samt seinem Kämmerer Graf Rudolf Coreth nach Meran aufgebrochen und würde von dort weiter zur Kur in den Süden fahren.[121]

Der plötzliche Rückzug des Kaiserbruders wurde mit schweren gesundheitlichen Problemen begründet, doch dass es damit nicht weit her gewesen sein dürfte, lässt sich aus der Berichterstattung über seinen dreimonatigen Aufenthalt in Meran ablesen. Ludwig machte Ausflüge in die Berge und besuchte eifrig lokale Veranstaltungen. Nach dem Hausbesuch seines kaiserlichen Bruders wurde er nie mehr in der Wiener Gesellschaft gesichtet, sogar dem Begräbnis von Erzherzog Otto blieb er fern. Seinen Haushalt im Palais am Schwarzenbergplatz löste er auf und nach seiner Kur im Süden zog sich Ludwig Viktor Anfang Mai 1904 dauerhaft nach Kleßheim bei Salzburg zurück.[122]

Was war am am 24. Jänner 1904 geschehen? Was hatte sich vorher zugetragen und zu dieser Zäsur im Leben des Erzherzogs geführt? Er wäre »wegen verschiedener ärgerlicher Vorgänge verbannt« worden, hieß es viele Jahre später im Nachruf der *Illustrierten Kronen Zeitung*. Auch das *Deutsche Volksblatt* erinnerte an seine Verbannung 1904 aufgrund »unliebsamer Vorfälle«. Das *Fremden-Blatt* berichtete gar von einem tiefen Zerwürfnis zwischen Ludwig und dem Kaiser, dieser hätte schließlich kraft seiner Majoratsbefugnisse der Familie Habsburg die Verbannung ausgesprochen. Gleichzeitig wird aber eine spätere Aussprache zwischen den Brüdern erwähnt. Der sonst so strenge Monarch hatte stets die schützende Hand über seinen jüngeren Bruder gehalten und manche Angelegenheit mit Humor genommen, selbst wenn sie in strengem Gegensatz zum herrschenden Moralkodex stand wie die sexuelle Orientierung Ludwig Viktors. Dass der Kaiser über die fortwährenden Eskapaden nicht erfreut war, ist verständlich. Doch wäre es dem Kaiser am 24. Jänner bloß um eine harte Strafaktion gegangen, hätte er Ludwig Viktor seine Macht in Form einer Audienz spüren lassen. Stattdessen wurde es ein sonntäglicher Hausbesuch, wohl auch deshalb, weil man damit das enge Hofzeremoniell umgehen konnte, denn in der Hofburg klebten die Ohren der Hofschranzen an den Türen. Sein privates Palais hingegen bot den Rahmen für eine außerprotokollarische familiäre Aussprache.[123]

Und zu besprechen gab es viel, Ludwigs Sündenregister war lang und der Druck auf den Kaiser groß. Vor allem der Thronfolger Franz Ferdinand machte Stimmung gegen Ludwig, nicht zuletzt deshalb, weil dieser wiederholt über dessen morganatische Ehe mit Gräfin Sophie Chotek gelästert hatte. Um einen weiteren Imageverlust des Erzhauses zu verhindern, zog Kaiser Franz Joseph am 24. Jänner die Notbremse. Form und Ablauf könnten auf ein brüderliches »Gentlemen Agreement« hindeuten. Ob der Kaiser dabei wirklich dem Druck des Thronfolgers nachgab, der Ludwig Viktor angeblich auch bespitzeln ließ, ist unbewiesen. Graf Adalbert Sternberg behauptete Jahre später in seinen Erinnerungen, dass die Ministerpräsidenten Taaffe und Koerber den Kaiser schon länger vor den nicht absehbaren Folgen für das Kaiserhaus gewarnt und ihm zu diesem Schritt geraten hätten.[124]

Ludwig Viktors Abgang von der Wiener Bühne sollte nicht nur die Monarchie, sondern auch ihn selbst vor weiterem Schaden bewahren. Er wurde in mehrerlei Hinsicht aus der Schusslinie genommen, denn seine homosexuellen Beziehungen waren nach geltendem Recht mit Kerkerstrafen bis zu fünf Jahren zu ahnden. Dass der Kaiserbruder aufgrund seiner Herkunft davor geschützt wurde, während andere Bürger die

Härte der Justiz zu spüren bekamen, sorgte für Unmut und war Wasser auf die Mühlen der antimonarchistischen Kräfte. 1913 wurde etwa ein junger Salzburger zu mehreren Monaten Kerker verurteilt, weil er sich in einer Bierstube gegenüber einem Chauffeur aus Kleßheim über die Neigungen seines Dienstgebers lustig gemacht hatte.[125]

Die »Watschenaffäre« im Centralbad: Dichtung und Wahrheit

Über Ludwig Viktor kursierten viele Skandalgeschichten und wie immer lagen Dichtung und Wahrheit eng beisammen. Gerüchte gab es viele: Das angebliche Verhältnis mit einem Fiaker zählte ebenso dazu wie die Geschichten über großzügige Abfindungen für Liebhaber in Form von Schmuck und Uhren, die später im Dorotheum auftauchten. In frühen Jahren soll er im Prater einen jungen Mann bedrängt und dafür eine schallende Ohrfeige kassiert haben. Bekannt sind auch Fotos des Erzherzogs in Frauenkleidern. Hinzu kamen militärinterne Anweisungen, wonach junge Offiziere nicht mehr an Ludwigs Salzburger Festen teilnehmen durften, wo man sich für gewöhnlich ohne Badehose in den Pool begab.[126]

Die bekannteste Episode im Leben des Erzherzogs ist die »Watschenaffäre« im Wiener Centralbad, die schließlich das Fass zum Überlaufen gebracht haben soll und als Auslöser für den verordneten Rückzug nach Salzburg gilt. Doch hier gehen die Meinungen über Ablauf, Zeitpunkt und Ort oft auseinander. Lange Zeit wurde das Ereignis früher angesiedelt, doch jüngere Recherchen weisen auf das Jahr 1904 hin. Bekannt ist, dass Ludwig Viktor in seiner Wiener Zeit regelmäßig öffentliche Bäder aufsuchte, weil sein Stadtpalais damit nicht dienen konnte. Ein Erzherzog im Wasserbecken mit Normalsterblichen stellte bereits einen Skandal dar. Doch es kam noch schlimmer: Bei einem dieser Badeausflüge in den damals modernsten »Wellnesstempel« Wiens, das im maurischen Stil errichtete »Centralbad« in der Weihburggasse, soll Ludwig einem kaiserlichen Offizier zu nahe gekommen sein. Ein Handgemenge war die Folge, in dem der Erzherzog angeblich eine Ohrfeige abräumte. Der Vorfall sprach sich schnell herum, manche vermuteten sogar eine Intrige, eine Falle, die man Ludwig gestellt hatte, um ihn zu kompromittieren.[127]

Unabhängig davon, ob sich alles genau so abgespielt hat, ist die zeitliche Verknüpfung mit dem Abgang vom Wiener Parkett interessant. Dass dieser unmittelbar nach dem Besuch des Kaisers am 24. Jänner 1904 erfolgte, zeigt die oben angeführte Chronologie. Die detaillierte Hofberichterstattung in den Gesellschaftsblättern *Sport & Salon* und *Salonblatt* ergibt ein genaues »Bewegungsprofil« des Erzherzogs.[128]

Interessant ist auch ein Artikel im *Kikeriki* vom 9. Juni 1904, der sich unter dem Titel »Brauchen wir wieder ein Königgrätz?« mit der schlechten Stimmung in der

Abb. 31: Ort des Geschehens: das Wiener Centralbad in der Weihburggasse;
Im Bild das 1894 ebenfalls im maurischen Stil errichtete Damenbad.

Bevölkerung beschäftigte und dafür die Dekadenz in Adels- und Offizierskreisen verantwortlich machte. Im Abschnitt »Hotel Sacher und Centralbad« kamen auch die kursierenden Geschichten über einzelne Habsburger zur Sprache. Den Behörden warf man dabei vor, nur mit lendenlahmen Dementis auf die »Gerüchte« zu reagieren, statt deren Urheber zur Verantwortung zu ziehen. Und man forderte, »dass das, was dem Hotel Sacher recht war, auch dem Zentralbad billig sei. Auch an dieses Etablissement knüpft sich bekanntlich eine offenbar erfundene Skandalgeschichte, die nicht bloß in ganz Wien erzählt, sondern in der ausländischen Judenpresse ungescheut gedruckt wird und die ebenso dringend eines offiziellen rückhaltlosen Dementis bedarf.« Geschickt umging man die Zensur, indem sowohl die aktuelle Centralbad-Affäre Ludwig Viktors als auch die einige Jahre zurückliegende Sacher-Affäre Erzherzog Ottos als erfundene Skandalgeschichten bezeichnet wurden. Unter dem Deckmantel der patriotischen Empörung konnte man so die Geschichten aufkochen und im Namen des Volkes Aufklärung verlangen.[129]

Für 1904 spricht auch ein weiteres, auf den ersten Blick merkwürdiges Indiz. Im November 1904 kam es im französischen Parlament ebenfalls zu einer »Watschenaffäre«: Der französische Kriegsminister wurde von einem Abgeordneten geohrfeigt und zog sich dabei eine blutende Wunde zu, die – wie man später boshaft enthüllte – von seiner verrutschten Zahnprothese herrührte. *Der Floh* wartete umgehend mit einer eigenen »Ohrfeigen-Nummer« auf, eine Woche später zog der *Kikeriki* mit einer »Watschen-Nummer« nach. Es ist denkbar, dass man in der französischen Begebenheit einen willkommenen Anlass sah, um indirekt die Centralbad-Affäre anzusprechen. Direkte Berichte waren unmöglich, denn die Mitglieder des Kaiserhauses galten als tabu, unliebsame Enthüllungen führten in der Regel zur Konfiszierung der jeweiligen Ausgabe.[130]

Ein Jahr später nahm der für seine lose Zunge bekannte Abgeordnete Graf Adalbert Sternberg öffentlich Bezug auf den Vorfall. In einem Presseprozess stilisierte sich Sternberg zum Systemopfer, weil er angeblich über den Hof geschimpft hätte. Auf die Frage des Richters, ob das stimme, erwiderte Sternberg: »Das einzige war, dass ich mich über das Benehmen eines Mitgliedes des Hofes im Centralbad gründlich ausgesprochen habe.« Nur die *Arbeiter-Zeitung* wagte es, diese Aussage wörtlich wiederzugeben.[131]

Es fällt auf, dass viele Porträts des Erzherzogs mit süffisanten Anspielungen auf seine sexuelle Orientierung gespickt sind. Man wird der Person Ludwig Viktors jedoch keinesfalls gerecht, wenn man ihn auf eine Damenwäsche tragende Witzfigur reduziert. Die Darstellung als Schwächling ist ebenso zu hinterfragen. Das mag in militärischer Hinsicht so gewesen sein, doch im Gegensatz zu Kronprinz Rudolf, der stets mit seiner dynastischen Verpflichtung haderte, hatte Ludwig Viktor »die Schneid«, sein eigenes Lebenskonzept gegen alle Konventionen durchzuziehen. Arrangierte Vernunftehen lehnte er ebenso ab wie die ihm von seinem Bruder Maximilian angebotene mexikanische Kronprinzenrolle. Nicht einmal die Vertreibung vom Wiener Hof konnte ihn verbiegen, denn fernab vom Schuss frönte er weiter seiner bisherigen Lebensweise. In Salzburg zeigte Ludwig Viktor auch seine andere, vom Hof weitgehend ignorierte Seite. Hier schätzte man seine Rolle als Mäzen und vor allem sein soziales Engagement. Dass die Duncan-Schwestern 1925, mehr als zwei Jahrzehnte nach den gemeinsamen Sommertagen in Abbazia, ihre berühmte Tanzschule ausgerechnet in Ludwig Viktors Langzeitdomizil Kleßheim verlegten, hätte den 1919 verstorbenen früheren Hausherrn und »Seelenverwandten« sicher gefreut.[132]

9

Die Affäre Hervay

Ein Bezirkshauptmann als Bigamist wider Willen

~ 1904 ~

Abb. 32: Franz Hervay Edler von Kirchberg, der erste Bezirkshauptmann von Mürzzuschlag

Es passiert nicht oft, dass sich eine steirische Bezirksstadt über Wochen auf den vordersten Seiten der Wiener Zeitungen wiederfindet. Mürzzuschlag wurde 1904 diese zweifelhafte Ehre zuteil, als der junge Bezirkshauptmann Franz Hervay Edler von Kirchberg in den Morgenstunden des 24. Juni durch einen Schuss ins Herz seinem Leben ein Ende setzte. Dies war der vorläufige Höhepunkt eines öffentlichen Kesseltreibens, dem der biedere Beamte nach seiner Heirat mit einer weltgewandten und geheimnisumwitterten »Zugereisten« ausgesetzt war. Worin liegt aber das Rätselhafte im Fall Hervay? Welche Umstände haben einen kaiserlichen Provinzbeamten in den Fokus von Klatsch und Presse gebracht und schließlich zum Revolver greifen lassen?

Karl Kraus nahm in mehreren Artikeln zu den Ereignissen Stellung und äußerte sich in seiner berühmten *Fackel* wenig schmeichelhaft über die Rolle von Presse und Bevölkerung im Fall Hervay: »Ein Schrei nach Wahrheit dringt durch das Mürztal, und mit allen steirischen Gebirgstrotteln vereinigen sich alle Wiener Tintenstrolche in dem Verlangen nach Klarheit. [...] Und der Bürger von Mürzzuschlag wird sich beruhigt zu seiner kuhwarmen Gattin legen, wenn der Abend endlich des Rätsels Lösung gebracht hat.«[133]

Sommerfrische mit Hochzeit

Alles begann im Mai 1903, als sich die deutsche Baronin Tamara von Lützow für die Sommersaison in Mürzzuschlag zuerst im Hotel Adler, dann ab 1. Juni im Hotel Lambach einquartierte. Auf dem Meldezettel gab sie ihr Alter mit 26 Jahren an, obwohl sie in Wirklichkeit um 17 Jahre älter war – eine kleine Geste der Eitelkeit, die sich später noch rächen sollte. Durch elegante Kleidung und weltgewandtes Auftreten sorgte die Baronin sogleich für beträchtliches Aufsehen unter den Sommergästen, zudem faszinierte sie ihre Umgebung durch abenteuerliche Geschichten aus fernen Ländern. Rasch avancierte sie zum gern gesehenen Gast der hiesigen Gesellschaft. Im Zuge einer Waldpromenade machte sie schließlich die Bekanntschaft des jungen Bezirkshauptmanns Franz Hervay von Kirchberg. Dieser hatte ein halbes Jahr zuvor mit nur 32 Jahren die Leitung der neu geschaffenen Bezirkshauptmannschaft von Mürzzuschlag übernommen. Hervay galt als tüchtiger Beamter, dem eine steile Karriere prophezeit wurde. Dass er dabei noch ledig war und überdies gut aussah, machte ihn zu einer »guten Partie«, einem begehrten Heiratskandidaten für die Damen der Mürztaler Gesellschaft. Doch das Rennen machte die »Zugereiste«, denn bereits einen Monat nach ihrer ersten Begegnung verlobten sich Hervay und die Baronin Lützow. Am Nachmittag des 9. August 1903 fand schließlich die Trauung statt. Hervays Familie war trotz großer Vorbehalte gegen Tamara von Lützow ebenso zum Festbankett gekommen wie der Mürzzuschlager Bürgermeister Werba.[134]

Das Misstrauen der Familie Hervay war nicht ganz unbegründet. Tamara von Lützow verblüffte ihre Umgebung stets aufs Neue mit unglaubwürdigen Geschichten und Behauptungen. Sie prahlte mit riesigen Besitztümern ihrer Familie in Russland, brachte eine russische Fürstin als ihre Mutter ins Spiel, ließ sich mit dem angeblichen Lützowschen Familienschmuck ablichten. Gerne erzählte sie von ihrer Zeit in Kamerun, wo sie angeblich Berichte für die *Deutsche Rundschau* geschrieben hatte, die ihr später sogar eine Einladung beim deutschen Kaiser eingetragen hätten. Der gerne zur Schau gestellte Familienschmuck entpuppte sich jedoch als Leihgabe eines Wiener Juweliers. Kein Wunder, dass bald auch Zweifel an der Herkunft der nunmehrigen Frau Hervay gehegt wurden.[135]

Entlarvung einer Hochstaplerin

Bei den Mürzzuschlagern war die Gattin des Bezirkshauptmannes nicht sonderlich beliebt, man warf ihr ein herrisches Naturell und arrogantes Auftreten vor, die ortsansässigen Geschäftsleute hatte sie sich durch Preisdrückerei unter Berufung auf ihren Gatten zu Feinden gemacht. Es dauerte nicht lange, bis man begann, in der Vergangenheit der Baronin herumzustochern. Die Gerüchte, sie wäre eine Hochstaplerin, verdichteten sich. Nur Franz von Hervay selbst wollte von den Vorwürfen und Tratschgeschichten nichts hören. Das Ehepaar trat weiterhin in unbeirrter Einigkeit bei gesellschaftlichen Ereignissen auf, so auch im Rahmen der Festakte zum 50-Jahr-Jubiläum der Semmeringbahnstrecke. Auf dem großen Abschlussfest in der Mürzzuschlager Au posierten die Hervays noch am 5. Juni 1904 mit dem steiermärkischen Landeshauptmann Graf Meran, Südbahn-Generaldirektor Eger und Vertretern des Wiener Hofes. Doch zu dieser Zeit hatte sich hinter den Kulissen die Situation bereits zugespitzt. Was war passiert?[136]

Abb. 33: Tamara von Hervay: Der angebliche Familienschmuck entpuppte sich als Leihgabe eines Wiener Juweliers.

Anfang Mai 1904 war im *Mürzzuschlager Wochenblatt* ein Aufsatz unter dem Titel »Ein uraltes Märchen« erschienen. Der Schreiber verschanzte sich dabei hinter dem wenig originellen Pseudonym »I durchschaudi«. Der Text selbst handelte von einer »uralten runzeligen Hexe«, die durch allerlei Zaubereien ihr Äußeres verjüngt und sich einen Prinzen geangelt hatte. Spätestens bei jener Passage, wo es hieß, die Hexe hätte das Volk mit ihrem angeblich millionenschweren Familienschmuck geblendet, der in Wahrheit nur ausgeborgt gewesen wäre, wussten alle, dass hier die Gattin des Bezirkshauptmannes bloßgestellt wurde. Das *Grazer Tagblatt* druckte dieses holprig verfasste »Märchen« später in voller Länge ab, die seltsamen Vorgänge in Mürzzuschlag gerieten in den Blickpunkt überregionalen Interesses.[137]

Nach dem Erscheinen des bösartigen Artikels drängten die empörten Beamten der Bezirkshauptmannschaft ihren Vorgesetzten, vom Schriftleiter des örtlichen Wochenblattes Genugtuung zu fordern. Doch Hervay tat nichts dergleichen. Damit verlor er den Respekt seiner Untergebenen, die sich zusehends von ihm abwandten. Eine Essenseinladung der Hervays wurde geschlossen boykottiert, in einem geharnischten Brief beschwerte sich der Bezirkshauptmann bei einem der Beamten über das inakzeptable Verhalten. Dieser fühlte sich nun seinerseits in seiner Ehre gekränkt und forderte von Hervay Genugtuung. Noch ehe das skurrile Treiben weiter eskalieren konnte, setzte die Statthalterei in Graz am 15. Juni 1904 dem Spuk ein Ende. Um weiteren Schaden von der Behörde abzuwenden, musste Franz von Hervay binnen 48 Stunden seinen Posten räumen und bis zur weiteren Klärung der Angelegenheit einen sechswöchigen Zwangsurlaub antreten. Mit einer Rückkehr durfte er unter diesen Umständen wohl kaum rechnen. Am darauffolgenden Montag übernahm Bezirkssekretär von Montel die Amtsgeschäfte.[138]

Flucht und Skandal

Tamara von Hervay verließ umgehend Mürzzuschlag und versteckte sich in einem Wiener Hotel, ihr Gatte verbrachte die nächsten Tage in seinem Elternhaus in Stübing bei Graz. Sein Vater, ein pensionierter Rittmeister, drängte auf rasche Klärung der peinlichen Angelegenheit. Inzwischen war nämlich auch ruchbar geworden, dass die Heiratspapiere der Baronin von Lützow alles andere als einwandfrei gewesen waren. Eine

Geburtsurkunde hatte gefehlt, da diese angeblich bei einem Brand vernichtet worden war, auch sonst waren die Nachweise lückenhaft gewesen. Der Mürzzuschlager Pfarrer Karl Prangl hatte sich deshalb gegen eine rasche Trauung gesträubt, war aber vom Bezirkshauptmann schließlich umgestimmt worden.[139]

Von einer Beruhigung der Situation konnte auch nach dem Abtauchen des Ehepaares Hervay keine Rede sein. Während sich die Presse genüsslich über die peinliche Geschichte hermachte, verübte Tamara von Hervay einen Selbstmordversuch. Ob sie sich wirklich vergiften wollte oder, wie einige Zeitungen behaupteten, nur einen Herzanfall simuliert hatte, um ihren Gatten zum wiederholten Mal »um den Finger zu wickeln«, blieb offen. Fest steht, dass ihr Gatte nach Wien reiste und einen Antrag auf Annullierung der Ehe ankündigte.[140]

Franz von Hervay wandte sich enttäuscht von seiner Frau ab und kehrte nach Mürzzuschlag zurück. Die steirischen Sozialdemokraten, die Ende 1902 bei Ministerpräsident Körber gegen Hervays Ernennung zum Bezirkshauptmann protestiert hatten, sahen sich nun in ihrer ablehnenden Haltung bestätigt. Indessen wurde Tamara von Hervay auf Anordnung der zuständigen Gerichtsbehörde Leoben unter dem Verdacht der »Bigamie« in Wien verhaftet. Man hatte nämlich herausgefunden, dass sie in Wirklichkeit die Tochter eines bekannten Zauberkünstlers war und ein bewegtes Leben samt vier Ehen hinter sich hatte. Nach Ansicht der Behörde war die als Erna Leontine Elvira Bellach 1860 in Lissa bei Posen geborene Frau zum Zeitpunkt der Eheschließung mit dem Bezirkshauptmann noch verheiratet gewesen.[141]

Am 22. Juni wurde Tamara von Hervay mit dem Zug von Wien in das Kreisgericht Leoben überstellt. Ein Zwischenstopp im Bahnhof Mürzzuschlag geriet zu einem unschönen Spektakel. Aufgebrachte Mürzzuschlager beschimpften jene Frau, die »ihrem« Bezirkshauptmann so übel mitgespielt hatte. »Das Bahnpersonal hatte Mühe, die erregte Menge von Ausschreitungen zurückzuhalten«, berichteten die *Wiener Bilder*, oder, wie Karl Kraus es ausdrückte: Fast hätten die »Mürz-Zuschlager« ihrem Namen alle Ehre gemacht. Im Kreisgericht Leoben wurde umgehend die Untersuchungshaft über Tamara von Hervay verhängt.[142]

Ein Ende mit Schrecken

Der Gemütszustand des suspendierten Bezirkshauptmanns verschlechterte sich indessen zusehends. Er war beruflich und gesellschaftlich ruiniert und durch die neuesten Enthüllungen über das Vorleben seiner Frau als unfreiwilliger »Bigamist« der Lächerlichkeit preisgegeben. Am Morgen des 24. Juni 1904 schickte Herrvay seine Haushälterin weg und blieb im Bett liegen. Als diese um halb zehn zurückkehrte,

Das interessante Blatt

Abonnementspreise mit wöchentlicher Postversendung: für Österreich-Ungarn: vierteljährig 2 Kronen 70 Heller (fl. 1.35), halbjährig 5 Kronen 40 Heller (fl. 2.70), ganzjährig 10 Kronen 80 Heller (fl. 5.40); für Deutschland: vierteljährig M. 3.50, halbjährig 7 M., ganzjährig 14 M.; für alle übrigen Länder Europas: vierteljährig 6 Francs, halbjährig 12 Francs, ganzjährig 24 Francs; für Amerika und alle anderen überseeischen Länder: vierteljährig 6 Kronen (3 fl.), halbjährig 12 Kronen (6 fl.), ganzjährig 24 Kronen (12 fl.).

Einzelne Nummer 20 Heller (10 Kreuzer).

Redaktion und Administration: Wien, I., Schulerstraße 22. (Telephon Nr. 1534 im interurbanen Verkehr.)

Nr. 26. Erscheint Jeden Donnerstag. Wien, 30. Juni 1904. Abonnements durch jede Buchhandlung und Postanstalt. XXIII. Jahrg.

Der Selbstmord des Bezirkshauptmanns von Mürzzuschlag.

Bezirkshauptmann Franz von Hervay-Kirchberg, das schuldlose Opfer seiner Frau.

Frau Marie („Tamara") von Hervay-Kirchberg, die unter dem Verdachte der Bigamie und Urkundenfälschung an das Leobener Kreisgericht eingeliefert wurde.

Die Hauptpersonen des Dramas von Mürzzuschlag. (Siehe Seite 12.) Nach photographischen Aufnahmen.

Die heutige Nummer enthält auf Seite 35 ein Preisrätsel, auf dessen richtige Lösung ein Preis von zwei Losen im Kurswerte von 300 Kronen ausgesetzt ist.

Kinder-Katastrophe im New-Yorker Hafen. * Ermordung des Gouverneurs von Finnland. * Grundsteinlegung des neuen Krankenhauses.

Abb. 34: Eine steirische Bezirksstadt in den Schlagzeilen

fand sie ihn leblos und mit einer Schusswunde im Brustbereich vor, daneben lag ein Revolver.[143]

Wie ein Lauffeuer verbreitete sich die Nachricht vom Freitod des Bezirkshauptmannes. Die Dienstwohnung wurde versperrt und eine Gerichtskommission einberufen. Hervays Vater reiste unverzüglich aus Stübing an, später traf auch der Bruder, Oberleutnant Karl von Hervay, aus Wien ein. Um 19 Uhr wurde ein Lokalaugenschein vorgenommen und die Todesursache Selbstmord offiziell bestätigt. Auf Hervays Schreibtisch fand man einen mit Bleistift geschriebenen Abschiedsbrief vor, in dem er beklagte, von seiner Frau »furchtbar betrogen« worden zu sein. Außerdem bat er, im nahen Ort Kapellen ohne Pomp bestattet zu werden. Diesem letzten Wunsch wurde nicht entsprochen, zwei Tage später wurde Franz von Hervay in der Stübinger Familiengruft beigesetzt. Wer gehofft hatte, dass mit dem Deckel des Sarges auch die Akte Hervay geschlossen sei, wurde enttäuscht, denn nun ging der Pressezirkus erst richtig los.[144]

»Hexenprozess« oder »Schuld und Sühne«?

Die Schuldige war schnell ausgemacht, nämlich die in Leoben »einsitzende« Tamara von Hervay, und die Rollen wurden gleich verteilt: hier die listige Hochstaplerin, dort der ehrliche und betrogene Musterbeamte. Die Justiz geriet unter Druck, denn es wurden Stimmen laut, die die Existenz ausreichender Haftgründe anzweifelten. Nach vier Monaten Untersuchungshaft kam es am 29. Oktober zum Hauptprozess in Leoben. Die Angeklagte wurde des »Verbrechens der Bigamie« und der »Übertretung der Falschmeldung« beschuldigt, letzteres Vergehen bezog sich auf die falsche Altersangabe auf dem Meldezettel im Hotel Lambach. Sechzehn Zeugen waren vorgeladen, der Prozess verlief stellenweise »hochdramatisch«, nicht zuletzt wegen des theaterreifen Auftretens der Angeklagten. »So benehmen sich die Herren, die sich bei mir dick gefressen haben!«, schimpfte sie über die »Bubis der Bezirkshauptmannschaft«, die als Zeugen gegen sie auftraten. Längeren Schweigephasen folgte eine plötzliche Ohnmacht. Dem Staatsanwalt trat sie wiederum sehr resolut entgegen, der hatte nämlich ihr Privatleben aufs Korn genommen und ihr außereheliche Affären mit gleich zwei Oberleutnants unterstellt. Hauptanklagepunkt blieb der Tatbestand der Bigamie über den Zeitraum eines Vierteljahres. Die Ehe Tamara von Hervays mit einem gewissen Leo Meurin, Gutsbesitzer, war erst am 11. November 1903 vom Landgericht Trier geschieden worden, also drei Monate nach der Hochzeit mit dem Mürzzuschlager Bezirkshauptmann. Das Urteil fiel am Abend des 31. Oktober: vier Monate Kerker.[145]

Der Leobener Prozess löste ein großes Presseecho aus. Während die völkische Presse das Vorgehen der Justiz verteidigte, lag für andere Zeitungen ein handfester Justizskandal vor. Tamara von Hervay erhielt Schützenhilfe von prominenten Fürsprechern, darunter Hermann Bahr, der »geistige Vater« des »Jungen Wien«, der die Vorgänge später in seinem Roman *Drut* verarbeitete, der Literat Felix Salten und nicht zuletzt der streitbare Karl Kraus, der Vergleiche mit den Hexenprozessen der Inquisitionszeit zog. Kraus dazu in seiner *Fackel*: »Leontine von Hervay war auf einem Besenstiel nach Mürzzuschlag durch die Luft geritten, wobei ihr seidener Unterrock sichtbar wurde. [...] Was nützte es, daß sie den Bezirkshauptmann glücklich gemacht hatte? Eine Zaubererstochter und fremder Sprachen mächtig. Also teuflischer Buhlschaft dringend verdächtig.« Kraus sah in der sexualfeindlichen Erziehung seiner Zeit die Ursache für Franz von Hervays Misere. Dieser sei zwar für ein Beamtenleben gerüstet gewesen, doch keineswegs für die wirklichen Anforderungen des Lebens. Eine distinguierte Fremde bräuchte »bloß ein wenig mit den Dessous zu rascheln«, um einen biederen Beamten aus der Bahn zu werfen. Den Mitarbeitern der Mürzzuschlager Bezirkshauptmannschaft, »die würdige Auslese des österreichischen Beamtenadels«, warf er mangelnde Loyalität vor.[146]

Gegen die stolze Kaution von 15.000 Kronen befand sich Tamara von Hervay im Dezember 1904 auf freiem Fuß in Wien. Sie wurde von Sympathisanten unterstützt, die Kulturpolitische Gesellschaft plante sogar eine Enquete über ihre Untersuchungshaft. 1905 veröffentlichte sie überraschend eine Autobiografie mit dem hochtrabenden Titel *Tamara von Hervay: ihr Leben und Denken*, sehr zur Verärgerung ihres Fürsprechers Karl Kraus, der die Memoiren schlicht für »eine lästige Erscheinung« hielt. Ungeniert schilderte Tamara von Hervay, wie sehr ihr Gatte ihren weiblichen Reizen erlegen sei. Ständig wäre er während der Amtsstunden in die Wohnung gekommen, um sich einen Kuss zu erbitten. »Gewiss war seine Liebe auch eine sinnliche«, räumte sie ein, doch man habe »Maß gehalten«, um den Dingen eine gewisse Weihe zu bewahren. Dann wurde sie noch deutlicher: »Die Dessous liebe ich elegant, sie waren das Entzücken meines Franz.«[147]

Mit ihren geschmacksfreien Memoiren hatte Tamara von Hervay viele Unterstützer verprellt. Doch ihren künstlerischen Ambitionen tat das keinen Abbruch. Unter dem Namen Baronin Tamara Lützow versuchte sie sich als Schauspielerin. 1906 trat sie im neu gegründeten Wiener Jugendstilkabarett »Die Hölle« mit Texten der Schriftstellerin Lola Grünfeld auf. Im gleichen Jahr machte sie erneut Bekanntschaft mit dem Gericht, da Grünfeld ausstehende Honorare eingeklagt hatte, Peter Altenberg fungierte dabei als Sachverständiger. Anfang 1907 trat sie im Theaterverein Intimes Theater als Gast auf, dann verlor sich ihre Spur. Dass der Fall Hervay auch heute noch auf Interesse stößt, zeigt ein 2015 unter dem Titel *Die schwarze Baronin* erschienener Roman des Mürztaler Autors Franz Preitler über Tamara von Hervay-Lützow.[148]

10

Lothar Ritter von Wachtler

Affront auf der Trabrennbahn

~ 1904 ~

Als 2009 auf der Wiener Trabrennbahn um den »Lothar-Ritter-von-Wachtler-Preis« gefahren wurde, konnten wohl nur wenige mit dem Namenspatron des Preises etwas anfangen. Dabei war Wachtler über die sagenhafte Zeitspanne von 50 Jahren als Rennfahrer aktiv und eine der schillerndsten Sportlerpersönlichkeiten der Monarchie und der 1920er-Jahre. Noch mit 66 Jahren saß der schmächtige Mann mit dem markanten Schnurrbart im Sulky und zählte zu den Sieganwärtern.[149]

Abb. 35: Streitbarer Schlossherr und erfolgreicher Traberchampion: Lothar Ritter von Wachtler (1860–1938)

Die Bedeutung des Pferdesports zur Zeit der Monarchie kann mit heute nicht verglichen werden. Er genoss höchstes Prestige, bei großen Rennen und vor allem beim Derby saßen die Spitzen der Gesellschaft vom Kaiserhaus abwärts auf den Tribünen. Kein Wunder, noch 1910 zählte man 1,8 Millionen Pferde in Österreich-Ungarn, zudem steckte der Motorsport noch in den Kinderschuhen. Die Rennbahnen boten eine ideale Plattform zum Ausleben gesellschaftlicher Bedürfnisse, vor allem für die Männer war hier die Welt noch in Ordnung. Man konnte Verwegenheit und Männlichkeit demonstrieren, während andernorts die technischen Neuerungen und das steigende Selbstbewusstsein der Frauen am althergebrachten Männerbild kratzten.[150]

Ein Sohn aus reichem Hause

Lothar von Wachtler war zweifellos ein Mann der alten Ordnung, mit dem Geist der Wiener Moderne verband ihn wenig. 1879 hatte er im Alter von 19 Jahren von seinem Großvater, dem damals reichsten Mann der Steiermark, ein Millionenvermögen geerbt. Dem aus der mährischen Walachei kommenden Josef Ritter von Wachtler war es nach 1845 durch Spekulationsgeschäfte gelungen, im steirischen Mürztal ein beachtliches Imperium mit riesigem Waldbesitz, mehreren Hammerwerken und dem prächtigen Familienschloss Neuhohenwang samt Pferdegestüt und eigener Rennbahn aufzubauen.[151]

Der im benachbarten Krieglach geborene Peter Rosegger setzte in seiner bekannten Geschichte *Als ich Christtagsfreude holen ging* dem für seinen prunkvollen Lebensstil bekannten Gewerken ein Denkmal. Dort heißt es: »Ein leichtes Schlittlein mit vier feurigen, hochaufgefederten Rappen bespannt, auf dem Bock ein Kutscher mit glänzenden Knöpfen und einem Buttenhut. Der Kaiser? Nein, der Herr Wachtler vom Schlosse Hohenwang saß im Schlitten, über und über in Pelze gehüllt und eine Zigarre schmauchend.«[152]

Auch sein Enkel genoss den familiären Reichtum. Doch während andere Erben seiner Generation ihr Vermögen in Bordellen und Spielcasinos verprassten, leistete sich Lothar von Wachtler den Luxus, als Herrenfahrer in den Trabersport und in einen eigenen Rennstall zu investieren. Daneben betätigte er sich als international erfolgreicher Jagdhundezüchter. Seine gute Hand für die Pferdezucht wiederum verdankte Wachtler seinem Vater Géza, der neben gesellschaftlichen und politischen Funktionen in der Steiermark auch als Vizepräsident der Landespferdezuchtvereinigung fungierte und mehrere Fachpublikationen dazu verfasste. Unter der Führung seines Sohnes Lothar wurde das in der Gemeinde liegende Anwesen Hohenwang zu einem international beachteten Gestüt.[153]

Draufgänger und Liebling des Publikums

Bereits ab 1880 war der Name Lothar von Wachtler regelmäßig in den Siegerlisten der *Allgemeinen Sport Zeitung* vertreten. Neben seiner eigenen Rennkarriere betrieb er unter dem Decknamen »Mister Dollar« einen der erfolgreichsten Rennställe seiner Zeit. Geradezu sensationell verlief die Teilnahme der österreichischen Herrenfahrer bei den Rennen zur Pariser Weltausstellung 1900. Wachtler und der Semmeringkönig Viktor Silberer, Mitbegründer des Wiener Trabrennvereins und Besitzer der *Allgemeinen Sport-Zeitung*, hatten kurz zuvor teure amerikanische Rennpferde erworben. Wachtlers Hengst Athanio und Silberers Colonel Kuser räumten zusammen mit anderen Teilnehmern aus Österreich-Ungarn die wichtigsten Preise in Paris ab. Diese Demütigung veranlasste die Franzosen schließlich, alle internationalen Bewerbe auf Jahre auszusetzen.[154]

Bereits 1899 machte das amerikanische Pferdesportmagazin *Breeder and Sportsman* auf die Entwicklungen im österreichischen »Trotting« aufmerksam und man bereute bald, dass das Ausnahmepferd Athanio nach Europa verkauft worden war. Trotz dieser Erfolge stand der Trabersport stets im Schatten der Galopper und ihrer schillernden Stars wie den Brüdern Baltazzi. Deshalb hatte man in Anlehnung an den exklusiven *Jockey Club* 1897 den *Club der Herrenfahrer* ins Leben gerufen. Auch hier war Wachtler

Abb. 36: Prinz-Solms-Preis 1910 in Baden bei Wien:
»Mr. Dollar« alias Lothar von Wachtler als Besitzer und Fahrer des Siegerpferdes

ein Mann der ersten Stunde und Mitglied im Ausschuss. 1916, mitten im Ersten Weltkrieg, gelang Wachtler sogar das Husarenstück, als bis dahin einziger Amateurfahrer das Wiener Derby in der Krieau zu gewinnen.[155]

Das Publikum liebte Wachtlers Talent, bereits entschieden geglaubte Rennen durch spektakuläre Manöver wieder spannend zu machen. Als er 1907 den Hunyadi-Preis gewann, lobte die exklusive Illustrierte *Sport & Salon* seine »meisterhafte Fahrtechnik« und schwärmte weiter: »Herr v. Wachtler war nach dem Siege seiner Stute Gegenstand stürmischer Ovationen, wie sie einem siegreichen Fahrer nicht oft zuteilwerden und welche beredtes Zeugnis ablegen für die große Popularität, deren sich der ausgezeichnete Gentlemantrainer und -fahrer in der Trabersportwelt erfreut.« Mit der gern gepriesenen aristokratischen Fairness nahm es Wachtler nicht immer ganz genau. Nachdem er im Hunyadi-Rennen 1904 einem gegnerischen Pferd die Peitsche über den Kopf gezogen hatte, wurde Wachtler in *Sport & Salon* gerüffelt, dass er »von der Peitsche einen etwas allzu freien, ungenierten Gebrauch« mache. Ein anderes Mal wurde er wegen eines Nennvergehens mit einem viertägigen Fahrverbot belegt, 1916 setzte es eine 1000-Kronen-Geldstrafe für regelwidriges Fahrverhalten. 1892 wurde Wachtler zusammen mit einem weiteren Herrenfahrer zu einer Geldstrafe verurteilt, weil beide illegale Wettrennen mit halsbrecherischer Geschwindigkeit in der Prater Hauptallee ausgetragen hatten.[156]

Bescheidenheit und Zurückhaltung zählten nicht zu Wachtlers Tugenden. Zum Leidwesen seiner Umgebung waren Auftreten und Wortwahl des Gentleman-Sportlers mitunter wenig »gentlemanlike«. In Silberers *Allgemeiner Sport-Zeitung* findet sich ein bezeichnender Hinweis auf einen Leserbrief Wachtlers, der zuvor von einem anderen Leser angegriffen worden war. Chefredakteur Viktor Silberer teilte dem Schreiber »L. v. W in H.« mit: »Ihre Zuschrift konnte keine Aufnahme finden, da sie zur Veröffentlichung nicht geeignet ist.«[157]

Die »Affäre Wachtler – Tschoepe«

Wachtlers Neigung zu Überheblichkeit und aristokratischer Arroganz gipfelte schließlich im Sommer 1904 in der sogenannten »Affäre Wachtler – Tschoepe«. Der Vorfall auf dem Trabrennplatz fand über mehrere Tage große Beachtung in der Wiener Presse. Was war geschehen? Der Sportjournalist Emanuel Tschoepe vom *Neuen Wiener Tagblatt*, einer der damals auflagenstärksten Tageszeitungen, hatte in Zusammenhang mit dem Wiener Sommermeeting behauptet, Wachtler hätte sich den Austria Preis durch kräftige Mithilfe eines anderen Fahrers erschlichen. Deshalb hatte er scherzhalber vorgeschlagen, die beiden Ställe sollten doch gleich zusammengelegt werden, damit man sich künftig derartige Tricks sparen könne und auch keine Wettpersonen geschädigt würden. Fünf Tage später kreuzten sich die Wege Wachtlers und Tschoepes im gut besuchten Buffetbereich des Wiener Trabrennplatzes. Wachtler, in Begleitung zweier weiterer Herrenfahrer, zögerte keine Sekunde und stellte den Redakteur auf sehr rüde Weise zur Rede. Lautstark bezeichnete er Tschoepe als Lügner. Im Nu entstand »ein ziemlich bedeutender Auflauf«, und als sich der Journalist rechtfertigen wollte, schnitt ihm Wachtler das Wort ab, indem er abschätzig erklärte: »Wenn Sie ein Mensch meiner Klasse wären, so würde ich Ihnen meine Zeugen schicken, so aber sind Sie nur ein geflickter …«. Das weitere Schimpfwort hätte sich Wachtler dann verkniffen, heißt es. Tschoepe wiederum nannte Wachtler einen »Puller«, womit man in der Fachsprache einen ungestümen, ständig durchgehenden Hengst bezeichnet. Tschoepe forderte Wachtler schließlich auf, ihn doch zu klagen, während die versammelte Menge ebenfalls gegen den Herrenfahrer und dessen überhebliches Auftreten Partei ergriffen hatte.[158]

Bei einigen sorgte der Vorfall auch für Heiterkeit und »schallendes Gelächter«. Die mangelnde »Satisfaktionsfähigkeit« Tschoepes hatte also ein Duell verhindert?

Vielleicht fühlte sich der eine oder andere an Schnitzlers skandalträchtige Novelle *Leutnant Gustl* erinnert, in der genau jener Ehrbegriff aus Militär- und Adelskreisen lächerlich gemacht wurde, wie ihn Wachtler an den Tag gelegt hatte. Aus heutiger Sicht mag ein derartiger Disput lächerlich erscheinen, doch zu Kaisers Zeiten herrschten andere Maßstäbe. In einer auf Äußerlichkeit und Etikette bedachten Fassadengesellschaft geriet ein derartig peinlicher Ausrutscher zur »Affäre« und war Tagesgespräch in den Kaffeehäusern und Clubs der Reichen. Dementsprechend groß war auch das Presseecho. *Sport & Salon* attestierte Wachtler umgehend Größenwahn und Naivität und geißelte dessen Standesdünkel: »Glaubt Herr v. W. wirklich, der Umstand, in einem sog. ›Herrenfahren‹ mittun zu dürfen, berechtige zu einer Sprache, wie sie etwa ein indischer Rajah zu einem der Kaste der ›Unreinen‹ Angehörigen führen könnte?«[159]

Dass ein Blatt, dessen wöchentliches Titelbild stets ein Mitglied der Hocharistokratie zierte und dessen Leserschaft vorwiegend aus Adeligen und Reichen bestand, derart harsch gegen Standesdünkel zu Felde zog, überrascht einigermaßen. Doch viele der großen »Macher« im damaligen Sportwesen wie Viktor Silberer, Anton Dreher sowie die meisten Zeitungsherausgeber und Redakteure waren bürgerlicher Herkunft und hatten das nötige Selbstbewusstsein, um sich in einer vom Adel dominierten Gesellschaft zu behaupten. Wachtler hingegen war in seinem Denken und Auftreten ganz der alten Ordnung verpflichtet. Im Streitfall forderte man Seinesgleichen zum Duell, der »nicht satisfaktionsfähige« Rest wurde von oben herab zurechtgewiesen. Dabei stand Wachtler als Ritter ganz unten in der Adelshierarchie, zudem gab es bereits zu Lebzeiten seines Großvaters Zweifel an der Rechtmäßigkeit des Wachtlerschen Adelstitels.

Die Affäre Wachtler – Tschoepe beschäftigte die Presse noch einige Tage lang. Der Journalist hatte beim Bezirksgericht Leopoldstadt Klage gegen den Herrenfahrer eingebracht. Der Wiener Trabrennverein hingegen wollte den Skandal möglichst schnell aus der Welt schaffen, weil er ein schlechtes Licht auf die weiteren Rennen geworfen hätte. In einer eilig einberufenen Sondersitzung am darauffolgenden Nachmittag gelang es dem Direktorium, die Wogen zu glätten. Wachtler zog seine inkriminierenden Äußerungen zurück, man einigte sich außergerichtlich.[160]

11

Der Fall Theodor Beer

Millionär, Professor und »Kinderfreund«

~ 1905 ~

Abb. 37: Theodor Beer (1866–1919)

Der 1866 geborene Wiener Physiologe Dr. Theodor Beer stammte aus einer reichen Unternehmerfamilie und galt seit seiner Zulassung als Privatdozent im November 1896 nicht nur als aufstrebender Wissenschaftler, sondern auch als Liebling der Society, insbesondere der weiblichen. Neben facheinschlägigen Arbeiten veröffentlichte er Feuilletons in bekannten Zeitungen, die Bandbreite seiner Themen reichte dabei von der »Psychologie des Lawn-Tennis« bis hin zur Frage des überholten Miederzwangs für Frauen. Als erfolgreicher Publizist pflegte er auch Umgang mit der Kulturschickeria des Fin de Siècle, dazu gehörten der Literat Peter Altenberg und der Architekt Adolf Loos. Mit beiden Herren verband ihn auch eine seltsame Leidenschaft für Aktaufnahmen von Kindern und Jugendlichen.[161]

Die Seilschaft der »Kinderfreunde«

Von Peter Altenberg ist hinlänglich bekannt, dass er zeitlebens für junge Mädchen schwärmte und sein Zimmer mit mehr oder weniger züchtigen Porträts seiner Angebeteten austapeziert hatte. In vielen seiner literarischen Skizzen finden sich Liebeserklärungen an kleine Mädchen, die er stets als Verehrung ihrer Reinheit und Unverdorbenheit verstanden wissen wollte. Ähnlich erklärte übrigens auch der berühmte Mädchenmaler Balthus seine augenscheinliche Vorliebe für Mädchenakte. »Wie weit Altenberg mit seiner Neigung ins Unerlaubte vorstieß, ist schwer zu sagen«, heißt es in der Rezension einer Neuausgabe von Altenbergs *Semmering 1912*, wo die exzessive Verehrung des Dichters für die erst zwölfjährige Semmeringer Hotelierstochter Klara Panhans besonderen Raum einnimmt. Klara wurde vom damals 52-jährigen Altenberg auf Schritt und Tritt beobachtet und bei allen Gelegenheiten fotografiert und mit Geschenken bedacht, bis ihre Eltern dem Treiben ein Ende setzten.[162]

Sein Status als schrulliger Bohemien und unkonventioneller Societyliebling bescherte Altenberg stets ein gewisses Maß an Narrenfreiheit, auch eine in Bezug auf Kinderschutz weniger sensible Gesellschaft um 1900 bewahrte ihn vor Konfrontationen mit den Behörden. Sein enger Freund Adolf Loos hatte dahingehend weniger Glück. Nach dem Untergang der Donaumonarchie stand der prominente Architekt vor dem Richter, weil er wiederholt Nachbarskinder in seiner Wohnung beherbergt hatte, sie beim Baden beobachtet und dabei fotografiert hatte. Der aufsehenerregende Prozess 1928 endete für Loos trotzdem glimpflich, die ohnehin bescheidenen vier Monate Arrest wurden nur bedingt ausgesprochen, Loos blieb das Gefängnis trotz nachgewiesener Verführung Minderjähriger zu unzüchtigen Handlungen erspart.[163]

Den Dritten im Bunde, Dr. Theodor Beer, ereilte noch zu Kaisers Zeiten der Arm des Gesetzes. Am 9. Februar 1904 reichten zwei bekannte Wiener Bürger Anzeige gegen ihn ein. Der Vorwurf: Beer hätte zwei Jahre zuvor gegen die damals minderjährigen Söhne der beiden Herren Sittlichkeitsdelikte begangen beziehungsweise versucht.[164]

Die »Peitschenaffäre« als Ouvertüre

Auf Anraten seines Anwaltes hatte sich Beer bereits im Jänner 1904 ins Ausland abgesetzt. Im März wurde er daraufhin per Steckbrief zur Fahndung ausgeschrieben. Beer hielt sich in der Schweiz auf, wo er auf einem Familiengrundstück die später berühmte Villa Karma von seinem Freund Adolf Loos erbauen ließ. Zwischenzeitlich reiste er weiter nach Portugal, Frankreich und zuletzt in die USA. Beers Ehefrau Laura kehrte indessen nach Wien zurück, um die Ehre ihres Mannes mit allen Mitteln zu verteidigen. Am 23. März 1904 kam es zur sogenannten »Peitschenaffäre«, es war die aufsehenerregende Ouvertüre zum späteren Sensationsprozess gegen Beer. »Ein sensationeller Überfall«, verkündete das *Neue Wiener Journal* und man erfuhr folgende Details: »Die Werderthorgasse war gestern abends, gerade zur Zeit des Geschäftsschlusses, der Schauplatz eines aufregenden Vorfalles. Vor dem Hause Nr. 14 der genannten Gasse stand durch mehrere Stunden ein Einspänner, in welchem eine dichtverschleierte Dame saß. Als nach 6 Uhr abends der Hof- und Gerichtsadvokat Regierungsrat Dr. Heinrich Steger in Begleitung eines Herrn aus dem Haustore trat, öffnete sich der Wagenschlag des Einspänners und die Dame stürzte mit dem Rufe: ›Sie behaupteten, meine Ehe unglücklich machen zu können!‹ auf Regierungsrat Dr. Steger zu und versetzte diesem mit einer Reitpeitsche mehrere Schläge ins Gesicht.«[165]

Die Attentäterin konnte flüchten, wurde jedoch kurze Zeit später als Beers 21-jährige Gattin Laura identifiziert, »eine sehr schöne Brünette mit dunklem, kurz geschnittenem Haar, eine Dame von auffallend hoher und stattlicher Figur«, wie die *Neue Freie Presse* hervorhob. Ihr Begleiter und Fluchthelfer war kein Geringerer als Adolf Loos, den Laura Beer bereits vor ihrer Anreise ins Vertrauen gezogen hatte. Im Falle ihrer Verhaftung sollte er mehrere Briefe an Tageszeitungen weiterleiten, in denen sie die Gründe für ihre Tat darlegte. Beers Vater, der umgehend aus der Schweiz angereist war, zeigte sich überrascht von der Tat seiner Schwiegertochter. Laura Beer wiederum erfuhr seitens der Öffentlichkeit viel Beifall, eine junge Frau, die ihre Ehre und die ihres Gatten derart resolut verteidigte, war ganz nach dem Geschmack des breiten Publikums. Unzählige Blumengrüße und Glückwünsche wären in der Wiener Wohnung eingelangt, hieß es. Das Opfer, Dr. Steger, verzichtete wiederum generös auf weitere Verfolgung seiner Widersacherin, diese wurde schließlich nach einem Gesetz aus dem Jahre 1854 wegen eines »Straßenexzesses« zu einer Geldstrafe von 100 Kronen verurteilt. Sowohl Steger als auch Laura Beer und Adolf Loos bekundeten ihre Standpunkte via Leserbrief in der Tagespresse. Die Wiener Gesellschaft hatte ein Klatschthema erster Güte, die deutschnationale Presse wiederum eine Gelegenheit mehr, um über die »jüdischen Stützen der Gesellschaft« und deren Sitten zu lästern.[166]

Der Prozess

Im Frühjahr 1905 suchte Beer von San Francisco aus beim Justizministerium um freies Geleit an, das ihm auch zugesagt wurde. Am 25. und 26. Oktober 1905 fand schließlich der viel beachtete Sittlichkeitsprozess in Wien statt. Die Verhandlung verlief nicht öffentlich, trotzdem überboten sich die Zeitungen mit pikanten Details aus Beers Privatleben. Nun wurden auch die konkreten Vorwürfe gegen ihn bekannt.[167]

Als erster Belastungszeuge trat der 16-jährige Oskar Freund, Sohn des Hof- und Gerichtsadvokaten Dr. Arthur Freund, auf. Er berichtete über seine regelmäßigen Sonntagsbesuche als Zwölfjähriger mit seinen Eltern im Hause Beer, wo es zu mehreren unliebsamen Zwischenfällen mit dem Sohn, dem damals 35-jährigen Professor Theodor Beer, gekommen wäre. Bei einer spielerischen Rauferei im Gartenhaus etwa hätte es einen unangenehmen Körperkontakt gegeben. An einem anderen Tag wiederum war Oskar im Auftrag seiner Eltern, die Theodor Beers Fotokünste schätzten, vom Professor auf der Terrasse fotografiert worden. Nach Beers Aufforderung hätte er sich mit nacktem Oberkörper ablichten lassen. Die bis dahin anwesende Erzieherin wäre weggeschickt worden. Später hätte ihn Beer in sein Studierzimmer im 1. Stock gelockt, ihm dort obszöne Bilder gezeigt und sexuelle Vorgänge in vulgärer Sprache beschrieben. Gleichzeitig wäre es zu unzüchtigen Handlungen gekommen. Er habe Beer versprechen müssen, seiner Mutter nichts davon zu erzählen.[168]

ABB. 38: Vorliebe für Aktaufnahmen: Hobbyfotograf Beer als »Professor Pervers« im *Floh*

Oskars Mutter bestätigte, dass ihr Sohn mehrmals mit der Gouvernante zu Beer geschickt worden war, um fotografiert zu werden, von den speziellen Aufnahmen habe sie aber erst viel später erfahren. Zudem berichtete sie, dass Beer auch ihre damals elfjährige Tochter wiederholt eingeladen habe. Dabei wäre es zu einem seltsamen Vorfall gekommen: Das Mädchen sei bei einem Ausflug nicht wie vereinbart in den Zirkus, sondern ohne die Gouvernante in die Villa einer Baronin gebracht worden. Dort hätten sich auch andere Kinder befunden, dann wären Fotos in verschiedenen Kostümen gemacht worden. Beer habe der kleinen Mitzi auch mehrere Briefe geschrieben und sie, so hätte das Kind berichtet, auch geküsst.[169]

Der 19-jährige Student Gustav Steger berichtete über einen Vorfall im Juli 1902: Beer habe ihn damals erneut fotografieren wollen, da eine Aufnahme aus dem Winter davor nicht die gewünschte Qualität zeigte. Da das Foto angeblich eine Überraschung für Stegers Eltern werden sollte, sei das Treffen geheim geblieben. Am Börseplatz habe ihn Beer abgeholt und in ein leer stehendes Künstleratelier gebracht. Dort sei er von Beer zuerst bekleidet, dann gänzlich nackt abgelichtet worden. Beer habe ihm danach obszöne Bilder gezeigt und versucht, unzüchtige Handlungen an ihm vorzunehmen. Gustav Steger untermauerte seine Aussage mit dem Hinweis auf ein besonderes Merkmal im Intimbereich Beers. Bei der Heimfahrt habe er dem Professor sein Stillschweigen über das gemeinsame Erlebnis versprechen müssen. Beer und sein Anwalt wiesen die Anschuldigungen als Hirngespinste von Kindern und Pubertierenden zurück. Divergierende Aussagen wurden aufgegriffen, um die Glaubwürdigkeit der Zeugen in Zweifel zu ziehen. »Ich bin überhaupt ein Kinderfreund«, verkündete Beer im Prozess, so wie dies auch Loos Jahre später tat. Die elfjährige Mitzi Freund hätte er zwar geküsst, doch harmlos, wie man es eben bei einem Kind täte.[170]

Beers Verteidigungslinie zieht sich als Muster durch ähnliche Prozesse der jüngeren Zeit, dazu gehört auch die Anfertigung von Aktfotos Minderjähriger zu angeblich rein wissenschaftlichen Zwecken. In einer Studie über Pädophile von 2008 findet sich dazu eine interessante Beschreibung von Strategien und Stereotypen:

> »Die Männer arbeiten mit den bekannten Methoden von Missbrauchern: Aufspüren, Ausnutzen und Anknüpfen an Defiziten der Kinder, sie an sich binden mit Geschenken u. Ä., Herstellen von Abhängigkeiten, Verbergen der sexuellen Übergriffe in spielerischem Handeln. Sie sorgen für die Entstehung von Schuldgefühlen beim Kind, mitgemacht zu haben, für Schweigen aus Angst vor Verlust der Zuwendungen des Täters – emotional und materiell – sowie aus Angst, dass ihm niemand glauben würde. Sie manipulieren die Bezugspersonen der Kinder, vernebeln deren Wahrnehmung, streuen Aussagen über die Unglaubwürdigkeit des Kindes – das Muster ist im Kern völlig gleichförmig bei allen Missbrauchern […].«[171]

Die beiden Prozesstage förderten Enthüllungen über Beers Gewohnheiten und extravaganten Lebensstil zutage, so etwa die Episode über eine von Beer geschwängerte Hausangestellte namens Mathilde Zidlicky: Der eitle Millionärssohn benützte die Gelegenheit, um sich über den herrschenden Sittenkodex lustig zu machen. Er versah die Schwangere mit einer stattlichen Mitgift und ließ sie durch einen Anwalt mit einem verarmten Adeligen verkuppeln. Frau Zidlicky durfte sich fortan »Dagmar Edle von Helmburg« nennen und verkehrte nicht nur mit den Spitzen der Wiener Gesellschaft, sondern weiterhin auch mit ihrem Geliebten Theodor Beer. Der betrogene Ehemann ließ sich schließlich scheiden. Presse und Staatsanwalt sahen in dieser Begebenheit ein weiteres Indiz für Beers Verdorbenheit.

Ein 16-jähriger Bursche sagte wiederum vor Gericht aus, dass er von Beer als Assistent für fotografische Aufnahmen angeworben worden wäre. Später hätte dieser dann von ihm und anderen Jünglingen Nacktbilder angefertigt. Der Maler August Groß berichtete zum Erstaunen des Gerichtes, dass er seinen zwölfjährigen Sohn von Beer habe nackt fotografieren lassen und daran nichts Anstößiges gefunden hätte. Ein mit Beer bekannter Arzt erzählte ebenso unbekümmert, dass man gemeinsame Aktfotos gemacht hätte. Für leichte Irritation sorgte die Geschichte eines Arztes über eine verstorbene Patientin, die ihm kurz vor ihrem Selbstmord von äußerst unliebsamen Zusammentreffen mit Beer erzählt hätte. Dabei wäre sie von Beer zu unzüchtigen Handlungen mit anderen Frauen und minderjährigen Burschen vor der Kamera aufgefordert worden. Beer gab zu, die Frau gekannt zu haben, bestritt aber die Vorwürfe und ließ zu seiner Entlastung deren Liebesbriefe an ihn verlesen.[172]

Das Urteil und die Reaktionen

Beer halfen auch die Auftritte prominenter Entlastungszeugen wie Adolf Loos wenig, der Beer als Anhänger des einfachen Lebensstils lobte und ihn als »größten Photographen, der je gelebt hat« bezeichnete. Am 26. Oktober 1905 wurde Theodor Beer nach § 129, Abs. I b (»Verbrechen der Unzucht wider die Natur« [...] »mit Personen desselben Geschlechts«) zu einer einfachen Kerkerstrafe von drei Monaten verurteilt. Das Gesetz nach dem Kaiserlichen Patent vom 27. Mai 1852 sah einen Strafrahmen von bis zu fünf Jahren schweren Kerkers vor. Der Richter begründete das geringe Strafausmaß damit, dass die eigentliche Strafe für Beer der einhergehende Verlust des Doktortitels und der Hochschulprofessur wäre. Der § 128 (»Kinderschändung« – Missbrauch von Personen unter 14 Jahren) kam nicht zur Anwendung, da nach dem Gesetzbuch das Vergehen der Homosexualität über den Vorwurf der Kinderschändung gestellt war.[173] Sigmund Freud sprach sich einen Tag nach der Urteilsverkündung in einem Interview für *Die Zeit* gegen die Kriminalisierung von Homosexualität und deren praktische Gleichstellung mit Pädophilie aus, auch Karl Kraus argumentierte in seiner *Fackel* ähnlich.

Die mediale Berichterstattung hingegen warf weiterhin alles in einen Topf. Die sozialdemokratische *Arbeiter-Zeitung* hatte nun ihren Beweis für die Dekadenz der Reichen, das antisemitische *Deutsche Volksblatt* hingegen sah im Fall Beer eine Bestätigung der jüdischen Verderbtheit. Einhellig verurteilt wurde der Umstand, dass Beer nach nur einer Nacht im Kerker gegen die damalige Rekordkaution von 200.000 Kronen auf freien Fuß gesetzt wurde. Die Reichen könnten es sich eben richten, so der Tenor. Die Wogen der Empörung schlugen noch höher, als bekannt wurde, dass er die Nacht darauf zusammen mit seiner Ehefrau im Wiener Nachtclub Casino de Paris verbracht hatte.[174]

Durch Anfechtung des Urteils gewann Beer Zeit, doch am 11. Februar 1906 wurde die Kerkerstrafe vom Kassationsgerichtshof endgültig bestätigt. Seine Gattin Laura konnte den gesellschaftlichen Abstieg ihres Mannes nicht verkraften und verübte noch vor der Urteilsverkündung in der gemeinsamen Villa am Genfer See einen Suizidversuch. Beer wurde daraufhin ein Haftaufschub gewährt, um sich um seine Frau zu kümmern. Doch auch seine Anwesenheit konnte einen weiteren Suizidversuch nicht verhindern, die erst 22-jährige Laura starb durch einen Kopfschuss. Im April 1906 trat Beer schließlich seine Strafe an, begleitet von den hämischen Kommentaren der antisemitischen Presse. Danach zog er sich in nach Montreux zurück. Nach einer gescheiterten Beziehung mit der Schriftstellerin Bertha Eckstein alias Sir Galahad heiratete Beer 1916 seine Langzeitgeliebte Dagmar Helmburg. Drei Jahre danach erschoss sich Beer, weil er nach dem Krieg sein Vermögen verloren hatte und die Villa Karma versteigert werden sollte. Elsie Altman-Loos berichtete viele Jahre später in ihren Memoiren, dass Adolf Loos von Beer

Abb. 39: Die neu aufkommende Fotografie eröffnete ungeahnte Möglichkeiten.

einen Koffer zur Verwahrung bekommen hatte, der unzählige Aktfotos enthielt, darunter eine erhebliche Anzahl erotischer Aufnahmen von Kindern. Der Koffer spielte auch im späteren Loos-Prozess eine Rolle.[175]

12

Adalbert Graf Sternberg

Sturm um ein Wasserglas

~ 1905 ~

Abb. 40: Schlagfertig, schlagkräftig und trinkfest: Adalbert Graf Sternberg (1868–1930)

»*Werden* Sie Ihr Schweinehundsmaul halten?«, brüllte der tschechische Abgeordnete Graf Sternberg einem Zwischenrufer zu, jedoch nicht beim Stammtisch in der Vorstadt, sondern vom Rednerpult des Reichsrates aus. In der Hitze des Gefechts konnte es schon vorkommen, dass der »Mann mit dem dicken böhmischen Schädel« seinem Gegenüber ein Tintenfass nachschleuderte.[176]

»Wie ein Sturmwind« sei er in das österreichische Parlament gefahren, stellte Sternberg rückblickend fest. Die Jahre im Reichsrat wären wie ein einziger langer Tobsuchtsanfall gewesen. Im Haus am Ring war man ohnehin viel gewohnt, doch Sternberg übertraf alles bisher Dagewesene, selbst den christlichsozialen Politrabauken Hermann Bielohlawek. Wenn der böhmische Graf ans Rednerpult trat, machte sich Volksfeststimmung breit, seine Reden endeten oft in Tumulten. Besonders wenn sich Sternberg ungerecht behandelt fühlte, was häufig der Fall war, gab es kein Halten mehr. »Sie sind ein Lump!«, schleuderte er dem sprachlosen Vizepräsidenten des Parlaments entgegen, als dieser einen Antrag Sternbergs ablehnte. »Das ist ein Söldling des Hofes, ein gekaufter Lump!«, brüllte er.[177]

Ein Abgeordneter mit Schlagkraft

Zeitgenossen beschrieben den im mährischen Pohořelice geborenen Aristokraten als imposanten Kraftprotz mit sonorer Stimme und hitzigem Temperament. Wer ihn ärgerte, bekam schnell seine Fäuste zu spüren. Der viel gereiste Sternberg war stolz auf seine Schlagkraft und rühmte sich, schon in vielen Ländern »Watschen« verteilt zu haben. Einem tschechischen Korrespondenten, der auf Sternbergs stets erhöhten Alkoholspiegel angespielt hatte, verpasste er im Foyer des Reichsrates ein paar kräftige Ohrfeigen.[178]

Während nicht satisfaktionsfähige Kontrahenten reihenweise »Watschen« ausfassten, forderte der standesbewusste Graf ebenbürtige Gegner umgehend zum Duell. In der Regel griff man zum Säbel, doch Sternberg beherrschte auch den Umgang mit der Pistole. Die Liste seiner Zweikämpfe war lang und Sternbergs Furchtlosigkeit ebenso legendär wie seine Brutalität. 1911 forderte er den ungarischen Grafen Károlyi, weil dieser die österreichischen Armeeangehörigen als »Henker« bezeichnet hatte. Sternberg sah darin das Andenken seines Vaters besudelt und ließ Károlyi von Karlsbad aus den Fehdehandschuh zukommen. Es folgte ein »Säbelduell unter schweren Bedingungen« im Saal eines Pressburger Restaurants. Sternberg säbelte dabei dem Grafen Károlyi das halbe rechte Ohr weg. Die Angelegenheit wurde als »ritterlich ausgetragen« protokolliert. Als ihn der deutschnationale Abgeordneten Wolf zum Duell forderte, schickte ihm Graf Sternberg zwei Wiener Dienstmänner als Sekundanten und hatte die Lacher auf seiner Seite.[179]

Verbaler Knüppel statt Diplomatie

Ab 1901 drängte es den konservativ gesinnten Grafen in die Politik. Doch mehrere Anläufe, in den böhmisch-mährischen Landtag zu gelangen, scheiterten, als christlich-tschechischer Agrarier schaffte es Sternberg schließlich 1904 und 1909 in den Reichsrat. Mit dem Parlamentarismus in seiner bestehenden Form war Sternberg keinesfalls zufrieden, denn die Allmacht des Hofes hatte das Parlament in seinen Augen zum zahnlosen Instrument gemacht. Gleichzeitig würde die Käuflichkeit von Abgeordneten, deren Aufgabe es eigentlich wäre, »dem Absolutismus möglichst viel zu entreißen«, die Volksvertretung zusätzlich schwächen. Es hätte wenig Sinn, im Parlament die Wahrheit zu sagen, weil danach ohnehin alle Worte »durch das Sieb eines Hofratsgehirns durchgesiebt werden«, erklärte Sternberg und kassierte dafür wieder einmal einen Ordnungsruf. Dass sich der Graf, der nur sehr mangelhaft Tschechisch sprach, im Parlament als rabiater Tschechenvertreter gerierte, war nur eine der Widersprüchlichkeiten, die seine Person ausmachten. Immer wieder zog er sich den Zorn der Parlamentarier zu, so etwa, als er bei einer Versammlung bemerkte, man könne die Taschen aller 316 Abgeordneten umdrehen ohne ein Sechserl zu finden, das diese ehrlich verdient hätten.[180]

Ein rotes Tuch im wahrsten Sinn des Wortes waren für ihn die Sozialdemokraten, für den eingefleischten Monarchisten geradezu natürliche Feinde. Er warf ihnen wiederholt vor, die Arbeiterschaft zu verraten und sich der eigenen Karriere wegen bei Hof anzubiedern, obwohl sie diesen eigentlich ablehnten. Genüsslich ließ er 1907 eine Karikatur im Foyer des Reichsrates herumgehen, die einen Kaiserwagen mit dem Abgeordneten Pernerstorfer auf dem Kutschbock darstellte. Im selben Jahr verkündete er, die Sozialdemokratie wäre nicht, wie behauptet, die »keusche Tochter des Volkes«, sondern eine »syphilitische Maîtresse« des Kaiserhofs. Anton Kuh attestierte seinem Freund »Montschi« genealogischen Größenwahn, gepaart mit einer unzeitgemäßen, romantischen Auffassung von Aristokratentum. Sternberg wünschte sich einen starken, unbotmäßigen Adel, der sein Herrscherhaus achtete, aber die eigenen Interessen mit Machtbewusstsein verteidigte. Der De-facto-Absolutismus des Langzeitmonarchen Franz Joseph war ihm deshalb ein Dorn im Auge. Der Adel solle gemeinsam mit dem Volk den »feigen und ehrlosen Absolutismus wie ein fett gewordenes Schwein abstechen«, tönte er 1905 im Reichsrat und machte sich damit beim Kaiser und seinem Gefolge nicht sonderlich beliebt. Sternberg war es auch, der im Parlament ein absolutes Tabu brach und laut darüber nachdachte, ob der greise Monarch nicht endlich einem Jüngeren Platz machen sollte. Das, was viele dachten, aber nie gesagt werden durfte, hatte er ausgesprochen. Trotzdem kam es 1909 im Rahmen einer Privataudienz zu einer Aussöhnung mit dem Kaiser. Nicht dieser selbst sei das Ziel seiner Kritik, betonte Sternberg, sondern dessen Einflüsterer aus der Hofkamarilla und die »knieweichen Generäle«. Die Krone sei in Gefangenschaft »einer gewissen uniformierten, unendlich charakterlosen Bande«.[181]

1893 war Sternberg bereits degradiert und 1898 wieder rehabilitiert worden. 1903 verlor er erneut die Offizierscharge. Beide Male waren verbotene Duelle und Spielschulden die Ursachen für die Einberufung eines Schiedsgerichts. Im exklusiven Wiener Jockey-Club hatte der Graf in einer Nacht die damals riesige Summe von 6000 Gulden am Spieltisch verzockt.[182]

Sturm um ein Wasserglas

Eine neuerliche Entgleisung brachte Sternberg auf die Titelseite der *Wiener Bilder*. Wieder einmal waren dem Grafen im Parlament die Pferde durchgegangen, die »Wasserglas-Affäre« beschäftigte tagelang die Presse. In einer Debatte über nationalistische Vorfälle in Brünn wurde Sternberg immer wieder vom deutschradikalen Abgeordneten Wolf durch Zwischenrufe provoziert. Nach verbalen Ausfällen auf beiden Seiten kam es schließlich zum Eklat: Sternberg schleuderte sein Wasserglas, dieses traf Wolfs Schulter, zerschellte auf der Bank, dabei erlitt ein unbeteiligter Abgeordneter Schnittverletzungen. Nach einer ersten Schrecksekunde kam es zu wilden Protesten, Vertreter der anderen Parteien stürmten auf Sternberg los. Der Parlamentspräsident agierte völlig überfordert, an eine Fortsetzung der Debatte war nicht mehr zu denken. Die Sitzung wurde unterbrochen und erst eine Stunde später fortgesetzt. Sternberg wurde das Wort für eine von ihm angekündigte Entschuldigung erteilt. Doch er goss erneut Öl ins Feuer,

Abb. 41

als er seinen Wasserglas-Wurf als Notwehrakt gegenüber terroristischen Elementen im Abgeordnetenhaus bezeichnete.[183]

Es lohnt sich, die Ereignisse in den stenografischen Protokollen des Abgeordnetenhauses nachzulesen. Man fühlt sich dabei unweigerlich an *Die letzten Tage der Menschheit* von Karl Kraus erinnert.

> »**Abgeordneter Graf Sternberg:** […] Es ist das Ziel eines jeden ernsten Politiker Österreichs (Abgeordneter Wolf: Ernsten Politikers!), diese politischen Kasperln, zu denen ich auch Sie, Herr Wolf, rechne (Heiterkeit), aus der Politik herauszuwerfen. […] Sie, wenn Sie noch einmal das Maul aufmachen, schicke ich Ihnen wieder zwei Juden als Sekundanten. (Heiterkeit und Zwischenrufe.)
> **Präsident** (unterbrechend): Ich bitte, Herr Abgeordneter Graf Sternberg, mäßigen Sie sich doch in Ihren Ausdrücken.

Abgeordneter Graf Sternberg (fortfahrend): [...] Sie fassen noch ein paar Watschen von mir, Herr Wolf. (Lebhafte Zwischenrufe.) Es scheint die Zuckerkrankheit bei ihm zurückgegangen zu sein. (Zwischenrufe des Abgeordneten Wolf.)
[Es folgen ein Exkurs über den Abg. Lechner sowie ein Ordnungsruf des Präsidenten.]
Abgeordneter Graf Sternberg: Ich habe keinen Angriff gemacht. Ich protestiere gegen diesen Ordnungsruf, Herr Präsident. (Abgeordneter Wolf: Es ist ganz Wurst, was der Sternberg sagt! – Abgeordneter Graf Sternberg wirft gegen den Abgeordneten Wolf ein mit Wasser gefülltes Glas. – Stürmische Zwischenrufe und Unterbrechungen. – Großer Lärm und anhaltende Bewegung im ganzen Hause.)
Präsident (das Glockenzeichen gebend): Das ist ein skandalöses Benehmen. [...]«[184]

Für die Presse war diese »neuerliche Sternbergiade« eine gute Story. Mit dieser und anderen Aktionen war der Graf längst zu einem Wiener Original geworden, die Liste seiner Beinamen war lang: »Muskelgraf«, »Saufgraf«, »Mann des Kraches« oder »Duellgraf« waren einige davon. Um 1909 veränderte sich das Auftreten des rabiaten Populisten. In seiner zweiten Parlamentsphase gab sich Sternberg konzilianter. »Wie Sirup und fade Limonade fließt ihm jetzt die Rede von den zuckersüßen Lippen«, bedauerte man bereits seine Wandlung. Aus der eisernen Faust sei mittlerweile eine wächserne geworden, hieß es. Doch von Altersmilde oder gar einer »Wachshand« konnte keine Rede sein. Das bekam noch Jahre später im Juni 1924 ein ehemaliger hoher Offizier zu spüren, dem der Graf vor dem Hotel Sacher einen kräftigen Fausthieb versetzte. Es folgte die Ausweisung des nunmehr tschechischen Staatsbürgers Sternberg als »lästiger Ausländer«. Nach seiner Rückkehr wurde Sternberg 1925 erneut wegen diverser Vergehen des Landes verwiesen.[185]

Ende der 1920er-Jahre machten sich die Folgen seiner exzessiven Lebensweise akut bemerkbar. Der stete Griff zur Flasche, einer der angeblichen Gründe für Sternbergs mangelnde Impulskontrolle, forderte seinen Tribut. 1930 starb Sternberg infolge chronischer Alkoholvergiftung in Wien. Anton Kuh meinte, Sternberg hätte wie Peter Altenberg getrunken, um sein Gehirn in Schwung zu bringen. Das *Interessante Blatt* brachte die Person Sternberg auf den Punkt: »Sternberg war kein Dutzendmensch und ist stets seine eigenen, wenn oft auch schrullenhaften Wege gegangen.« Auch die *Reichspost* meinte im Rückblick fast entschuldigend, Sternbergs unzählige verbale Ausritte wären seiner »hopfenden Zunge« entsprungen.[186]

13

Karl Kraus

Der Satiriker als »Watschenmann« von Wien

~ 1906 ~

Abb. 42: Verehrt und gehasst: Karl Kraus (1874–1936)

»Es gibt in Wien keinen Menschen, über den man sich grimmiger freut und so tiefgelb und hellblau ärgert wie über den Fackel-Kraus«, hieß es aus gegebenem Anlass 1906 in der *Muskete*. Wieder einmal hatte Karl Kraus, der kompromisslose Satiriker und Provokateur, der polarisierte wie kein anderer, erfolgreich am »Watschenbaum« der Wiener Kulturlandschaft gerüttelt und schmerzhaft die handfeste Seite der Kaffeehaus-Schickeria zu spüren bekommen. Doch Kraus, der große Austeiler, der andere mit spitzer Feder und scharfer Zunge erbarmungslos öffentlich brüskierte, verfügte nicht über jene Tugend, die man im Sportjargon »Nehmerqualitäten« nennt. Einstecken war nicht seine Sache, er beschritt konsequent den Weg zum Kadi, um sich Genugtuung zu verschaffen, sodass die beeindruckende Gesamtbilanz seiner langen Karriere neben 700 Lesungen, 31 Jahrgängen der *Fackel* und vielen anderen Publikationen auch zahlreiche Gerichtsauftritte umfasst.[187]

Café Griensteidl 1896: Ohrfeigen von Felix Salten

Ab Anfang Dezember 1896 erschien in der Literaturzeitschrift *Wiener Rundschau* die erste große Satire des jungen Karl Kraus unter dem Titel *Die demolirte [sic!] Literatur*. Aufhänger dafür war der unmittelbar bevorstehende Abriss des Café Griensteidl, in dem sich regelmäßig die Literaten des *Jungen Wien* um ihren Mentor Hermann Bahr scharten. Kraus hob zum Rundumschlag gegen die seiner Meinung nach aufgeblasene und an ihren Talenten gemessen weit überschätzte Clique um den »Herrn aus Linz«, wie er Bahr nannte, aus. Geschickt ließ er Zitate, Aussprüche und persönliche Eigenschaften der Bahr-Jünger leicht überspitzt in seine Satire einfließen und gab die »Scheingrößen« durch sich selbst der Lächerlichkeit preis.[188]

Neben Arthur Schnitzler, Hugo von Hofmannsthal, Leopold von Andrian und Richard Beer-Hofmann war vor allem Felix Salten die Zielscheibe seines Spotts. Ihm unterstellte Kraus nicht nur mangelndes Talent und die Neigung zum gestenhaften Parvenü, sondern auch eklatante Schwächen im Umgang mit der deutschen Sprache, für einen Schriftsteller und Journalisten ein besonders beleidigender Vorwurf. Zudem machte er sich über Saltens krampfhafte Ambitionen in Richtung Burgtheater lustig, wo dieser unbedingt aufgeführt werden wollte. Zwar konnte Salten nur die ersten drei Folgen der bitterbösen Satire gelesen haben, denn die anderen erschienen erst ab Jänner 1907 in der *Neuen Rundschau,* doch sein Ärger auf den um fünf Jahre jüngeren Kraus muss groß gewesen sein. So groß, dass er sich am Abend des 14. Dezember 1896 abrupt entlud, als Salten, passenderweise im Café Griensteidl, auf den Tisch von Karl Kraus zusteuerte, den gerade mit einem Brief beschäftigten Urheber der Schmähungen lautstark beschimpfte und ihm zwei Schläge ins Gesicht verabreichte.[189]

Die Fortsetzung der Affäre erfolgte vor dem Wiener Bezirksgericht Innere Stadt und trug Salten die verschmerzbare Geldstrafe von 20 Gulden wegen »tätlicher Beleidigung« nach §496 ein, vom Angebot einer ersatzweisen viertägigen Arreststrafe machte er keinen Gebrauch. Als Motiv für seine Tat bestätigte Salten den Affront durch den herabwürdigenden *Rundschau*-Artikel von Kraus. Anderslautende Versionen des Vorfalls, wonach Kraus von Salten auf offener Straße überfallen und geohrfeigt worden wäre, decken sich nicht mit den zeitgenössischen Berichten. Ob Saltens Zorn auch damit zu tun hatte, dass Kraus angeblich die noch geheime Beziehung Saltens mit der Burgtheaterschauspielerin Ottilie Metzl, seiner späteren Ehefrau, vorzeitig publik gemacht hatte, kann ebenfalls nicht belegt werden. Im Prozess war davon jedenfalls keine Rede.[190]

Café Imperial 1899: Schläge von Oskar Friedmann

Im April 1899 startete Karl Kraus als Herausgeber und Autor mit seiner legendären *Fackel,* in der er seiner Linie treu blieb und sich weiterhin kein Blatt vor den Mund nahm, wenn es um die schonungslose Demaskierung von Zeitgenossen oder Institutionen ging. Nicht nur die Schar der Kraus-Verehrer, sondern naturgemäß auch die seiner Gegner wuchs dadurch stetig und es dauerte nur wenige Wochen und *Fackel*-Ausgaben, bis es erneut zu einer handgreiflichen Begegnung mit einem Opfer seiner spitzen Feder kam. Diesmal war es Oskar Friedmann, der Bruder von Egon Friedell, dessen Zorn sich über beziehungsweise auf dem Haupt des *Fackel*-Herausgebers entlud.[191]

Friedmann hätte ursprünglich den väterlichen Betrieb übernehmen sollen, doch es zog ihn zur Kunst. In seinen späteren Jahren konnte er durchaus Erfolge verbuchen, als Gründer des Wiener Verlags, als Mitbegründer und Direktor des »Intimen Theaters«

in der Praterstraße sowie als Operetten-Librettist für Lehár, Ziehrer, Fall und andere arrivierte Komponisten. Sein Lustspiel *Drahtlose Telegraphie* von 1908 erlebte immerhin 600 Aufführungen. Doch die ersten Schritte seiner Künstlerlaufbahn gestalteten sich eher holprig, man attestierte ihm mangelndes Talent, hinzu kam, dass er seit 1896 trotz Erreichung der Volljährigkeit mit 24 Jahren aufgrund von psychischen Problemen weiterhin unter Vormund gestellt worden war.[192]

Im Mai 1899 kam eines zum anderen: Oskar Friedmann kämpfte gerade um die Aufhebung der Kuratel und die Wiedererlangung seiner persönlichen Rechte, gleichzeitig bescherte ihm sein Lustspiel *Das Dreieck* nach nur einer Aufführung am bekannten Carltheater einen Riesenverriss durch Presse und Publikum. Obwohl Karl Kraus mit Friedmanns Bruder Egon Friedell befreundet war, konnte er es nicht lassen, seine spitze Feder in die Wunden des durchgefallenen Theaterautors zu stechen.[193]

Vordergründig nahm Kraus den jungen, glücklosen Autor in Schutz gegen jene Literaturclique um Hermann Bahr, die ihn verheizt hätte. Doch über Oskar Friedmann selbst hatte er wenig Vorteilhaftes zu sagen. Kraus stellte die Geschichte von Friedmanns Entmündigung dem Artikel voran und bezog sich in seiner Theaterkritik mehrmals darauf. Friedmann wäre ein »nur von Gerichtsärzten ernst genommener Autor«, heißt es, die Bühnengewaltigen hätten »einen Schwachsinnigen« dem Theaterpublikum vorgeführt und die Wiener Öffentlichkeit wäre nun um einen neuen Typus, den »dummen Kerl von Jungwien«, bereichert worden. Kraus beschloss seine Kritik mit der Feststellung: »Friedmann wird nach wie vor der einzige Wiener Schriftsteller bleiben, bei dem der Schwachsinn gerichtlich erhoben ist.«[194]

Man kann sich vorstellen, wie es einem psychisch labilen Menschen, der gerade einen kolossalen beruflichen Misserfolg zu verdauen hatte, nach dieser Demütigung in der *Fackel* gegangen sein muss. Friedmann berichtete später, er wäre aufgeregt durch Wien gelaufen mit dem Vorsatz, sich an Kraus zu rächen. Er schickte auch Freunde im Fiaker aus, um den *Fackel*-Spötter aufzuspüren. Im Café Imperial war es am Abend des 10. Mai schließlich so weit: Friedmann stürzte sich auf Karl Kraus, drückte ihn auf ein Sofa nieder, quetschte mit einer Hand dessen Hals und schlug mit der anderen mehrmals auf ihn ein. Seine Freunde hielten indessen Gäste ab, die Kraus zu Hilfe eilen wollten. Kraus musste danach von der Wiener Rettungsgesellschaft behandelt werden, ehe er in seine Wohnung zurückkehren konnte.[195]

Die Resonanz in der Presse fiel für beide Kontrahenten nicht gut aus. Künftige Opfer der *Fackel*-Bloßstellungen wären verärgert, weil Kraus überlebt habe, spottete das *Wiener Montags-Journal*, frühere Opfer ebenfalls, weil ihnen Friedmann mit seiner Abreibung zuvorgekommen wäre. Für die nationale Presse hatte die Affäre ein bezeichnendes Sittenbild der »Literatur-Juden« geliefert. Im Prozess vor dem Bezirksgericht stellte sich heraus, dass Friedmann seine Tat mehrmals angekündigt hatte und von einigen Freunden zur Räson gerufen worden war. »Schlagen Sie Kraus nicht, seien Sie einmal originell!«, hatte ihm sein Mentor Hermann Bahr geraten. Auch Julius Bauer, der Chef des *Extrablatts,* war erfolglos um Beschwichtigung bemüht gewesen. Andere wiederum, so wusste das *Grazer Tagblatt,* hatten Friedmann in einem anderen Café zuvor zur Tat ermuntert und angestiftet. Zur Wahrheitsfindung wurden insgesamt 28 Zeugen, einschließlich der Kellner des Café Imperial, vom Richter vernommen. Der Publikumsandrang war enorm, besonders die Wiener Künstlerszene drängte in den berstend vollen Saal des Bezirksgerichts, viele mussten abgewiesen werden. Der Gerichtspsychiater verwies auf Friedmanns labile psychische Verfassung, Zeuge Felix Salten bestätigte Gerüchte, wonach Karl Kraus einen Totschläger zur Selbstverteidigung eingesteckt hätte und von diesem auch Gebrauch machen würde. Am Ende fasste Oskar Friedmann wegen »leichter Körperverletzung« sieben Tage Arrest aus, seine Helfer kamen mit geringfügigen Geldstrafen davon.[196]

Casino de Paris 1906: Kabarettpaar verprügelt Karl Kraus

In den folgenden Jahren konnte sich Karl Kraus ohne physische Blessuren seinem gigantischen *Fackel*-Projekt widmen. Als lärmempfindlicher Mensch arbeitete er gerne nachts, für berufsbedingte Theaterbesuche und abendliches Amüsement blieb trotzdem Zeit. Nach einem dieser Ausflüge ins Wiener Nachtleben war es wieder einmal so weit und tags darauf, am 1. Mai 1906, hieß es im *Prager Tagblatt*: »Der ›Fackel-Kraus‹ neuerlich geprügelt.«[197]

Alle wichtigen Tageszeitungen berichteten über den Vorfall: Am Abend des 30. April hatte sich im Etablissement »Casino de Paris« am Wiener Petersplatz eine illustre Runde um die Kabarettgruppe »Nachtlicht« zum Feiern eingefunden. Dazu gehörten die Literaten Alexander Roda Roda und Peter Altenberg, der Karikaturist und Sänger Carl Hollitzer sowie das bekannte Künstlerpaar Marc Henry und Marya Delvard. Letztere kamen aus der Münchner Kabarettszene, wo sie zusammen mit Frank Wedekind und anderen erfolgreich als »Die 11 Scharfrichter« aufgetreten waren, seit Jänner 1906 betrieben sie in Wien das Ensemble Nachtlicht.

Henry und seine Entourage reizten die Einladung eines ungarischen Gönners weidlich aus und ließen die Korken knallen, nicht weniger als acht Flaschen Champagner wanderten an diesem Abend zum Tisch der Fünfergruppe, wie der Lokalbetreiber Thurner später zu Protokoll gab. Doch die Feierlaune wurde jäh getrübt, als zu vorgerückter Stunde Karl Kraus mit Erich Mühsam und Egon Friedell erschien und einen Tisch in unmittelbarer Nähe der Kabarettisten okkupierte. Diese straften Kraus mit Verachtung. Grund dafür war ein höhnischer Artikel in der *Fackel* über Marya Delvard, weil sie sich

Abb. 43: Sie konnte auch kräftig zulangen:
die zierliche Chansonnière und Schauspielerin Marya Delvard in legendärer Bühnenpose

Abb. 44: Statt Mitleid gab es viel Spott für den lädierten Karl Kraus.

in der Osternummer des *Fremden-Blattes* selbst über den grünen Klee gelobt und mit ihren Verbindungen zu Wedekind, Sarah Bernhard und anderen geprahlt hatte. Henry und Delvard hatten Kraus daraufhin die Freundschaft gekündigt, Peter Altenberg eine Replik gegen Kraus veröffentlicht.

Dafür wollte sich Kraus nun revanchieren, indem er Altenberg durch einen Kellner einen boshaften Dankeszettel samt zehn Kronen »Honorar« überbringen ließ. Altenberg, zeit seines Lebens chronisch pleite, nahm die bösartige Anspielung auf sein Schnorrerdasein gelassen hin, doch Henry reagierte empört auf diese Verhöhnung. Er nannte Kraus einen »Schweinehund« und »elenden Juden«, ungeachtet dessen, dass sich seine eigene Champagnerrunde zur Hälfte aus Juden zusammensetzte. Marya Delvard stieß nach und hieß den *Fackel*-Herausgeber einen »albernen Affen«. Gegen die Beschwichtigungsversuche von Erich Mühsam verwahrte sich Henry mit dem Hinweis, er sei Franzose und habe es nicht nötig, sich von einem deutschen Juden belehren zu lassen. Karl Kraus und seinem Gefolge wurde die Luft zu dick, man blies zum Rückzug in Richtung Ausgang. Doch kurze Zeit später kehrten sie zurück, angeblich auf Einladung jenes spendablen Ungarn, der bereits der Kabaretttruppe den feuchtfröhlichen Abend finanziert hatte. Als Kraus daraufhin den kontaktfreudigen Magyaren an seinen Tisch bitten ließ, um ihn über die *Nachlicht*-Runde »aufzuklären«, platzte Henry endgültig der Kragen. Obwohl »selbst durchaus kein Riese«, wie das *Neue Wiener Journal* bemerkte, stürzte er sich auf seinen Kontrahenten und prügelte mit den Fäusten so lange auf Kraus ein, bis dieser der Ohnmacht nahe war und zu Boden ging. Auch die zerbrechlich-dünne Marya Delvard, beflügelt vom Champagner, versetzte dem Wehrlosen einige Schläge. Die herbeigeeilten Kellner legten Kraus auf einen Tisch, versorgten dessen Blessuren notdürftig, später wurde er mit einem Wagen in die Wohnung gebracht.[198]

Die Tagespresse verurteilte zwar einhellig die brutale Abreibung, doch das Mitleid mit dem *Fackel*-Herausgeber hielt sich in Grenzen. Das *Neue Wiener Journal* druckte zwar einen offenen Brief von Karl Kraus ab, in dem dieser seine Differenzen mit Altenberg und den anderen herunterzuspielen versuchte, doch man kommentierte das Schreiben mit dem Hinweis, niemand hätte diese Ohrfeigen mehr verdient als der »maßlos freche und unverschämt auftretende Bursche« Kraus. Selbst das liberal-fortschrittliche *Prager Tagblatt* kam zum Schluss, dass die Tat zwar verwerflich, doch durch Karl Kraus' »berufsmäßig rücksichtslose Art, öffentliche und private Angelegenheiten zu besprechen« durchaus nachvollziehbar sei. Die völkischen Blätter delektierten sich besonders an den antisemitischen Ausritten von Marc Henry. »Der Franzmann mag die Juden zwar nicht leiden, aber ihr Geld nimmt er gerne«, kritisierte wiederum das *Wiener Montags-Journal*.[199]

Vor Gericht versuchte Henry seine Tat als fatales Ergebnis einer Champagnerlaune hinzustellen, Marya Delvard zeigte große Erinnerungslücken, bekräftigte aber ihre Ansicht, dass ganz Wien froh wäre, wenn Kraus nicht mehr existiere, und sorgte damit für Heiterkeit im Saal. Der Richter fand die ganze Angelegenheit weniger lustig und verhängte drakonische Urteile: ein Monat Gefängnis für Henry wegen besonderer Rohheit seines Vergehens und 300 Kronen Geldstrafe für Delvard. Beide gingen in Berufung. Die Härte der Strafe erregte größtes Aufsehen und wurde auch in Justizkreisen kritisiert. Im September 1906 wurde das Urteil revidiert, Henry erhielt eine Geldstrafe von 600 Kronen, jene von Delvard wurde auf 150 Kronen herabgesetzt.[200]

Die »Watschenaffären« um Karl Kraus beleuchten eine interessante Facette des Wiener Kulturlebens um und nach 1900. Gewalt als Mittel privater Konfliktaustragung scheint in den sonst als fortschrittlich geltenden Künstlerkreisen durchaus kein Tabu gewesen zu sein. Kraus hat sich mit Oskar Friedmann später versöhnt und zehn Jahre später die Grabrede für den zwischendurch entfremdeten Peter Altenberg gehalten. Noch mehr verwundert allerdings, dass ein offen und wiederholt antisemitisch auftretender Kabarett-Impressario wie Marc Henry jahrelang als Teil der Künstlerszene geduldet und verehrt wurde.

14

Der Fall Riehl

Ein Freudenhaus aus der Schlüssellochperspektive

~ 1906 ~

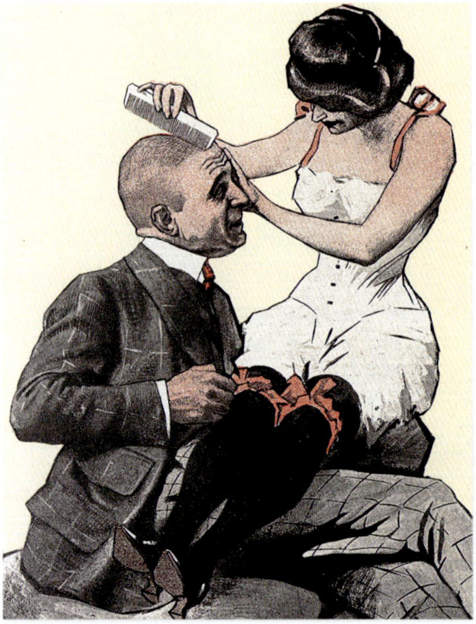

Abb. 45: Biedermann im Freudenhaus

Stefan Zweig berichtet in seinen Erinnerungen *Die Welt von Gestern* über ein Heer von Prostituierten, das die dunklen Seitengassen der Kaiserstadt bevölkerte. Zeitgenössische Statistiken belegen, dass rund 15.000 Frauen in Wien vorübergehend oder dauerhaft ihren Lebensunterhalt durch Prostitution finanzierten. Ein Großteil stammte aus ärmlichsten Verhältnissen, viele kamen aus der Provinz, darunter waren Hunderte minderjährige Mädchen, die von den eigenen Eltern zur Prostitution gedrängt wurden, um die familiäre Not zu lindern. Zum Elend der Prostitution und den damit verbundenen Krankheiten, die damals kaum heilbar waren, kam noch die gesellschaftliche Ächtung. Über das Schicksal der jungen Mädchen machte sich kaum jemand Gedanken.[201]

Mit seiner literarischen Figur der *Josefine Mutzenbacher* hatte Felix Salten ein ungeschminktes Bild des Prostituiertenmilieus gezeichnet. Aber nur ein kleiner Teil dieses Sexmarktes der Jahrhundertwende spielte sich in Bordellen ab. Paradoxerweise blieb die Prostitution gesetzlich verboten, doch gleichzeitig durften unter der Aufsicht der Polizei »tolerierte Häuser« geführt werden. In diesen arbeiteten registrierte Frauen, die sich wöchentlich von einem Arzt untersuchen lassen mussten und dafür ein Gesundheitsbuch erhielten. Dieses wurde im Milieu »Deckel« genannt und konnte bis 1900 bereits ab 14 Jahren, später ab 16 Jahren, beantragt werden. Die Zustimmung des Vormundes, also in den meisten Fällen der Eltern, war dazu erforderlich, da man erst mit 24 Jahren die Volljährigkeit erlangte. Die Annahme, dass es den Prostituierten in den Freudenhäusern besser erging als auf dem Gassenstrich, wurde spätestens seit dem Fall Riehl im Jahr 1906 widerlegt. Während die deutsche Öffentlichkeit in jenen Tagen durch den berühmten Hauptmann von Köpenick in Atem gehalten wurde, lugten die Augen der Österreicher neugierig durch das Schlüsselloch eines Wiener Bordells. Delikate Dinge, die man bisher nur vom Hörensagen gekannt hatte, wurden nun in einem Gerichtssaal breitgetreten. Und plötzlich geriet auch das Schicksal der jungen Mädchen, die meist unfreiwillig dem »Schandgewerbe« nachgingen, in den Blickpunkt.[202]

Aufdeckungsjournalismus zu Kaisers Zeiten

Am 30. Mai 1906 berichtete die *Arbeiter-Zeitung* über den Prozess gegen einen vorbestraften »Plattenbruder«, so nannte man die Mitglieder von Gaunerbanden, die im Prater und in der Vorstadt ihr Unwesen trieben. Dem Angeklagten Rudolf Michel wurde vorgeworfen, dass er der Magd Julie B. mit dem Versprechen, ihr eine Arbeitsstelle zu vermitteln, das Dienstmädchenbuch abgenommen und die Ahnungslose in ein verrufenes Haus im 9. Bezirk gelockt hätte. Dort war die junge Frau gegen ihren Willen festgehalten worden. Vier Kronen bekam der »Zubringer« für jedes Mädchen von der Betreiberin des Geheimbordells, einer gewissen Regine Riehl. Der geständige Plattenbruder fasste 14 Tage Arrest wegen Kuppelei aus. Die *Arbeiter-Zeitung* forderte nun ein rasches Vorgehen gegen die Inhaberin des einschlägigen Salons. Doch die Behörden blieben untätig. Ein halbes Jahr später griff Emil Bader, ein Journalist des *Extrablatts*, die Geschichte wieder auf und berichtete in einer Artikelserie über die seltsamen Vorkommnisse im Salon der Frau Riehl. Baders Veröffentlichungen stießen auf großes Interesse und trugen seiner Zeitung die höchsten Verkaufszahlen seit Langem ein. Der Fall kam ins Rollen und die lasch agierenden Behörden unter Druck. Im November 1906 folgte der aufsehenerregende Prozess gegen »Madame« Riehl und ihre Gehilfen.[203]

Ein Prozess als Sittenbild

Die Presse stürzte sich auf den Prozess, schließlich konnte man der Leserschaft erstmals einen authentischen Bick durch das Schlüsselloch eines Freudenhauses liefern. Mit klingenden Schlagzeilen schickte man Artikelserien ins Rennen um höhere Auflagen: »Aus dem Sumpf der Großstadt« übertitelte das *Deutsche Volksblatt* seine Berichte, die *Reichspost* berichtete unter dem Motto »Eine Lasterhöhle in Wien«, die Geschichten des *Neuen Wiener Blatts* liefen unter dem Titel »Der Salon der Madame Riehl« und die *Illustrierte Kronen Zeitung* nannte ihre Serie »Weiße Sklavinnen«. Sex & Crime zog schon damals und der Fall Riehl war Tagesgespräch in allen Gesellschaftskreisen. Für Karl Kraus war »ein moralisches Speikonzert« im Gange, dessen Ursachen er in der

Fackel erläuterte: »Die verruchte Mischung von Sittlichkeit und Neugierde, die dem Wiener eingeboren ist, rückt ihm die dürftigsten Sexualbegebenheiten in ereignisvolle Perspektive und nährt ein Büßerpathos, das nach einer Nacht, in der zwei Menschen von der Norm der Geschlechtsfreuden gewichen sind, den jüngsten Tag angebrochen wähnt.«[204]

Der Prozess war auf fünf Tage angesetzt, den Vorsitz führte der bekannte Vizepräsident des Wiener Landesgerichts, Hofrat Johann Feigl. Nicht weniger als 75 Zeugen wurden aufgeboten. Unter Anklage standen Regine Riehl, Betreiberin des Bordells, ihre Handlangerin Antonie Pollak und der Spenglergehilfe Friedrich König, der seine Tochter gegen deren Willen an die Riehl verkauft hatte. Ihnen wurden Freiheitsberaubung, Sachentzug, Kuppelei sowie Gemeingefährdung durch wissentliche Verbreitung gefährlicher Krankheiten vorgeworfen. Über die Hauptangeklagte Regine Riehl wusste die *Illustrierte Kronen Zeitung* wenig Charmantes zu berichten: »Sie ist der Typus der Kupplerin; sie zählt 46 Jahre. Eine starke, untersetzte Gestalt, von schwammiger Korpulenz. Der Teint ihres Gesichtes ist schmutzig gelb. Das Kinn verliert sich in einen starken dicken Hals, die schmalen Lippen sind fest zusammengepresst. Der finstere Blick verrät Härte.«[205]

Das Etablissement lag in der Grünentorgasse im 9. Bezirk, im Eingangsbereich sollte eine Tafel mit der Aufschrift »Kleidersalon Riehl« den wahren Geschäftszweck der Räumlichkeiten verschleiern. Von den jungen Prostituierten wurde das Haus »Kaserne« genannt. Warum, das erfuhr man im Laufe der Verhandlung: Die Bediensteten der Frau Riehl mussten sich tagsüber in zwei Massenzimmern aufhalten, deren Fenster mit Eisenstangen verriegelt waren. Bis zu drei Mädchen mussten sich ein Bett teilen, während die nebenan liegenden Salons für Herrenbesuche großzügig angelegt und mit allerlei Luxus ausgestattet waren. Bis zu zehn Mädchen wurden in ein Zimmer gepfercht, was Richter Feigl zu einem Vergleich mit dem Wiener Grauen Haus veranlasste: Was die Kubikmeterzahl pro Kopf betraf, ginge es den Häftlingen besser als den Frauen bei Madame Riehl. Die schlechten hygienischen Zustände führten zu einer erhöhten Ansteckungsgefahr bei Haut- und Geschlechtskrankheiten, die das Gewerbe oft mit sich brachte. Wenn es dann passierte, so sagten die Mädchen aus, wurde man in ein Krankenhaus verlegt und später wieder zurückgebracht. Madame Riehl bestand zudem darauf, dass auch erkrankte Prostituierte die Kunden bedienten.[206]

Kein Wunder, dass es immer wieder zu Fluchtversuchen kam, die meist mit einer Tracht Prügel durch die Hausherrin endeten. Als mehrere Mädchen gleichzeitig gegen das Regime der Riehl aufbegehrten, wurden sie vom Hausmeister mit der Hundepeitsche in die Zimmer getrieben. Um Fluchtversuche zu erschweren, nahm man den Mädchen die Privatkleidung ab und steckte sie in Dienstkleider, mit denen man kaum auf die Straße gehen konnte. Zudem wurde ihnen bei begleiteten Ausgängen Schmuck aus dem Besitz von Madame Riehl umgehängt. Bei Fluchtversuchen hätten die jungen Frauen somit mit einer Anzeige wegen Diebstahls rechnen müssen.[207]

Neben der Kasernierung und Freiheitsberaubung kam im Prozess vor allem die schamlose Ausbeutung der jungen Frauen zur Sprache. Sie mussten sogar ihr Trinkgeld, das sogenannte »Strumpfgeld«, an die Hausherrin abliefern. Um Unterschlagungen hintanzuhalten, führte Madame Riehl hin und wieder Leibesvisitationen durch. Wenn man eine junge Frau ziehen ließ, dann wurde diese in der Regel mit einer Bagatellsumme für ihre oft mehrjährigen Dienste abgespeist. Die Angeklagte begründete diesen Umstand damit, dass sie erst viel Geld in Kleider, Zahnbehandlungen und Kosmetik habe investieren müssen, um aus den verwahrlosten Mädchen brauchbare Arbeitskräfte zu machen. Hinzu wären die Verpflegungskosten gekommen. Der Richter konterte mit einem Hinweis auf Riehls Steuererklärung, der zufolge sie in einem Jahr die stattliche Summe von 35.000 Kronen verdient hätte. Jeder im Gerichtssaal konnte sich denken, dass dem noch ein Batzen unversteuerter Einnahmen hinzugerechnet werden musste. Interessant war auch die Erörterung des Tarifsystems im Hause Riehl, die nebenbei Einblicke in den Kundenkreis des Freudenhauses vermittelte: Stammkunden zahlten fünf Gulden, Ärzte des Wiener AKH und des Wiedner Spitals drei Gulden und die Herren vom Steueramt, wie Riehl betonte, »natürlich einen Gulden«, womit sie für Heiterkeit im Saal sorgte.[208]

Weniger lustig fanden die Zuhörer die Aussage der jungen Prostituierten, dass ihre Chefin Extratarife für spezielle Leistungen lukriert hätte. Für 50 bis 100 Kronen durften die feinen Herren ein Mädchen mit Peitsche oder Rohrstock verprügeln. Ein Rittmeister seiner Majestät hätte sich dabei besonders als »Prügelherr« hervorgetan. Häufig waren auch Anhänger von Sacher-Masochs *Venus im Pelz* darunter, die das Spiel in umgekehrten Rollen verlangten, was den Mädchen leichter fiel. Grundsätzlich galt bei Madame Riehl die eiserne Regel, dass alle Kundenwünsche zu erfüllen wären. Bei Verweigerung gab es Strafen. Zusätzliches Geld floss durch den ungezügelten Konsum von Champagner und Wein. Mädchen, die dabei zu tief ins Glas schauten, mussten schnell ihren Rausch ausschlafen und danach weiterarbeiten. Madame Riehl bewies auch Sinn fürs Sparen, indem sie Champagnerreste zusammenschütten und als Wein wieder kredenzen ließ. Auch bei den Betriebskosten wurde gespart, die Mädchen durften sich nur nacheinander im selben Badewasser waschen. Auf die Frage nach dem Startkapital, mit dem sie ihre ersten Etablissements finanziert habe, verwies Regine Riehl auf das Erbe ihres früh verstorbenen Gatten.[209]

Besondere Aufmerksamkeit widmete das Gericht auch den »Zubringern« des Salons. Es waren nicht nur stadtbekannte Plattenbrüder oder Handlanger wie die Mitangeklagte Pollak, die junge Mädchen oft unter Vorspiegelung falscher Tatsachen ins Verderben lockten. Auch Eltern aus ärmlichen Verhältnissen vermittelten ihre Kinder und

Abb. 46: Die Angeklagten im Sensationsprozess Riehl

erhielten dafür regelmäßige Zahlungen, mit denen man das karge Familieneinkommen aufbesserte. Stellvertretend dafür stand der 49-jährige Friedrich König vor dem Richter. Auf die Frage, ob es nicht unanständig sei, die eigene Tochter gegen einen »Schandlohn« von 20 Kronen monatlich an ein Bordell zu verkaufen, erwiderte er lapidar: »Das Geld hab' ich halt braucht!« Die verzweifelten Bitten seiner Tochter, sie von dort wegzuholen, waren beim Vater auf taube Ohren gestoßen. Empörung löste auch die Mitteilung aus, dass der Bürgermeister einer nicht unbedeutenden Stadt Niederösterreichs sein Mündel an den Salon Riehl vermietet hätte. Auch die Wiener Behörde für Arbeitsvermittlung stand nicht gerade gut da, als aufkam, dass junge Mädchen bedenkenlos als Dienstboten in das Freudenhaus vermittelt worden waren, daran änderte auch die Auflage nichts, dass diese ausschließlich zu Hausarbeiten herangezogen werden dürften.[210]

Als besonders skandalös wurde die Rolle der Polizeibehörden im Fall Riehl bewertet. Emil Bader, der Aufdecker-Journalist des *Extrablatts*, berichtete im Zeugenstand über wiederholte Versuche bekannter Personen, die schändlichen Vorkommnisse im Hause Riehl anzuzeigen. Doch die Anzeigen wurden entweder gar nicht erst entgegengenommen oder sie verliefen im Sande. Selbst der Präsident der Liga gegen den

Mädchenhandel war bereits drei Jahre zuvor abgekanzelt und nicht ernst genommen worden.

Bader recherchierte daraufhin auf eigene Faust und veröffentlichte schließlich jene Artikelserie im *Extrablatt*, die den Stein ins Rollen gebracht hatte. Die befragten Mädchen berichteten einhellig, dass man die für das Haus zuständigen Polizisten für Vertraute von Madame Riehl gehalten hätte. Manche hätten auch regelmäßig auf Kosten des Hauses »champagnisiert« und die Dienste der Mädchen beansprucht. Die vom Richter zur Rede gestellten Polizeiagenten verweigerten die Aussage unter Berufung auf den §153, wonach man nichts aussagen müsse, was »Schimpf und Schande« für die eigene Person erwarten ließe. Der Polizeipräsident entschuldigte sich gleich vorsorglich für einzelne korrupte Beamte.[211]

Das Urteil und die Folgen

Der Staatsanwalt kreidete Riehl besonders den Umstand an, dass sie durch die Hintertür ihres Salons die Sklaverei wieder eingeführt hätte. Die Verteidigung der Madame Riehl verwies auf die regelmäßigen Polizeikontrollen, bei denen nichts beanstandet worden wäre. Regine Riehl selbst wies die Vorwürfe ohne Spur von Einsicht oder Reue empört zurück. Vielmehr sah sie sich in der Rolle der Wohltäterin, die die jungen Frauen aus ihren tristen Verhältnissen herausgeholt hätte und nun Undank dafür ernten würde. Die Mitangeklagte Pollak fiel in erster Linie durch ihre Vergesslichkeit auf. Mit dieser dürftigen Verteidigungsstrategie konnten beide wenig gegen die erdrückenden Aussagen der befragten Zeuginnen ausrichten. Dementsprechend fielen die Urteile aus, die am fünften Verhandlungstag um 17 Uhr verkündet wurden: Regine Riehl fasste dreieinhalb Jahre Kerker aus, ihre Helferin Pollak ein Jahr und Friedrich König, der Kuppler seiner eigenen Tochter, erhielt acht Monate schweren Kerker. Der Publikumsandrang im und vor dem Gericht war enorm, es kam zu regelrechten Tumulten.[212]

Der Fall Riehl war längst nicht nur ein Sittlichkeitsprozess, sondern hatte sich mit Fortlauf der Verhandlung zu einem handfesten Polizeiskandal entwickelt. Es war offensichtlich geworden, dass die zuständigen Kontrollbeamten regelmäßig die Hand aufgehalten oder die Segnungen des Hauses kostenlos genossen hatten. So hatte Regine Riehl über Jahre unbehelligt ihr Regiment führen können. Auch den Polizeiärzten waren die hygienischen und gesundheitlichen Missstände nicht aufgefallen. Die Sozialdemokraten nutzen den laufenden Fall Riehl für eine Ministeranfrage am 6. November 1906 und forderten eine Reformierung der Sittenpolizei, Maßnahmen zum Schutz des Eigentums der Prostituierten und Maßnahmen zur Rückkehr der Frauen in bürgerliche Berufe. Innenminister Freiherr von Bienerth kündigte an, er wolle nach Prozessende kräftig in

Teile seiner Behörde hineinleuchten. Für die involvierten Polizeiagenten wurde es eng, Disziplinarverfahren waren umgehend eingeleitet worden.[213]

Das Presseecho blieb anhaltend hoch, zudem warten im Fall Riehl viele Leserbriefe eingegangen. Während das *Deutsche Volksblatt* wieder einmal eine »Entjudung« der Polizei forderte, richtete das *Neuigkeits-Welt-Blatt* in einer Titelstory die Scheinwerfer auf die Mitschuldigen an der skrupellosen Ausbeutung der Mädchen, gewissenlose Eltern und vor allem die herrschende Herrenmoral. Die *Arbeiter-Zeitung* widmete dem Prozessausgang ebenfalls eine Titelgeschichte und zeigte sich zufrieden darüber, dass man erstmals Gehör für die Situation der jungen Frauen gefunden hätte. »Der Herd der Seuche« titelte wiederum die *Reichspost* in ihrer Ausgabe vom 8. November und sprach von »einem der abscheulichsten Kloakenprozesse der letzten Jahre«, der die herrschende Doppelmoral vorgeführt habe. Neu war die Forderung, man dürfe auch die feinen Kunden nicht länger schonen, die sich gegen Bares straflos an den Mädchen vergreifen dürften.[214]

Bei Regine Riehl, die bei der Urteilsverkündung 1906 noch theatralisch zusammengebrochen war, bewirkten auch mehrere Jahre Kerker keinerlei Läuterung. Im Gegenteil, sie blieb dem Kupplergewerbe verbunden und stand deshalb 1922 erneut vor Gericht. Auch in den Anfangsjahren der Republik, als die Bevölkerung als Folge des Weltkriegs unter großen Entbehrungen zu leiden hatte, lebte »Madame« Riehl nach wie vor im Luxus. Sie logierte in einer riesigen Wohnung im Zita-Hof in der Mariahilfer Straße und konnte sich sogar zwei Bedienstete leisten. Kein Wunder, denn die Behausung mit vielen Wohnzimmern diente »gewissen Kreisen der Wiener Lebewelt«, wie das *Prager Tagblatt* zu berichten wusste, als diskretes Stundenhotel. Die »Maison Pallenberg«, wie die Absteige laut Türschild hieß, war gut gebucht, an manchen Nachmittagen nahmen mehr als fünf Liebespaare die Dienste der Herbergsmutter Riehl in Anspruch. Die zahlungskräftige Kundschaft rekrutierte sich aus Industriellen, Schauspielern und anderen Herren der Society, die hier mit zumeist minderjährigen Bürgertöchtern ihre amourösen Abenteuer auslebten und der Wohnungsinhaberin einen gehobenen Lebensstandard sicherten. Als man Regine Riehl wegen »Verdachtes der Gelegenheitsmacherei« den Prozess machte, zeigte sie erneut keinerlei Einsicht. Wieder fasste sie eine Gefängnisstrafe aus, diesmal vier Monate strengen Arrest.[215]

15

Tod in Venedig

Eine Gräfin, ihre Liebhaber und ein Mordkomplott

~ 1907 ~

»Von der Adria bis zum Belt und darüber hinaus bildet der Fall Komorowski das Tagesgespräch, und der blutige Schein dieser Missetat rückt, wenn auch voraussichtlich nur für kurze Zeit, alle sonstigen, ihrem inneren Wesen und ihrer tatsächlichen Bedeutung nach viel wichtigeren Ereignisse in den Schatten.«

Neues Wiener Journal, 10.09.1907

»Das Wiener Sicherheitsbüro hat die Aufklärung gebracht und diesen Kriminalfall, der sich bloß durch die Person der Beteiligten über das Niveau der Geschichte eines gewöhnlichen Eifersuchtsdramas zu erheben schien, als einen der sensationellsten Kriminalfälle aller Zeiten aufgedeckt.«

Deutsches Volksblatt, 09.09.1907

Abb. 47: Graf Paul Komorowski (1868–1907): Opfer eines sensationellen Mordkomplotts

Schüsse im Palazzo

Fünf Schüsse aus einem Browning-Revolver am Morgen des 4. September 1907 sollten nicht nur die letzten Tage des russischen Grafen Paul Komorowski einläuten, sondern gleichzeitig eine tödliche Intrige ans Tageslicht bringen, die so raffiniert gesponnen war, dass sie wie der Plot eines billigen Kriminalromans wirkte. Zudem wies der Fall alle Ingredienzien auf, die einen schillernden Gesellschaftsskandal ausmachen: die Metropolen Venedig und Wien als Schauplätze, eine russische Gräfin und Femme fatale als Drahtzieherin, die Dekadenz der Reichen und ein Karussell aus Liebe, Ehebruch, Eifersucht und Habgier.[216]

Der 1868 in Kiew geborene Graf Paul Komorowski war der Sohn des ehemaligen russischen Botschafters am italienischen Hof, als Florenz zwischen 1865 und 1871 Hauptstadt war. Die Familie verfügte über große Güter und zählte zur russischen Oberschicht. Der Graf war als Kosakenoffizier im Russisch-Japanischen Krieg aktiv gewesen und galt als exzellenter Schütze, der stets einen Revolver bei sich trug. Nach dem Krieg hielt er sich bevorzugt in seiner Residenz in Venedig auf. Die übrige Zeit vertrieb sich der wohlhabende Gutsbesitzer in Luxusherbergen wie dem Wiener Bristol, wo er auch seine erste Frau geheiratet hatte. Doch damit war Schluss, als der krankhaft eifersüchtige Nikolaus Raumow, ebenfalls Angehöriger der russischen Oberschicht, um acht Uhr morgens in die luxuriöse Bleibe des Grafen am Campo Santa Maria del Giglio in Venedig stürmte. Der vom Hausmädchen eilig herbeigerufene Graf war noch im Morgenmantel, als Raumow fünf Schüsse abfeuerte.[217]

Während Komorowski mit schweren Verletzungen in Schulter, Beinen und Unterleib niederging, blieb der Schütze noch eine Weile im Raum, nachdem er die Folgen seiner Tat realisiert hatte. Erst als das Hausmädchen lautstark um Hilfe schrie, floh Raumow in einer Gondel zum Bahnhof. Wie durch ein Wunder hatte Komorowski die Schüsse überlebt, eine Notoperation schien erfolgreich verlaufen zu sein. Raumow wurde indessen in Verona aus einem Zugabteil erster Klasse verhaftet. Die Nachricht vom Attentat ging wie ein Lauffeuer durch die Zeitungsredaktionen, alles sah zu diesem Zeitpunkt noch wie ein Mordversuch aus Eifersucht aus.[218]

Die Spur führt nach Wien

Seltsame Vorgänge im Wiener Hotel Bristol hatten bereits Tage vor den Schüssen in Venedig die Aufmerksamkeit der Polizei erregt. Der verwitwete Graf war vom 10. bis zum 26. August gemeinsam mit seiner neuen Verlobten, der deutlich jüngeren Gräfin Tarnowska, in seinem Stammhotel am Kärntner Ring abgestiegen. Einige Tage später erschien ein gewisser Eduard Zeiser, der sich als Privatier aus Paris ausgab, und erweckte sogleich das Missfallen der Hotelleitung, weil er unbedingt ein Zimmer in unmittelbarer Nähe der Gräfin Tarnowska begehrte. Dem Wunsch konnte nicht gleich entsprochen werden, doch der vornehm auftretende, etwa 40-jährige Mann im dunkelblauen Sommeranzug blieb hartnäckig. Nach mehreren Anläufen bezog er schließlich ein Zimmer neben der Tarnowska, den Hotelangestellten blieb das Naheverhältnis zwischen den beiden nicht lange verborgen. Nur Graf Komorowski war ahnungslos, während sich seine Zukünftige mit Zeiser vergnügte. Die Hotelangestellten fragten schließlich jenen Fiaker, der Zeiser immer zum Bristol brachte, über seinen Fahrgast aus. Zu ihrem Erstaunen erzählte der Kutscher, dass er Zeiser regelmäßig in ein billiges Hotel auf der Wieden brächte, wo er seine Post hinterlegen ließ. Doch das war noch nicht alles, im Hotel Viktoria trat der Mann als Paul Selkach aus München auf. Zudem hatte er sich inzwischen den Bart abrasiert und damit sein Aussehen stark verändert.

Es kam zu weiteren Merkwürdigkeiten: Zeiser zog bei mehreren Versicherungen Erkundigungen über Lebensversicherungen ein und wollte beiläufig wissen, ob man

Abb. 48: Die Spur führt nach Wien: Society-Mord in Venedig

diese auch im Falle eines gewaltsamen Todes auszahlen würde. Gleichzeitig gelang es der Tarnowska, ihren künftigen Ehemann Komorowski zum Abschluss einer Lebensversicherung beim Wiener Institut Anker zu überreden. Die Versicherungssumme war mit einer halben Million Kronen auffallend hoch, als Begünstigte schien die Gräfin Tarnowska auf. Die schöne Gräfin traf in Wien auch einen jungen Verehrer aus ihrer Heimat: Es war Nikolai Raumow, der spätere Attentäter, der im Hotel Meissl & Schadn wohnte. Zeiser kontaktierte indessen mehrere Wiener Privatdetekteien, um einen angeblichen Personenschutz für den Grafen zu engagieren. Doch als Zeiser von den Detektiven wissen wollte, ob man den Grafen mittels einer chloroformierten Zigarre betäuben könnte, um einige Schriftstücke aus seinem Schreibtisch zu organisieren, lehnten die Detekteien entrüstet ab. Im Bristol ahnte inzwischen jeder Hausdiener, dass hier ein Komplott gegen den Grafen Komorowski geschmiedet wurde. Das Wiener Sicherheitsbüro wurde informiert und begann zu ermitteln. Am 26. August reiste Graf Komorowski in sein Domizil nach Venedig ab, nachdem die Tarnowska zuvor einen Heimatbesuch in Kiew angetreten hatte. Der Mann, der sich als Zeiser ausgab, folgte dem Grafen heimlich nach Venedig. Dorthin begab sich auch Tarnowskas heißsporniger Galan Raumow.[219]

Trio Infernal

Kurz nach Bekanntwerden des Attentats auf Graf Komorowski schlug das Wiener Sicherheitsbüro zu. Der Anschlag war zwar in Venedig verübt worden, doch die Planung hatte in Wien stattgefunden. Man informierte die italienischen Behörden, die bis dahin von einem bloßen Eifersuchtsdrama ausgegangen waren, über das vermutete Komplott der Gräfin Tarnowska und ihrer Liebhaber. Gleichzeitig legte man sich auf die Lauer, um die Komplizen des in Venedig inhaftierten Raumow dingfest zu machen. Als Erster ging den Polizeiagenten der geheimnisvolle Eduard Zeiser alias Paul Selkach ins Netz, als er mit der Südbahn aus Venedig eintraf. Er galt vorerst noch als Auskunftsperson, obwohl immer mehr Indizien gegen ihn sprachen. So fand man neben den 1.800 Kronen in Zeisers Brieftasche einen noch weit höheren Betrag von 17.000 Francs in seinen Schuhen. Die Gräfin, die sich samt Schoßhund Fox und ihrer Schweizer Gesellschafterin Elise Perrier auf dem Weg von Kiew nach Venedig befand, kam danach an die Reihe. Noch vor ihrem ersten Verhör sorgte die Tarnowska für einen Paukenschlag: Sie identifizierte den verhafteten Zeiser alias Senkach, der bis dahin jede Aussage zu seiner Person verweigert hatte, als ihren russischen Anwalt und Geliebten Donat Prilukow.[220]

Abb. 49: »Trio infernal«: Die Gräfin und ihre zwei Geliebten stecken hinter dem Mordkomplott.

In mühevoller Kleinarbeit ging nun das Sicherheitsbüro der Wahrheit auf den Grund. Aus Venedig kam unterdessen die Nachricht, dass Graf Komorowski seinen Verletzungen erlegen war. Prilukow und die Gräfin schoben sich nun gegenseitig die Schuld in die Schuhe. Doch noch waren viele Fragen offen: Wie passte der Attentäter Raumow ins Bild? Von wem kam die Idee? Wie brachte man den Grafen zum Abschluss der Lebensversicherung? Hinweise erhoffte man sich aus den Recherchen über das Vorleben der Verdächtigen.[221]

Auch die Presse stürzte sich auf die Enthüllungen über das Privatleben des verhängnisvollen Trios. Vor allem die mondäne Gräfin Tarnowska mit ihren drei Liebhabern hatte es der sensationshungrigen Leserschaft angetan. Man beschrieb die 28-jährige, groß gewachsene Aristokratin als schön, aber mit leicht verlebten Zügen und hob ihr herrisches Auftreten hervor. Die Tarnowska war leidenschaftliche Raucherin, konsumierte regelmäßig Kokain und machte aus ihren zahlreichen Liebschaften kein Hehl. Schnell wurde sie von Teilen der Presse zum weiblichen Dämon stilisiert, so wie drei Jahre zuvor Tamara von Hervay. Das *Neue Wiener Journal* nannte die Gräfin einen der »unheimlichsten weiblichen Vampire der Kriminalgeschichte« und widmete ihr eine Coverstory mit dem Titel »Rätsel der Frauenseele«. In den *Wiener Bildern* gehörte sie »zu jenen dämonischen Frauen, die die Männer an sich ziehen und sie willenlos machen«. Doch damit nicht genug, geradezu poetisch hieß es weiter: »Sie wird zum Schicksal derer, die sie lieben; wen sie mit ihrer Hand kosend berührt, der ist dem Tode verfallen.«[222]

Genüsslich berichtete man, dass die Gräfin Tarnowska bereits in ihrer Heimatstadt Kiew als verschwenderisch und »mannstoll« aufgefallen war und für Skandale gesorgt hatte. In jungen Jahren hatte sie in eine der angesehensten russischen Adelsfamilien eingeheiratet. 1903 kam es zum Eklat, als ihr Gatte einen Nebenbuhler über den Haufen schoss. Es kam zur Scheidung, Tarnowska ließ sich vom erfolgreichen Anwalt Donat Prilukow vertreten, der ihr nächster Liebhaber wurde. Prilukow verließ seine Familie und führte mit der Tarnowska ein Luxusleben, das er mit seinem Einkommen als Anwalt jedoch nicht lange finanzieren konnte. Er unterschlug Klientengelder, verlor seine Anwaltslizenz und beging einen Selbstmordversuch. Danach floh er ins Ausland und reiste mit der Tarnowska durch Europa. Die Gräfin hatte nebenbei auch den gut aussehenden Nikolai Raumow kennen- und lieben gelernt. Der masochistisch veranlagte Beamte ließ sich gerne von der Gräfin dominieren, diese wiederum dämpfte mit Vergnügen ihre Zigaretten am Unterarm des unterwürfigen Raumow aus, wie sie später im Prozess gestand. Auch ihre Zofe Perrier musste diese Prozedur gelegentlich über sich ergehen lassen, wenn die Gräfin schlechter Laune war.[223]

Über eine Verwandte Raumows knüpfte Gräfin Tarnowska Kontakt zum Grafen Komorowski. Als die junge Frau des Grafen 1906 nach einer Operation in Dresden plötzlich starb, sprang die Tarnowska als Trösterin ein. Man kam einander näher, schließlich sollte sie die nächste Frau des Grafen werden, sehr zum Missfallen der Familie Komorowski. Während dieser Zeit hielt die Tarnowska ihre Kontakte zu Prilukow und zu Raumow aufrecht. Bald waren die Rollen verteilt: Komorowski war der Finanzier ihres Luxuslebens, Raumow für schöne Liebesnächte zuständig und Prilukow ihre eigentliche Liebe. Von da an war es nicht mehr weit bis zum Mordkomplott. Auch hier waren die Aufgaben schnell vergeben: Die Tarnowska sollte Komorowski zum Abschluss einer hohen Lebensversicherung bewegen, Prilukow die Verträge unter Dach und Fach bringen und der ahnungslose Raumow als Werkzeug zur Ausführung des Attentats instrumentalisiert werden.[224]

Erst nach längerem Hin und Her – die Tarnowska hatte ein Geständnis abgelegt und dann widerrufen – stellte sich heraus, wie man den temperamentvollen Raumow für die Tat »scharf gemacht« hatte. Prilukow fälschte eine Depesche des Grafen Komorowski an die Gräfin, in der er den jungen Nebenbuhler Raumow und die Tarnowska schwer beleidigte. Die Gräfin zeigte das gefälschte Schreiben Raumow und hetzte diesen auf, ihrer beider Ehre gegen die angeblichen Kränkungen Komorowskis zu verteidigen. Der labile und hörige Raumow ließ sich nicht zweimal bitten und machte sich umgehend auf den Weg nach Venedig, um den Grafen zu stellen. Erst viel später im venezianischen Arrest dämmerte es dem eifersüchtigen Heißsporn, dass er einem Schwindel aufgesessen war und die Drecksarbeit für Prilukow und die Tarnowska erledigt hatte.[225]

Haft und Prozess

Nachdem sich die Verdachtsmomente erhärtet hatten, wurden Prilukow, Tarnowska und deren Zofe Perrier vom Wiener Sicherheitsbüro ins Gefangenenhaus überstellt. Auch während der Untersuchungshaft blieb die Gräfin ihrem Ruf treu. Als Aristokratin belegte sie eine Luxuszelle und ließ sich ihre Verpflegung aus den umliegenden Restaurants bringen. Sie rauchte viel und machte ausgiebig vom sogenannten »Getränkerecht« der privilegierten Häftlinge Gebrauch, wonach man täglich einen Liter Bier und einen halben Liter Wein, verteilt auf zwei Raten, bestellen durfte. Doch als die kapriziöse Lebedame bayrisches Bier aus einem entfernten Lokal mit dem Fiaker holen lassen wollte, winkte die Gefängnisleitung ab. Ihren Schoßhund, der es durch die Presseartikel zu einiger Bekanntheit gebracht hatte, durfte sie nicht behalten. Als das bekannt wurde, gingen zahlreiche Zusendungen an die Tageszeitungen ein, in denen sich besorgte Leser des Tieres annehmen wollten, eine Interessentin erhielt den Zuschlag durch die Gräfin.[226]

Nach der Überstellung in ein venezianisches Gefängnis mussten die Angeklagten zwei lange Jahre auf ihren Prozess warten. Dieser begann am 4. März 1910 und geriet zum internationalen Spektakel. Gutachter gaben sich die Türklinke in die Hand. Raumow und Tarnowska wurde verminderte Zurechnungsfähigkeit attestiert, trotzdem fielen die Urteile hart aus: zehn Jahre Zuchthaus für Prilukow, dreieinhalb Jahre für Raumow, achteinhalb Jahre für Gräfin Tarnowska und Freispruch für deren Zofe Perrier. Im Zuge der Zeugenbefragungen hatte sich überdies herausgestellt, dass beim Tod des Grafen Komorowski auch Ärztepfusch im Spiel gewesen war. Ein Folgeprozess gegen die behandelnden Mediziner wurde angeordnet. Im Dezember 1910 wurde aus Venedig eine schwere Erkrankung der inhaftierten Gräfin gemeldet, deren Berufung gegen das Gerichtsurteil abgelehnt worden war. Die bevorstehende Verlegung in die Frauenhaftanstalt Trani im fernen Apulien und der damit verbundene Verlust sämtlicher Haftprivilegien hätten eine Nervenkrise samt Nierenleiden ausgelöst, hieß es.[227]

Im Juni 1915 kam die Tarnowska durch eine Amnestie König Viktor Emanuels vorzeitig frei, nur ein Jahr später wurde sie fälschlicherweise wegen Spionageverdachts inhaftiert und bald wieder freigelassen. Sie ging nach Paris, wo sie an der Seite eines Diplomaten ihr Society-Leben samt zunehmendem Konsum von Morphium und Kokain weiterführte. Später nahm die Gräfin den Namen »Nicole Roush« an und emigrierte nach Argentinien, wo sie am 23. Jänner 1949 starb.[228]

16

Hermann Bielohlawek

Der Rabiatpolitiker und seine Affären

~ 1908 ~

Der christlichsoziale Ämtermulti Hermann Bielohlawek war zweifellos eine der schillerndsten Figuren der österreichischen Innenpolitik vor 1918. Im Windschatten Karl Luegers brachte es der ehemalige Schlosserlehrling und spätere Handelsangestellte aus der Wiener Vorstadt zu einer erstaunlichen Karriere im Wiener Gemeinderat, im Niederösterreichischen Landtag und im Reichsrat. Was Bielohlawek an bürgerlicher Bildung fehlte, machte er durch hemmungslose populistische Rhetorik und sein Talent als pointierter Zwischenrufer in politischen Debatten wett. Mit dieser Gabe konnte er nicht nur in den Parteilokalen und an den Stammtischen punkten, sondern auch im Reichsrat die Lacher auf seine Seite bringen.[229]

Abb. 50: Hermann Bielohlawek (1861–1918)

Karl Luegers Mann fürs Grobe

Er war Luegers Mann fürs Grobe und eine verlässliche politische Speerspitze in alle Richtungen. Durch seine fiakerhafte Erscheinung und eine ungeniert zur Schau gestellte Bildungsferne avancierte Bielohlawek bald zu einem Wiener Original. Für die liberale Presse war er nicht nur deshalb, sondern vor allem wegen seiner Verquickung von Politik und Geschäft und wiederholten antisemitischen Ausritten eine beliebte Zielscheibe. Legendär wurde Bielohlaweks Ausruf »Schon wieder ein Büchl! Des hab' i schon gfressn!«, als ein Parlamentsredner aus einer sozialökonomischen Studie zitierte. Berüchtigt ist auch seine bösartige Definition von Kultur als Vorgang, bei dem ein Jude aus zwölf Büchern ein Dreizehntes machen würde. Von seinen Gegnern wurde der rhetorische Haudrauf ob seiner markigen Sprüche und aufgrund seines parvenuhaften Auftretens lange Zeit als »dummer August« der Kommunalpolitik verhöhnt. Ein Bild, dem Karl Kraus in seiner *Fackel* widersprach. Er bescheinigte dem »Hanswurst des Liberalismus« die Fähigkeit, komplexe Themenstellungen in eine verständliche Sprache des Volkes zu übersetzen. Die Protokolle des Reichsrates belegen, dass

Bielohlawek für einen Mann seines Bildungsgrades über erstaunlichen Wortwitz und ein hohes Maß an Schlagfertigkeit verfügte.[230]

Schon früh verstand es der ehemalige »Greißler«, mit dem verbalen Dreschflegel Aufsehen zu erregen. 1898 bezeichnete er während einer Versammlung störende Sozialdemokraten als »Horde« und »Pack« und kassierte dafür von einem schlagfertigen Arbeiter eine Abreibung. »Ihr seid eine Partei von Mördern und Verbrechern«, brüllte er einige Jahre später dem Sozialdemokraten Seitz zu. Selbst im entfernten Mürztal erhitzte er die Gemüter, weil er 1909 bei einer Handwerksausstellung die Exponate der Steirer als »Tandelmarkt« abqualifiziert und die steirischen Handwerker »Kretins« genannt hatte. Die Mürztaler Gewerbetreibenden beriefen daraufhin erbost eine Protestversammlung in der Gemeinde Langenwang ein.[231]

Abb. 51: Schelte für den vorlauten Abgeordneten vom Parlamentspräsidenten und Parteifreund

Die »Tolstoi-Affäre«

Besonderes Aufsehen erregte Bielohlawek durch die sogenannte »Tolstoi-Affäre«. Kurz vor Beginn der Reichsratssitzung am 3. April 1908 wurde im Rahmen einer Kandidatenwahl über die Vorstrafen des Sozialdemokraten Preußler wegen politischer Delikte diskutiert. Preußlers Parteigenosse Pernerstorfer rückte zur Verteidigung aus und zitierte Leo Tolstoi, wonach in jenen Zeiten jeder anständige Mensch schon im Gefängnis gewesen wäre. Bielohlawek quittierte Pernerstorfers Vergleich mit dem Zwischenruf »Tolstoi ist ein alter Tepp!«. Später in der Plenarsitzung legte Bielohlawek noch ein Schäuferl nach, als er gefragt wurde, ob er diesen Ausspruch wirklich getätigt hätte: »Das ist wahr! ... Wenn jemand sagt, dass die schönste Wohnung für einen Menschen das Gefängnis ist, so ist er ein Trottel, wenn er auch Tolstoi heißt!«[232]

Wieder einmal hatte »Bielo« bewiesen, dass er immer für eine Schlagzeile gut war. Die *Neue Freie Presse* und das *Neue Wiener Journal* widmeten seiner neuesten Entgleisung ihre Titelseiten. Auch die *Reichspost,* die *Wiener Sonn- und Montags-Zeitung,* die *Arbeiter-Zeitung* und das *Deutsche Volksblatt* brachten den Tolstoi-Sager des Abgeordneten ganz vorne. Die Satireblätter nahmen sich der Angelegenheit auf ihre Weise an. *Die Bombe* nannte die Christlichsozialen eine »Macht der Finsternis«, nach einem Drama Tolstois.[233]

Der Floh widmete Bielohlawek folgendes Schmähgedicht:

»Bielohlawek, der Urgermane,
(Er lebt und wirkt in diesem Wahne)
Der Hochgebüldete, Gelehrte,
Der Geistesriese, hört, erklärte,
Der Tolstoi wär ein Tepp, ein alter;
Auch einen alten Trottel schalt er
Den Dichterfürsten unverschämt,
Der ihm natürlich völlig fremd.
Kamele speien immerhin;
Hier hat sich eines selbst bespien.
Bielohlawek, der Meistblamierte
Von Österreich, er avancierte,
Betrachtet man die Sache näher,
Zum meistblamierten Europäer.«[234]

Die *Neue Freie Presse* nahm die Affäre zum Anlass, um auf der Titelseite »über das Schimpfen im Abgeordnetenhause« nachzudenken. Besonders schlecht kam dabei der Präsident des Reichsrats weg, dem man vorwarf, zu wenig gegen den rüden Ton im Parlament zu unternehmen.

Dass der politische Diskurs dieser Zeit nicht gerade zimperlich geführt wurde, ist bekannt. Im Niederösterreichischen Landtag wurde einem Abgeordneten ein Glas Wasser über den Kopf gegossen. Zurufe wie »Ich hau Sie nieder, Sie elender Kerl« waren keine Seltenheit. Selbst über einen Abgeordneten aus den Reihen der Kirche hieß es: »Der Abgeordnete Bauchinger, ein Pater, ein von Gott geweihter Priester, flucht vor Zorn und dreht dem Abgeordneten Seitz eine lange Nase [...].« Bielohlawek scheute während einer Reichsratsdebatte auch nicht davor zurück, dem Finanzminister Baron Burian neben Charakterlosigkeit zu bescheinigen, »dass er auch nicht über besondere geistige Fähigkeiten« verfüge. Kein Wunder, dass sich Kaiser Franz Joseph so gut wie nie im Reichsrat blicken ließ.[235]

Abb. 52: Parteikollege Richard Weiskirchner läutet vergeblich mit der Präsidentenglocke: »Bielo« lässt sich nicht stoppen.

Die Affäre Hraba und der »Gott nimm!«

Nach Luegers Tod 1910 kam es innerhalb des christlichsozialen Lagers zu heftigen Rangeleien um dessen politisches Erbe, wobei mit gegenseitigen Anwürfen und Verunglimpfungen nicht gespart wurde. Richard Weiskirchner, von Lueger als Nachfolger auserkoren, hatte das Amt wegen seiner Ministerfunktion vorerst abgelehnt. Stattdessen sollte Josef Neumayer folgen, der nicht nur innerhalb seiner Fraktion als wenig geeignet angesehen wurde. Eine Gruppe, darunter Bielohlawek, forcierte deshalb Albert Gessman, einen der Mitbegründer der Bewegung. Diese Parteinahme schadete Bielohlawek innerparteilich und bescherte seiner Karriere 1910 einen großen Knick. In der sogenannten »Affäre Hraba« wurde Bielohlawek mit seinem Image als Bonze und Lebemann, der es sich durch seine politischen Ämter gerichtet hat, zur willkommenen Zielscheibe der innerparteilichen Widersacher.

Die Selbstzerfleischung der Christlichsozialen Partei erreichte einen Höhepunkt, als der Wiener Stadtrat Hraba am 19. März 1910 bei einer Wählerversammlung in Hietzing eine folgenschwere Brandrede hielt, in der er gegen die Gessman-Fraktion im Gemeinderat wetterte. Er verurteilte jene »Geier«, die sich um Luegers Erbe balgen würden, und prangerte gleichzeitig Missstände innerhalb der christlichsozialen Funktionärsriege an. Die Rede war von Freunderlwirtschaft, Postenschacher und Korruption. Insbesondere die Abgeordneten zum Niederösterreichischen Landtag wurden in die Nähe krimineller Machenschaften gerückt. Im Gegensatz zu Wien gäbe es im Landtag nämlich kein Kontrollamt, hob Hraba hervor. Gleichzeitig bemerkte er, dass man als Insider auch beim Wiener Budget immer etwas »abschöpfen« könnte. Er kritisierte den zur Schau gestellten Reichtum mancher christlichsozialer Emporkömmlinge mit ihren Automobilen, Lackschuhen und Sportdressen und spekulierte über heimliche Vermögen von dubioser Herkunft. Hraba resümierte schließlich, dass diese Parteischädlinge in Wahrheit nur einem Gott dienten, nämlich dem »Gott nimm!«. Hraba wurde von seinen Parteikollegen als Nestbeschmutzer beschimpft und nannte nach heftigem Druck die kritisierten Parteischädlinge beim Namen: den Wiener Gemeinderat Julius Axmann und den Ämtermulti Hermann Bielohlawek.[236]

Hraba galt selbst keineswegs als Unschuldslamm, auch über ihn kursierten einige unschöne Geschichten. 1906 waren diese im Rahmen eines Ehrenbeleidigungsprozesses genüsslich wieder ans Licht gezerrt worden. So wurde bekannt, dass er gemeinsam mit dem hemdsärmeligen Abgeordneten Ernst Schneider von einer Hochzeitsgesellschaft aus dem Lokal geprügelt worden war, weil Hraba einen unziemlichen Toast auf die Braut gehalten hatte. Ihm wurden Rauflust und die Ausdrucksweise eines »Vorstadt-Pülchers« vorgeworfen, besonders die Freundschaft zu seinem »Spezi« Ernst Schneider war einigen ein Dorn im Auge.[237]

Abb. 53: Bielohlawek der Vielporträtierte:
oft als Affenwesen dargestellt

Anfang April ging Hraba auf Anraten seiner Parteigranden für einen Monat auf Urlaub nach Tirol. Bielohlawek und der Christlichsoziale Bürgerclub hatten indessen die Klage wegen Verleumdung gegen ihn eingereicht. Im Gemeinderat war man um eine Glättung der Wogen bemüht, ein Untersuchungsausschuss wurde in bewährter Manier abgewürgt und Hraba nach einem neuerlichen Vorstoß zurückgepfiffen. Man wirkte auf Hraba ein und versprach ihm den Weiterverbleib in allen seinen Ämtern und konnte ihn so zum Einlenken bewegen. Die plötzliche Versöhnung ging sogar so weit, dass seine Gegner die anfallenden Prozesskosten übernahmen. Der Prozess brachte für Bielohlawek zwar die verlangte Reinwaschung durch eine sehr allgemein gehaltene Ehrenerklärung Hrabas, doch die Presse ließ sich dadurch nicht besänftigen. Man lästerte genüsslich über den »armen, dicken Bielo« und über »das groteske Bild dieser Parteihäuptlinge und der Art, wie sie zu Macht und Geld kamen«.

Man frohlockte bereits über Bielohlaweks politisches Ende: »Der lustige Bielo, der sich trefflich auf den soignierten Lebemann mit Sekt und Auto und französischen Fremdwörtern hinauszuspielen verstand, kehrt wieder ins Nichts zurück.« Auch seine Verwicklung in dubiose Auftragserteilungen der Kommune an nahestehende Unternehmer wurde zur Sprache gebracht. Bielohlawek hatte die kritisierte Vergabepraxis im Prozess ohne einen Funken von Unrechtsbewusstsein so kommentiert: »Wir werden doch unsere Lieferungen nicht an andere Parteiangehörige vergeben?« Bielohlawek betrieb außerdem eine eigene Zeitung, die *Österreichische Volkspresse*. Lieferanten mussten, wollten sie weiterhin Aufträge erhalten, Inserate in seiner Zeitung schalten. Damit war er der frühe Vorreiter einer Praxis, die man auch aus der jüngsten österreichischen politischen Landschaft kennt. Zudem warf man »Hermann dem Raben« vor, dass er »auf Kosten unserer Wohlfahrtsinstitute in der Equipage fuhr und Backhühner speiste«.[238]

Während andere christlichsoziale Abgeordnete wie etwa Viktor Silberer ihr Vermögen vor dem Einstieg in die Politik gemacht hatten, gehörte Bielohlawek zu jenen, die ihren Wohlstand erst durch ihren politischen Aufstieg erlangten. Im Reichsrat verkündete er stolz: »Ich habe kein Vermögen gehabt, keine Presse, keine Agitatoren. Wenn ich nun an dieser Stelle stehe, so ist es mein Verdienst.« Der Sozialdemokrat Karl Renner quittierte Bielohlaweks Selbstbeschreibung mit dem spöttischen Zwischenruf »Gott erhalte Sie!«. Die *Wiener Sonn- und Montags-Zeitung* rechnete genüsslich Bielohlaweks durch Ämterkumulation zustandegekommenes Gesamteinkommen vor und bemerkte spöttisch, dass jemand dieses Einkommen brauche, der »gelegentlich ein Glas Champagner und was dazugehört nicht verschmäht und gewohnt ist, sich eines feinen Wagens zu bedienen«. Bielohlawek zählte 1911 zum erlauchten Kreis der 4.334 Autobesitzer Wiens. Die Reichsratswahlen bescherten den zerstrittenen Christlichsozialen ein Debakel, Bielohlawek verlor sein Mandat, er blieb jedoch im Wiener Gemeinderat und im Niederösterreichischen Landtag. »Bielohlawek war Neuwien«, resümierte Anton Kuh in einem Nachruf auf der Titelseite des *Prager Tagblattes* und lobte vor allem die Wandlung des späten »Bielo« vom politischen »Wadlbeißer« zum konzilianten Sozialpolitiker, der dem Antisemitismus abgeschworen und sich der lange Zeit verschmähten Bildung zugewandt hatte.[239]

Bielohlawek zählte zu den meistporträtierten Persönlichkeiten der Monarchie. Die *Neuen Glühlichter*, das Satireblatt der Sozialdemokratie im Stil des Münchner *Simplicissimus*, stellten Bielohlawek ab 1898 beharrlich als Affen oder mit einem Affensymbol dar. Beliebt waren auch Darstellungen, die ihn als korpulenten Vielfraß und Trunkenbold zeigten, der es sich auf Staatskosten gut gehen ließ.

17

»Der nackte Ball«

Graz als Schauplatz eines Skandalromans

~ 1909 ~

Als im August 1909 die Zeitungen über das Abtauchen des niederösterreichischen Buchhalters Alfred Stieglitz, der seine Firma um 30.000 Kronen erleichtert hatte, berichteten, wurde ein Punkt aus dem Vorleben des »Defraudanten« besonders hervorgestrichen, wohl um die Verdorbenheit des Mannes zu illustrieren: »Pornografische Werke ließ er sich stoßweise zusenden, und wieviel er auf diesen Schund verschwendete, erhellt daraus, dass er erst kürzlich für einen Stoß Bücher dieser Art beim Antiquar 64 Kronen (!) löste.«[240]

Abb. 54: »Der Skandal von Graz«: mannstolle Frauen aus der Grazer High Society

Bei der Menge an einschlägiger Lektüre, die der biedere Buchhalter hinter dem Rücken seiner Gattin hortete, ist es leicht möglich, dass sich darunter auch ein im selben Jahr kursierendes, überaus deftiges Erotikon mit Grazer Lokalkolorit befand. Der vollständige Titel des 1907 erstmals anonym und mit dem fingierten Verlagsort Amsterdam erschienenen Buches lautete: *»Der Skandal von Graz oder Der nackte Ball. Enthüllungen aus den Geheimnissen einer österreichischen Provinzhauptstadt«*. Die Neuauflage 1909 erschien bereits mit der Ortsangabe Graz, wieder ohne Autor, und umfasste lediglich tausend Stück. Bis heute wurde das mittlerweile als Klassiker der erotischen Literatur geltende Buch mehrmals aufgelegt, bisweilen mit abgeändertem Titel und auch inhaltlichen Eingriffen. In den 1970er-Jahren witterte auch der konventionelle Buchhandel ein attraktives Verkaufspotenzial, der Skandal erschien in der »Exquisit Reihe« des Heyne-Verlages und erlebte zwischen 1975 und 1982 nicht weniger als sieben Auflagen. Eine aktuelle Ausgabe von 2016 ist in der Grazer Edition Strahalm erschienen.[241]

Ein Buch voll gesellschaftlichem Zündstoff

Der *Skandal von Graz* barg in mehrerlei Hinsicht Zündstoff. Die überaus deftige pornografische Sprache wäre noch durchgegangen, denn das kannte man bereits aus anderen Druckwerken. Doch im Gegensatz zur 1906 erschienenen, anfangs ebenfalls nur in limitierten Privatdrucken erhältlichen *Mutzenbacher* waren die Protagonisten dieses Buches keine Outsider wie die Prostituierte Josefine Mutzenbacher, die sittlich gesehen ohnehin nichts zu verlieren hatte, sondern ehrbare Mitglieder der steirischen Gesellschaft. Held des Buches ist der dauerbrünftige Landadelige Baron Max P., »der von seinem Gut im Bergland von Zeit zu Zeit in die Landeshauptstadt kam, sei es, um wichtige Geschäfte zu erledigen oder um als Mitglied seinen Sitz im Landtag einzunehmen, oder endlich des bloßen süßen Vergnügens halber, um einige Tage in der trauten Stadt sich Freuden zu suchen, die ihm oben auf seinem einsamen Rittergut recht spärlich gediehen«.[242]

Ein aristokratischer Landtagsabgeordneter aus der Steiermark als Held frivoler Abenteuer stellte ein Novum in der Literaturlandschaft dar, das erregte nicht nur die Leserschaft in der erhofften Weise, sondern darüber hinaus auch das Missfallen der vorgeführten Grazer Gesellschaft. Die Geschichte selbst ist schnell erzählt: Der bereits erwähnte Protagonist Baron Max P. fährt wieder einmal von seinem obersteirischen Landgut in die Landeshauptstadt, um sich amourösen Abenteuern hinzugeben. Wie immer logiert er im »Hotel X., einem der ersten Gasthöfe in Graz«, wo der rührige Kellner Karl einen besonderen Service für seine hochwohlgeborenen Stammgäste bereithält: Er vermittelt erotische Zusammenkünfte mit jüngeren und älteren Damen der lokalen Gesellschaft. Als zweckdienlich erweist sich dabei ein Album, in dem die Kontaktsuchenden mit Fotografie und Terminvorschlägen angepriesen werden. Als altbekannter Gast bekommt Baron Max diesen Katalog umgehend ausgehändigt. In freudiger Erwartung beginnt dieser sofort zu schmökern und wendet dabei sein besonderes Augenmerk auf allfällige Neuzugänge im bereits bekannten Album. Die Leserschaft erfährt dabei, dass die moralisch flexiblen Damen den ersten Kreisen angehören: Töchter von Bankiers, Rechtsanwälten und Möbelfabrikanten sind vertreten, ebenso mehrere Gräfinnen und Schauspielerinnen. Sogar eine ältere Gerichtsrätin mit dem verheißungsvollen Decknamen »Busenberg« wartet auf ein Stelldichein.

Kellner Karl kassiert für seine diskreten Kupplerdienste zwischen 10 und 50 Gulden, allerdings nicht wie sonst üblich von den Kavalieren, sondern von den abenteuerlustigen Damen. Mit einer einzigen Ausnahme, denn für ein Schäferstündchen mit seiner eigenen Ehefrau kassiert der geschäftstüchtige Kellner-Zuhälter Karl direkt vom interessierten Herrn. Baron Max nimmt diesen speziellen Service in Anspruch, dann geht es zur Sache. Der Rest des Buches ist der gelebten Erotik gewidmet. Besondere Angriffspunkte für die Kämpfer gegen »Schmutz und Schund« bot das Buch durch mehrere lesbische sowie inzestuöse Episoden, die an sich schon eine Ungeheuerlichkeit darstellten. Doch damit noch nicht genug, im dritten Kapitel kommt es zu minutiös beschriebenen homosexuellen Handlungen zwischen dem offensichtlich bisexuellen Baron Max und einem jungen Reizwäscheträger im Grazer Stadtpark und danach in einer Beletage-Wohnung in der nahe gelegenen Elisabethstraße. Das überstieg nicht nur den erotischen Toleranzrahmen im Jahre 1909, sondern auch jenen der folgenden Jahrzehnte, weshalb die homoerotischen Szenen aus späteren Ausgaben des Buches herausgestrichen wurden.[243]

Ein weiterer Grund für die Brisanz des Buches war das Gerücht, der anonyme Autor hätte bei der Ausgestaltung seines sittenlosen Figurenensembles reale Vorbilder aus der Grazer Gesellschaft herangezogen. Man kann sich vorstellen, wie die ortsansässigen Kenner des Buches ihren Bekanntenkreis auf mögliche Treffer durchforsteten. Ein Grazer Historiker ging der Sache auf den Grund und zog zu diesem Zweck die Urausgabe aus dem Jahr 1907 heran. Diese enthält auch ein Vorwort, das den späteren Ausgaben ab 1909 fehlt. Darin behauptet der Verfasser des Erotikons, sein Werk würde auf einem mehrere Jahre zurückliegenden Grazer Sittlichkeitsprozess basieren. Im Belegexemplar der Nationalbibliothek fanden sich interessante handschriftliche Vermerke eines zeitgenössischen Lesers. Die Notizen im Wortlaut: »Ein Kern von Wahrheit liegt darin, geschmückt mit unglaubwürdigen Übertreibungen. Es ist eine Art Schlüsselroman, die meisten der handelnden Personen sind stadtbekannte Persönlichkeiten und leicht zu erkennen.« Der mysteriöse Zeitzeuge ordnete den Figuren auch gleich konkrete Namen aus der Grazer Gesellschaft zu. Doch weitere Recherchen ergaben keine gesicherten Belege für diese Behauptungen.[244]

Die Wahl, die der Autor des *Skandals* für den Schauplatz des vierten Kapitels getroffen hatte, dürfte vor allem in kirchlichen Kreisen wenig Freude ausgelöst haben. Darin begibt sich der erotisch umtriebige Baron Max mit einem früheren Studienkollegen und nunmehrigen Grazer Universitätsdozenten in die »Mädchenpension zu S. C.«, wo sie dank eines korrupten Hausangestellten durch ein Loch im Dachboden die Schulmädchen beim Baden inklusive erotischer Spiele beobachten können. Anschließend kommt es in einem separierten Raum zur intimen Begegnung der beiden Herren mit Schülerinnen, allesamt Töchter bekannter Bürgerfamilien. Die Beschreibung der Örtlichkeit zu Beginn des Kapitels sowie der wenig verklausulierte Titel »S. C.« lassen keinen Zweifel daran, dass es sich hierbei um die seit 1893 mit Öffentlichkeitsrecht ausgestattete katholische Privatschule des Sacrè Cœur im Herz-Jesu-Kloster im Bezirk St. Leonhard handelt. Auf literarische Ehren dieser Art hätte die Schulleitung sicher gerne verzichtet. Da der anonyme Autor nicht greifbar war, konnte man rechtlich wenig ausrichten, überdies hätte ein öffentlicher Prozess das bis dahin nur im kleinen Kreis kursierende Druckwerk erst richtig bekannt gemacht.[245]

Im letzten Kapitel des Buches dreht sich alles um eine Orgie der Grazer Gesellschaft in einer Fabrikantenvilla am Rosenberg. »Die Ballordnung forderte bei den Damen bis auf Strümpfe und Schuhe vollständige Nacktheit«, lässt uns der Autor wissen. Die Kleidervorschrift für den männlichen Gast sieht lediglich das »Adamskostüm« vor. Der Ball beginnt mit fix choreografierten Fruchtbarkeitstänzen, danach darf die Leserschaft ausgiebig dem obszönen Treiben in allen damals verpönten und verbotenen Spielarten beiwohnen. Die zügellose Veranstaltung endet allerdings abrupt, als plötzlich ein Polizeileutnant im Saal erscheint und alle Anwesenden für verhaftet erklärt.[246]

Empörung der Grazer Stadtväter

Was immer den Autor des *Skandal* dazu bewogen haben mag, den Protagonisten seines deftigen Buches als steirischen Landtagsabgeordneten auszuweisen und die erotisch ausschweifenden Frauenfiguren als Damen der hiesigen Gesellschaft und nicht wie bei der berühmteren *Mutzenbacher* als Vorstadtdirnen darzustellen: Die Empörung der Grazer Stadtväter ließ nicht lange auf sich warten. In der Gemeinderatssitzung vom 25. Jänner 1909 stellte der Abgeordnete und Bürgerschuldirektor Camuzzi einen Dringlichkeitsantrag zur »Wahrung des sittlichen Rufes der Stadt Graz« und vor allem der hier wohnenden Frauen und Mädchen. Die Empörung entzündete sich dabei jedoch nicht direkt am Buch *Der Skandal*, sondern an einer Rezension des Grazer Germanisten Anton Schönbach über den Erfolgsroman *Die Zwölf aus der Steiermark* von Rudolf Hans Bartsch. Der Inhalt des Buches und die darin gezeichneten Frauenfiguren veranlassten Schönbach zur Formulierung, »über Graz brüte ein heißer Dunstkreis von Genuss-Sucht und alle Mädchen seien zu haben, von der Hofratstochter bis zur Schanddirne«.[247]

Der *Skandal* wurde zwar nicht offen diskutiert, doch Schönbachs Bemerkungen konnten auch als Anspielung in diese Richtung gedeutet werden. Nicht alle Gemeinderäte sahen die Dringlichkeit von Camuzzis Antrag, manche fanden die Aktion schlicht lächerlich. »Wir können doch nicht heute beschließen, dass Graz eine sittliche Stadt ist«, gab der Sozialdemokrat Schacherl zu bedenken und meinte weiter: »Wir haben Wichtigeres zu tun als uns als keusche Retter hinzustellen.« Der Antrag wurde trotzdem mit Mehrheit angenommen. Professor Schönbach – er gilt als der Mitbegründer des Grazer Germanistikinstituts und genoss internationale Reputation als Wissenschaftler – mutierte in der Folge zum Blitzableiter der allgemeinen Verärgerung. Vielleicht auch deshalb, weil man für den anonym erschienenen *Skandal* niemanden an den Pranger stellen konnte. Schönbach und der Literat Bartsch hingegen waren (an)greifbar. Da halfen weder eine

Abb. 55: Die Behörden im Kampf gegen »Schmutz und Schund«:
Erotische Literatur erfreute sich großer Beliebtheit in der k. u. k. Gesellschaft

öffentliche Entgegnung, in der Schönbach daran erinnerte, dass die Rezension nicht seine persönliche Meinung, sondern die Eindrücke des Bartsch-Romans wiedergäbe, noch Leserbriefe in den Tageszeitungen, die diesen Umstand ebenso hervorstrichen.[248]

Zeitgleich erschien im *Neuen Wiener Journal* ein Artikel mit dem Titel »Des Fleisches Sünden«, in dem es um »pikante Unterhaltung«, erotische Literatur und andere Facetten aus dem Bereich Kunst und Sittlichkeit ging. Vielleicht war es nur ein Zufall, doch eine Stelle aus dem Beitrag wirkt im Nachhinein gesehen wie maßgeschneidert für die Sittendiskussion in Graz: »Zeigt sich das Liebeswesen und der Geschlechtsverkehr derartig, freilich nur in den Augen der Dichter, um nicht zu sagen der Kunst, so darf nicht dabei vergessen werden, dass die Vorbilder der Romane wirklich existierten, wenn auch als Ausnahmen, dass aber dieselben durch die Schriftsteller, durch die Bücher und Theaterstücke dann wirklich ins Leben drangen und Schule machten.«[249]

Das Geheimnis um den Autor wird gelüftet

Ähnlich wie im Fall der *Mutzenbacher* blieb auch der Autor des *Skandals von Graz* lange Zeit im Verborgenen. Was die *Mutzenbacher* betraf, wurde zwar stets Felix Salten als Autor vermutet, doch dieser dementierte hartnäckig, seine Autorenschaft wurde nie bewiesen. Anders entwickelte sich die Autorensuche beim *Skandal*. Über das in späteren Auflagen verwendete Pseudonym »Richard Werther« stieß man 1931 auf den Wiener Journalisten und Literaten Ernst Klein. Dieser hatte für den berüchtigten Berliner Verleger Willy Schindler eine Reihe pornografischer Romane verfasst, darunter auch den *Skandal von Graz*. Der 1876 in Wien geborene Ernst Klein war für mehrere Zeitungen tätig, daneben startete er eine erfolgreiche Karriere als Theaterautor, die er nach 1918 in Berlin und Basel fortsetzte. Fortsetzungsromane für Zeitungen kamen hinzu, die in den 1920er-Jahren sogar verfilmt wurden. Außerdem widmete sich Klein schon früh dem Schreiben pornografischer Romane, die anonym oder unter Pseudonymen wie »Fedor Essée« oder »Richard Werther« erschienen. Als Regimekritiker wurde er während der NS-Zeit auf Betreiben von Goebbels ausgewiesen. Nach einem Intermezzo in seiner Geburtsstadt Wien emigrierte Klein 1938 in die USA.[250]

Sündiges Graz

Die Entrüstung der Grazer Politiker über literarische »Verunglimpfungen« ihrer Stadt mag echt und ehrlich gewesen sein, doch gleichzeitig musste allen bekannt sein, dass es in Graz bei Weitem nicht so bieder zuging, wie es den Anschein hatte. Im Jänner 1909 kam es zu einer Razzia im Café Styria. Das Nachtlokal am Lendkai war bereits seit längerer Zeit unter polizeilicher Beobachtung gestanden, weil die Betreiberin mehrere Mädchen beschäftigte, deren Lohn lediglich aus speziellen »Trinkgeldern« der vorwiegend männlichen Gäste bestand. »Es wird erzählt, dass die nackten Mädchen mit den Gästen Karten spielten und auf den Tischen tanzten«, berichtete der *Arbeiterwille*. Die Schar der Stammgäste, die regelmäßig in den Genuss derartiger Unterhaltungen kamen, setzte sich aus mehreren »höheren Gerichtsbeamten«, einem Fabrikanten, einigen Kaufleuten und »jungen Herren aus der besseren Gesellschaft« zusammen.[251]

Auch wenn es die Grazer Stadtväter vielleicht nicht wahrhaben wollten: 1900 gab es hier bereits eine Homosexuellenszene, so wie es im *Nackten Ball* transportiert wurde. Interessant ist ein Vorfall, der zeitlich in das Jahr vor der Entstehungszeit der Urfassung des Buches fällt und somit durchaus als reale Anregung eingeflossen sein könnte. Im September 1906 hatte die k. k. Polizeidirektion ohne Beiziehung der Grazer Polizei in einer Nacht-und-Nebel-Aktion einen geheimen Homosexuellenclub ausgehoben. Gerüchte machten die Runde, tags darauf erfuhr man die Details aus der Presse. Die *Reichspost* berichtete, man habe »eine Gesellschaft von jungen Leuten im Alter von 18 bis 25 Jahren aufgehoben, in welcher Orgien der schlimmsten Unsittlichkeit gefeiert wurden«. Man vergaß nicht, auf die Homosexualität der Personen hinzuweisen und der unwissenden Stadtpolizei ein »Armutszeugnis« dafür auszustellen, dass erst eine externe Behörde dem Treiben ein Ende gemacht hätte. Laut *Grazer Tagblatt* konnten einigen der Verhafteten bereits verbotene homosexuelle Handlungen nachgewiesen werden. Ausgerechnet der sozialdemokratische *Arbeiterwille* ging noch einen Schritt weiter und lieferte seiner Leserschaft eine Liste der zehn Verhafteten mit vollen Namen und Berufsbezeichnungen. Man kann erahnen, welche beruflichen und privaten Katastrophen die Affäre für die jungen Leute nach sich zog, die als Sittlichkeitsverbrecher ins Landesgericht eingeliefert wurden. Gegen weitere Verdächtige gab es Anzeigen und es wurde angedeutet, dass auch »einige beachtenswertere Persönlichkeiten als die Verhafteten« dem Geheimbund angehörten, sich aber rechtzeitig aus dem Staub gemacht hätten.[252]

Die Geschichte des *Nackten Balls* könnte sich auch in Budapest abgespielt haben, denn im Februar 1909 wurden zwei Kaffeehausbesitzer verhaftet, weil in ihren Häusern regelmäßig Nacktbälle stattfanden. Die Cafetiers beriefen sich in ihrer Verteidigung auf die damals bekannte Berliner Nacktkultur und deren »Schönheitsabende«, unanständige Hintergründe der hüllenlosen Geselligkeiten wurden kategorisch zurückgewiesen. Der Richter konnte den ästhetischen Argumenten wenig abgewinnen und verhängte symbolische fünf Arresttage samt 500 Kronen Strafe.[253]

Der »Kampf gegen Schmutz und Schund« geht weiter

Die Behörden des Habsburgerreiches führten einen permanenten Kampf gegen »Schmutz und Schund«, wie man damals die verbotenen Druckwerke und Fotografien nannte, die in rauen Mengen über spezielle Buchhandlungen vertrieben wurden. Oft waren Bücher mit Fotos »nach der Natur« als volkskundliche Studien getarnt, der Vertrieb erfolgte diskret über den Postweg. Auch die unteren sozialen Schichten kamen nicht zu kurz, dafür sorgten fliegende Händler in den Vorstadtlokalen mit billigen pikanten Ansichtskarten.[254]

Was war vorher, die Henne oder das Ei? Diese Frage warf die *Wiener Sonn- und Montags-Zeitung* in diesem Zusammenhang auf und kam zum Schluss: »Die erotische Literatur erzeugt nicht verderbte Sitten – die verderbten Sitten wünschen erotische Literatur.« Man vergaß auch nicht, auf die Kundschaft des verhafteten Buchhändlers Stern hinzuweisen, »die Vertreter der gebildeten Stände, hochgestellte Beamte, kurz, die Repräsentanten der guten, ja besten Gesellschaft«.[255]

18

Graf Gisbert von Wolff-Metternich

Die Schatten der Vergangenheit

~ 1910 ~

Abb. 56: Das Seebad als Ort der Beziehungsanbahnung

Es sollte mehr als eine flüchtige Badebekanntschaft werden, als im Sommer 1910 die Wiener Schauspielerin Claire Wallentin (1897–1934) den jungen Grafen Gisbert von Wolff-Metternich kennenlernte. Ort der Begegnung war das holländische Seebad Schevedingen. Bereits am 28. September fand in der evangelischen Kirche in der Dorotheergasse in Wien die Hochzeit statt. Claire Wallentin, gefeierter Star am Deutschen Volkstheater, durfte sich fortan mit dem klingenden Titel Gräfin schmücken. Der Aufstieg von der Schauspielerin zur Adeligen stand in guter Wiener Tradition. Die Heirat des Burgtheaterstars Charlotte Wolter mit dem Grafen O'Sullivan oder jene der »Grille« Friederike Goßmann mit dem Grafen Prokesch-Osten waren noch in bester Erinnerung. Doch die Freude der nunmehrigen Gräfin Wolff-Metternich währte nicht lange. Während sie die Vorweihnachtstage am mondänen Semmering verbrachte, kam das böse Erwachen: Gatte Gisbert wurde in der gemeinsamen Wohnung in der Wiener Reichsratsstraße im 1. Bezirk verhaftet.[256]

»Eine Wiener Gesellschaftsaffäre erregt derzeit kolossales Aufsehen«, meldete das *Interessante Blatt*. Die Zeitungen hatten ihre Sensation und die junge Gräfin fiel aus allen Wolken. Ein geplantes Gastspiel in Budweis wurde kurzerhand abgesagt, sie eilte nach Wien, um ihrem Ehemann beizustehen. Geblendet vom klingenden Namen des Adelssprosses glaubten Claire und ihre Familie anfangs noch an einen Justizirrtum. Es lag eine Anzeige wegen Falschspielens aus London vor, die wiederum nach Berlin weitergeleitet worden war, wo man für den Grafen zuständig war. Die preußischen Behörden erhielten später Nachricht vom Aufenthalt des Gesuchten in Wien und stellten ein Auslieferungsansuchen an die hiesigen Behörden.[257]

Titel ohne Mittel

Wer war dieser Graf Gisbert von Wolff-Metternich? Diese Frage stellten sich nicht nur die Zeitungsleser, sondern auch dessen junge Ehefrau, die zum Zeitpunkt ihrer Heirat lediglich von den Schulden des Grafen gewusst hatte. Doch das stellte keinen Hinderungsgrund dar, denn wie hieß es damals: Schulden adeln! Zudem hatte sich der stets in feinstes Tuch gehüllte 26-jährige Aristokrat zu einer bürgerlichen Anstellung als Sekretär bei einem Wiener Automobilhändler herabgelassen. Durch ehrliche Arbeit wollte er Familie und Umfeld von seiner Tüchtigkeit überzeugen, denn das war nicht immer so gewesen. Geboren am 15. September 1886 auf Schloss Arcen als eines von acht Kindern des niederländischen Kammerherrn Levin Graf Wolff-Metternich zur Gracht und der Gräfin Mathilde von Ansembourg entpuppte sich Gisbert recht bald als das schwarze Schaf der hoch angesehenen Familie, die zeitweilig den deutschen Botschafter in London stellte. Die Gymnasialzeit verbrachte der junge Herr Graf lieber in Gesellschaft »leichter« Damen als mit seinen Kommilitonen, dementsprechend dürftig fielen seine Lernerfolge aus.

Der Vater zog die Notbremse und schickte ihn auf die Landwirtschaftliche Akademie Pöppelsdorf bei Bonn. Dort ließ der Rauswurf »wegen dummer Streiche« nicht lange auf sich warten. Wieder bemühte der Vater seine Beziehungen und vermittelte Gisbert auf eine Hazienda in Argentinien, wo er endlich seine Erfüllung in der Landwirtschaft finden sollte. Doch nach zwei Jahren hatte Gisbert das langweilige Farmerleben satt und kehrte nach Europa zurück. Ab 1909 logierte er in Berlin-Schöneberg in sehr bescheidenen Verhältnissen. Der Vater hatte nämlich die Geduld verloren und seinen missratenen Sohn mit einer mageren monatlichen Zuwendung von 30 Mark, das entspräche 2018 einer Kaufkraft von rund 200 Euro, aus der Familie verjagt. Da Gisbert einen aufwendigen Lebensstil pflegte und zudem wenig Neigung zu ehrlicher Arbeit verspürte, verlegte er sich auf windige Geschäfte. Sein ganzes Kapital war der klingende Adelstitel, den er nun zu ebenso klingender Münze machen wollte.[258]

Der Graf führte ein Leben auf Pump. Immer wieder gab er sich als vermögender Erbe aus, um Kredit zu bekommen. Bald waren Wechsel in astronomischer Höhe im Umlauf, die bei Einlösungsversuchen seiner Geschäftspartner platzten. Um seinen Schuldenberg abzubauen, betrieb Gisbert mehrere Heiratsprojekte, so etwa mit der Stieftochter des reichen Warenhausbesitzers Wertheim. Auch diese Projekte zerplatzen wie Seifenblasen. Der Versuch, seinen Adelstitel um 40.000 Mark an eine vermögende

Abb. 57: Schauspielerin Claire Wallentin

Berliner Prostituierte zu verkaufen, schlug ebenfalls fehl. Im Mai 1910 floh Gisbert von Berlin nach Brüssel, um seinen reichen Onkel, den Grafen von Marchant und Ansembourg, erfolglos um einen Kredit anzupumpen. In London verkehrte er schließlich mit dem »König der Falschspieler«, dem Hochstapler Julius Stalmann alias »Baron von Korff-König«.[259]

Drama um Claire Wallentin

Die Sympathien der Öffentlichkeit lagen eindeutig bei Claire Wallentin. Man bedauerte die junge Schauspielerin zunehmend für ihre offenbar unüberlegte Heirat mit einem Mann, den sie nicht wirklich kannte. Scheibchenweise kam nun die Wahrheit über dessen zwielichtiges Vorleben ans Tageslicht. Nichtsdestotrotz hielt die Wallentin an ihm fest und beteuerte in Interviews, dass sich alles aufklären würde. Doch wie es wirklich um sie stand, zeigte sich bald am frühen Vormittag des 20. Dezember. In einem von ihrer Familie unbeobachteten Augenblick schnitt sie sich die Pulsadern ihres linken Arms auf. Der eilig herbeigerufene Hausarzt konnte trotz großen Blutverlustes das Schlimmste verhindern. Die abgelehnte Enthaftung ihres Gatten gegen Kaution und die Aussicht, dass sie die bevorstehenden Weihnachtsfeiertage alleine zubringen musste, wurden als Auslöser für den Suizidversuch vermutet. Von da an versuchte ihre Familie, sie von den Ereignissen möglichst abzuschotten.[260]

Der Selbstmordversuch schlug hohe Wellen. Als die österreichischen Behörden einem Auslieferungsantrag Berlins zustimmten, musste Graf Gisbert die Reise ohne seine Gattin antreten. Sie kam lediglich zum Nordbahnzug am 21. Dezember um 7:40 Uhr und trug den verbundenen Arm in der Schlinge. Die Zeitungen schilderten den tränenreichen Abschied in allen Farben. Die Kosten von 300 Kronen für die Zugfahrt zweiter Klasse musste der Delinquent selbst tragen, der Betrag wurde von seinem Anwalt Dr. Rosenfeldt hinterlegt.[261]

Abb. 58: Die Satireblätter machten sich über den gesellschaftlichen Aufstieg der Schauspielerin lustig. Anlass war die plötzliche Namensgleichheit mit der Salondame Fürstin Pauline Metternich.

Der Prozess: Aus dem Leben eines Taugenichts

Nach dem ersten Verhör in Berlin rückte die vom Grafen und seinen Verteidigern erhoffte Freilassung gegen eine bereits hinterlegte Kaution in weite Ferne. Zu lange war die Liste der Delikte, die man ihm zur Last legte. Da half auch der klingende Name nichts, die nächsten Monate musste Graf Gisbert in einer Zelle in Moabit schmoren. Erst am 13. Juli 1911 wurde sein Fall vor der Zehnten Strafkammer des Berliner Landgerichts verhandelt. Zuerst kam die Anzeige des preußischen Oberleutnants Beckhausen zur Sprache. Dieser war in London durch die Falschspielerbande um den flüchtigen Julius Stalmann kräftig »gerupft« worden, Graf Gisbert hatte dabei den »Schlepper« gespielt. Gisberts Verteidiger argumentierte, dass der Graf ob seines guten Namens von seinen falschen Freunden für ihre kriminellen Zwecke ausgenutzt worden wäre. Dagegen sprach, dass Gisbert noch Monate später Drohbriefe an Oberleutnant Beckhausen geschrieben hatte, um die noch offenen Wettschulden einzutreiben. Das Treiben um die mittlerweile verhafteten Mitglieder der Stalmann-Bande wurde sogar im fernen Brasilien verfolgt, wie ein Artikel in der in São Paolo erschienenen *Deutschen Zeitung* zeigt. Als Stalmann, der mit seiner Frau ein Luxusleben in Paris führte und gerne als »Baron Korff-König« auftrat, von der Verhaftung Wolff-Metternichs erfahren hatte, war er ins ferne Indien geflüchtet. Doch Ende April 1911 klickten für ihn in Kalkutta die Handschellen.[262]

Schwerwiegender als die Falschspielgeschichte wogen allerdings die Betrugsvorwürfe aus Gisberts Berliner Zeit. Elvira Gustke, eine Halbweltdame mit dem klingenden Szenenamen »Brillanten-Mietze«, war auf mehreren geplatzten Wechseln Gisberts sitzengeblieben. Der Graf hätte sie mit einer »Pumpstation« verwechselt, beklagte sie vor Gericht und forderte die Wiedergutmachung des Schadens von über 1.000 Mark. Eine Filiale der bekannten Automobilfirma Horch aus Zwickau hatte Graf Gisbert um 16.000 Mark geprellt. Er war nach einer geringen Anzahlung mit dem Auto verschwunden und hatte dieses umgehend, bevor sein ausgestellter Wechsel platzte, weiterverkauft. Einer reichen Witwe hatte er auf die gleiche Weise ein Reitpferd abgeluchst. Ebenso verhielt es sich mit Anteilen an einer Teppichfabrik, die kurz danach in die Pleite schlitterte. Insgesamt ging es um elf Fälle von Wechselbetrug.[263]

Schmutzwäsche gewaschen wurde schließlich, als es um die angeblich geplante Hochzeit Gisberts mit der Stieftochter des Warenhausbesitzers Wertheim ging. Er hatte sich bei den Wertheims eingenistet und andernorts mit dem Hinweis, bald die reiche Erbin zu heiraten, Kredite erschlichen. Er wäre Dolly Landsberger, so hieß die Stieftochter, bereits sehr nahegekommen, erklärte Graf Gisbert im Prozess, die Hochzeit deshalb realistisch zu erwarten gewesen, zumal die Schwiegermutter das Projekt aufgrund seines Namens und seiner prominenten Familienbeziehungen tatkräftig unterstützt hätte. Man erfuhr bei dieser Gelegenheit vom schlechten Verhältnis zwischen Mutter und Tochter, unflätigen Wortwechseln unter Gebrauch sexueller Kraftausdrücke und einem Selbstmordversuch Dollys im Hotel Esplanade. Vater Wertheim wiederum wollte rechtlich gegen seinen windigen Fast-Schwiegersohn vorgehen. Auch Claire Wallentin-Metternich hatte ihren Auftritt vor dem Berliner Gericht. Trotz aller zutage geförderten Schandtaten ihres Gatten ergriff sie seine Partei und kanzelte dabei den Senat als »Scharfrichter« ab. Das trug ihr eine Ordnungsstrafe von 100 Mark wegen Ungebühr ein, eine damit verbundene Haftstrafe wurde ausgesetzt. Graf Gisbert, der vor Gericht phasenweise überaus arrogant aufgetreten war, fasste insgesamt neun Monate Haft aus, von denen er bereits sechs Monate in der Untersuchungshaft abgesessen hatte. Die verbleibenden drei Monate nahm er widerspruchslos an.[264]

Felix Salten analysierte den gefallenen Grafen auf seine Art im *Pester Lloyd* und kam zum Schluss: »Das Pech des Grafen Gisbert Metternich fing aber schon damit an, dass er ganz talentlos zur Welt kam. [...] Vielleicht wäre er ein leidlich anständiger Mensch geblieben, hätte er nicht den Grafentitel getragen.« Trotz attestierter Talentlosigkeit Gisberts hatte das ungleiche Paar einen gemeinsamen Kurzfilm gedreht. Dieser wurde auch nach der Affäre unter dem Titel *Der Stallmeister* von einem Filmverleih per Inserat angepriesen. 1915 kam es zur Scheidung wegen »beiderseitiger unwiderstehlicher Abneigung«. Später heiratete die nun wieder als Claire Wallentin auftretende Schauspielerin einen Grazer Hopfengroßhändler, mit dem sie bis zu ihrem Tod 1934 zusammenlebte.[265]

19

Adorée Villany

Aufregung um den »Tanz der sieben Schleier«

~ 1911 ~

1909 sollte dem aus Schlesien stammenden Vincenz Prießnitz, Gründer einer Kuranstalt und Vorreiter der Hydrotherapie, im Wiener Türkenschanzpark ein Denkmal errichtet werden und zunächst sah alles nach einem Routinevorgang aus. Zum Brunnen gehörte auch eine Statue, und was könnte für den »Apostel der Kaltwasserkuren« passender sein als eine badende Frau? Doch der Umstand, dass die allegorische Figur »keinen großen Kleiderluxus entfaltete«, wie man im *Neuen Wiener Journal* bemerkte, rief die städtischen Tugendhüter auf den Plan. Diese bombardierten die Stadtväter mit Petitionen im Gemeinderat, um die Aufstellung der nackten, die Sittlichkeit verletzenden Nymphe zu verhindern. Am 7. Dezember 1909 riss dem Wiener Bürgermeister Karl Lueger schließlich der Geduldsfaden: »Was mich dieses nackte Frauenzimmer sekkiert, das ist schon nimmer schön!«, polterte er in der Gemeinderatssitzung und richtete den Sittlichkeitsaposteln aus: »Ich werde an seine Heiligkeit den Papst schreiben, er möge die vatikanischen Sammlungen sperren, weil so viele Nuditäten darin sind!«[266]

Nr. 7. Sonntag, den 16. Februar 1908. XXVIII. Jahrgang.

Telephon 16.113. Einzelne Nummer: 30 Heller.

WIENER CARICATUREN.

Erscheinen: Jeden Sonntag. Berlin. Wien. Leipzig.

Die marokkanische und indische Tänzerin.

Im schleppenden Rythmus die holden Frau'n
All' ihre Sünden verbüßen,
Sie beten im Tanze zu Brahma, dem Herrn,
Mit aufgehobenen Füßen.

Man glaubt ein Tedeum trillern zu hören,
Und denkt an Libanons Traube;
Der Tanz ist hopsende Religion,
Ist sinnfällig greifbarer Glaube …

Und wenn der letzte Schleier dann fällt,
Entzückt solche Glaubensstärke,
„Hab' Dank, o Herr", dann alle fleh'n,
„Du zeigst uns deine Werke"!

Abb. 59: Im Visier der Tugendwächter: Nackttänzerinnen und Nacktbälle

Die neue »Nacktkultur«

Nicht wenige sahen den Untergang des Abendlandes gekommen, als nach 1900 in und um Berlin eine neue »Kultur der Nacktheit« entstand. Diese nihilistischen und »volksgefährdenden« Bewegungen waren 1908 Thema einer Tagung der Deutschen

Sittlichkeitsvereine in Frankfurt. Nach dem politischen Sozialismus und dem Naturalismus in der Kunst stand nun eine weitere Bedrohung vor der Tür: die Nacktkultur und mit ihr »Auswüchse« wie freie Liebe, Gleichstellung von Mann und Frau und Aufweichung der Institution Ehe. Das *Deutsche Volksblatt* berichtete dazu: »An schönen warmen Sommertagen suchen da Gesellschaften von Männern und Frauen abgelegene und ungestörte Plätze in den waldigen Umgebungen Berlins auf, ziehen sich splitternackt aus, legen sich in die Sonne, treiben allerlei Spiele und stellen lebende Bilder. Dies heißt man dann den Kultus der Schönheit und die Pflege der Gesundheit!«[267]

Der Landbevölkerung, die diesem Treiben oft kopfschüttelnd zusah, empfahl man, künftig die »Adamiten« kräftig zu verprügeln und sie danach der Polizei zu übergeben. Noch mehr Empörung erweckten die sogenannten Nacktlogen, die in Mode gekommen waren. Dabei verabredeten sich Gleichgesinnte per Zeitungsinserat zu geschlossenen Zusammenkünften, in denen man der Nacktkultur frönte. Unter dem Pseudonym »Dr. Otto von Erlbach« wandte sich der Publizist Armin Kausen in Leitartikeln an den deutschen Kaiser Wilhelm: Berlin sei mittlerweile zur Hauptstadt der öffentlichen Unsittlichkeit geworden, der Kaiser möge dem »immer üppiger ins Kraut schießenden Nuditätenkult« mit aller Härte Einhalt gebieten.[268]

Auch in manchen österreichischen Blättern verfolgte man die Entwicklung mit Besorgnis. »Die Sache ist sehr ernst«, konstatierte das *Neue Wiener Journal* und ortete eine Bankrotterklärung von Politik und Polizei in Deutschland. Für die Nacktkultur und ihre Ausformungen im Freien oder als Nacktlogen in Lokalen und als Schönheitsabende diverser Ausdruckstänzerinnen fand man klare Worte: »Affenschande«, »scheußliche Geschmacksverwirrung« oder eine sittliche Verrohung, die an den Pranger gestellt werden müsse. Auch die *Reichspost* sah den Zeitpunkt gekommen, um gegen diesen »stinkenden Morast« endlich »die moralische Kehrichtabfuhr der Großstadt zu organisieren«.[269]

Dabei hatte das neue Körperbewusstsein Österreich längst erreicht. In Wien hatte der ehemalige Krankenpfleger Florian Berndl 1900 eine bewaldete Insel im Bereich der Alten Donau gepachtet, wo er als Naturheilpraktiker auftrat und eine Kolonie der Sonnenanbeter gründete. Nicht nur seine medizinischen Aktivitäten, sondern vor allem das gemeinsame Baden von Männern und Frauen war den Behörden ein Dorn im Auge. Es kursierten Gerüchte, dass hier kleinere Gruppen dem naturnahen Leben auch textilfrei frönten. Die Stadt Wien übernahm das »Gänsehäufel« schließich selbst, eröffnete 1907 ein öffentliches Strandbad und kümmerte sich fortan auch um das sittliche Erscheinungsbild der Badenden. Der Österreichische Schwimmverband beschloss 1908 vorsorglich die Trikotpflicht für alle Wettkämpfe und Schwimmveranstaltungen, um eventuellen Auswüchsen vorzubeugen. Die *Allgemeine Sport-Zeitung* verteidigte diese Entscheidung mit dem Hinweis, man könne sich nicht, wie die Vertreter der Nacktkultur

Abb. 60: Die Sittenkommission im Gänsehäufel:
Immer wieder gab es Beschwerden über das Treiben im Wiener Strandbad.

dies täten, auf die Vorbilder der Antike berufen, weil dort keine Frauen bei Wettkämpfen zuschauen durften.[270]

Der sozialdemokratische Abgeordnete und Publizist Engelbert Pernerstorfer fand 1912 in der *Arbeiter-Zeitung* deutliche Worte zur allgemeinen Sittlichkeitsdebatte: »Die Wahrheit aber ist, dass der Geschlechtstrieb in unserem Leben eine übermächtige Rolle immer gespielt hat, spielt und spielen wird. [...] Wir verabscheuen die Anhänger der Pornographie, aber wir fürchten die Sittlichkeitsfanatiker, jene Schnüffler, die den Schmutz aufsuchen, um ihn der Behörde anzuzeigen, und die oft die größten Liebhaber dieses Schmutzes sind.«[271]

Neue Tanzformen als Aufreger

Nicht nur an den Badestränden kamen die unpraktischen Ganzkörperverhüllungen langsam aus der Mode, auch in manchen Tanztheatern fielen die Schleier. Im Gefolge der sich lockernden Moral tauchten um 1900 neue Tanzformen auf, die von der Öffentlichkeit geteilt aufgenommen wurden. Die Varietés überboten sich gegenseitig mit exotischen Tanzvorstellungen. Beim männlichen Publikum erfreuten sich diese Darbietungen großer Beliebtheit, weil die Künstlerinnen dabei mehr Haut zeigten, als der herrschende Sittenkodex vorsah. Der aufkommende Nackttanz brachte jedoch nicht nur das Blut der Zuseher in Wallung, sondern trieb auch manchem Hüter der guten Sitten die Zornesröte ins Gesicht. Bereits 1904 warnte das aristokratische *Salonblatt* vor den Auswüchsen bei gesellschaftlichen Veranstaltungen und der unkritischen Übernahme diverser »Niggertänze«.[272]

Der sogenannte »Ausdruckstanz« entstand als Gegenbewegung zum klassischen Ballett. Isadora Duncan und die Münchnerin Clothilde von Derb zählten zu den bekanntesten Vertreterinnen dieser neuen Kunstform. Wenn von Nackttanz die Rede war, so hieß das nicht unbedingt, dass die Tänzerinnen im Evakostüm auftraten. Die Tatsache, dass sich Clothilde von Derb barfuß und mit unbedeckten Beinen auf der Bühne bewegte, galt nach damaligem Verständnis bereits als nackt. Olga Desmond, »Preußens Venus«, ging einen Schritt weiter und zeigte sich teilweise mit unbedeckter Brust auf der Bühne. Die Berlinerin fand wenig dabei, sich unbekleidet zu präsentieren, da sie in ihren Anfängen als Nacktmodell für Künstler gearbeitet hatte. 1909 waren ihre gewagten Auftritte sogar Gegenstand im Preußischen Parlament.[273]

Kritiker hingegen sprachen bereits von einer »grassierenden Salome-Epidemie« und sahen darin eine reine Geschäftemacherei, man spekuliere mit der Sensationslust und anderen Bedürfnissen der Zuseher und verlange dafür überhöhte Eintrittspreise. Der *Bayerische Kurier* kam zur wenig überraschenden Schlussfolgerung, dass die Hauptanziehungskraft solcher Veranstaltungen lediglich darin bestünde, dass die Darstellerin »so ausgezogen wie möglich« sei. Viele waren auch der Ansicht, derlei Darbietungen wären keine echte Kunst und hätten in renommierten Spielstätten nichts verloren, sondern gehörten ins vorstädtische »Tingel-Tangel«.[274]

Abb. 61: Satirischer Beitrag zur Tanzdebatte:
Nackttanz könne »anziehend« oder »abstoßend« wirken.

In Österreich gehen die Uhren anders

Die neue Tanzwelle schwappte auch auf Österreich über. Im Februar 1909 gastierte Bühnenstar Olga Desmond in Wien. Ihr Kostüm habe sie bereits vorausgeschickt, witzelte man im *Kikeriki*. Doch in Wien bekam sie durch die »fürsorgliche Polizei« vorbeugend

Abb. 62: So durften die Österreicher Adorée Villany nur im *Interessanten Blatt* sehen.

eine Textilberatung, sodass die genehmigten Auftritte mit Schleiern und einem darunter getragenen Sporttrikot wenig spektakulär ausfielen. Das *Neue Wiener Journal* bezweifelte die Sinnhaftigkeit des Kleiderzwangs und stellte die Frage, »ob ihre vollständige Nacktheit geeignet wäre, greisenhafte Lüsternheit beim Zuschauer auszulösen«? Man beantwortete die Frage gleich selbst mit einem klaren Nein und lobte die künstlerische Qualität der Darbietung ebenso wie Desmonds Körper als »Meisterwerk der Schöpfung«. »Über die Frage also, ob das Nackte sittlich oder unsittlich ist, können wir wieder einmal nicht zu Gericht sitzen«, bedauerte man auch im *Salzburger Volksblatt*. »Man geht doch nicht zu einer Nackttänzerin, um sie im Geiste auszuziehen, was unsere Herren auch ohne Eintrittsgeld tun«, kommentierte das *Wiener Montags-Journal* die Groteske um Olga Desmond.[275]

1911 machte die selbst ernannte Ausdruckstänzerin Adorée Villany in München von sich reden. Ihr Auftritt im Münchner Lustspielhaus geriet beinahe zur Staatsaffäre. Bis zur Mitte des Abends blieb noch alles im erlaubtem Rahmen der Sittenbehörde, doch als die Villany plötzlich alle Hüllen fallen ließ, wurde der Saal kurzerhand von Polizisten gestürmt und die Veranstaltung augenblicklich untersagt. Adorée Villany musste später in der Wachstube »antanzen« und das aufgebrachte Publikum erhielt das Eintrittsgeld zurück. Die Affäre wurde zusätzlich durch ein unhaltbares Gerücht angeheizt, wonach der greise Prinzregent Luitpold das polizeiliche Verbot wieder aufgehoben hätte.[276]

Adorée Villany eilte also schon ein gewisser Ruf voraus, als sie nach München auch die österreichischen Städte mit ihren Tanzkünsten beglücken wollte. Das *Grazer Volksblatt* befürchtete sogleich, dass die Tänzerin auch hier »barfuß bis oben« ihre »schamlosen Künste« zeigen wolle. Die Wiener Behörden gingen auf Nummer sicher und Villany musste vor ihren geplanten Auftritten im Künstlerhaus eine »Separatvorstellung« in Anwesenheit einer Begutachtungskommission geben, die sich aus Künstlern, Pressevertretern und anderen »Kunstsachverständigen« zusammensetzte. In Graz zog man die Notbremse und untersagte die gebuchten Auftritte im Opernhaus mit dem Hinweis, man wolle erst die Ergebnisse der Wiener Kommission abwarten.[277]

Adorée Villany konnte die versammelten »Experten« von der sittlichen Unbedenklichkeit ihr Tanzkünste überzeugen und am 28. Dezember 1911 das geladene Publikum, bekleidet »mit einem Existenzminimum an Toilette«, vollends begeistern. Das *Salzburger Volksblatt* berichtete mit viel Liebe zum Detail über Busenschützer aus Flitter, einen Lendenschurz und Feigenblätter aus Glasperlen. Damen waren im Publikum nicht zugelassen, was zu heftigen Protesten zahlreicher Frauen im Foyer des Hauses führte. Eine der erbosten Damen drohte sogar lautstark damit, dass man sich nun nackt tanzende Männer nach Wien holen würde – für ein rein weibliches Publikum. Villanys Darbietung wurde vom japanischen Botschafter, Oberbaurat Helmer, zahlreichen Honoratioren der Stadt und dem halben Jockey-Club begeistert aufgenommen. In der Presse bewunderte man ihren Körper, der »von schlangenhafter Biegsamkeit« wäre und riet den Kritikern mit überzeugender Logik: »Man muss sie ja nicht anschauen.« Lediglich die Begleitung des Klavierspielers entsprach nicht den Erwartungen der verwöhnten Walzerstadt, ihm wurde bloß positiv angerechnet, dass er angezogen geblieben sei.[278]

In Graz nahm man die Angelegenheit nach einer bestandenen Probeaufführung mittlerweile gelassener, am 29. Dezember ging um 22 Uhr im Opernhaus der Vorhang für eine der beiden ausverkauften Vorstellungen hoch. Im *Grazer Tagblatt* zeigte man sich verwundert über die Aufregung angesichts des überwiegend verhüllten Körpers: »Fragt sich nur, ob die Münchner Polizei sie mehr als Nackttänzerin gesehen hat als wir.« Der sozialdemokratische *Arbeiterwille* gab sich poetisch und lobte Adorée Villanys »Herrlichkeiten, die der Zauber der Natur in unnachahmliche Formen dichtete«. Im Gegensatz dazu, so der *Arbeiterwille* weiter, käme die Kritik ohnehin nur von »Blättern, die speckigen Pfarrersköchinnen zuliebe gegen alles Schöne, wie es erschaffen ist, schreiben müssen«. Das *Grazer Volksblatt* war anderer Meinung und konterte: »Die Scham der Völker war verwüstet, wenn das Weib nackt auf die Bühne trat.«[279]

20

Skandal um den Hosenrock

Die Männerwelt in Angst und Schrecken

~ 1911 ~

Zum Beginn der Rennsaison 1911 wurde der versammelten Hautevolee bei der Rotunde am Wiener Trabrennplatz neben den üblichen sportlichen und gesellschaftlichen Eindrücken ein besonderes Schauspiel geboten: »Mitten in einem interessanten Rennen ging plötzlich eine gewaltige Bewegung durch die angesammelte Menge. Alles wandte sich einer Dame zu, die, mit der Jupe-Culotte bekleidet, im Innenraum der Trabrennbahn erschien. Es war eine Probiermamsell eines Konfektionshauses in der Inneren Stadt. Vergessen war das Rennen […].« Die junge Frau im Hosenrock hatte Glück und konnte ihren Werbeauftritt ohne gröbere Belästigungen über die Bühne bringen. Tags zuvor sah die Sache anders aus. Der Inhaber eines Modehauses in der Alser Straße ließ ein 14-jähriges Mädchen mit Hosenrock in der Auslage promenieren. Im Nu versammelte sich eine Horde Schaulustiger vor der Scheibe und begann, das Mädchen lautstark zu verspotten. Die Polizei musste anrücken, um den Radau zu beenden. Die missglückte Werbeaktion wurde ebenfalls abgebrochen, die junge »Vorführmamsell« durfte abtreten und sich von ihrem Schrecken erholen.[280]

Abb. 63: Die Männerwelt in Aufruhr: Zur Nacktkultur kam jetzt auch noch die Frauenhose.

Frauen in Hosen

Frauen in Hosen kannte man bis dahin nur von den sogenannten »Hosenrollen« im Theater, wo Schauspielerinnen männliche Figuren darstellen durften. Doch abgesehen von der künstlerischen Freiheit gab es einen vergleichbaren Spielraum im wirklichen Leben der Kaiserzeit nicht. Frauen hatten sich einem von der Männerwelt vorgegebenen Modediktat zu unterwerfen. Dieses sah grundsätzlich die Bedeckung des Körpers bis zu den Knöcheln vor. Hinzu kam das unbequeme Mieder, das die weiblichen Formen vor der Mitwelt verbergen sollte. Dieser Anblick war ausschließlich dem auch in rechtlichen Dingen bestimmenden Ehemann vorbehalten. Praktische Überlegungen spielten bei der Modegestaltung keine Rolle, Frauen mussten auch im Hochsommer und selbst beim Tennis lange Kleider tragen. Das Aufkommen der etwas freizügigeren Badekostüme sorgte bereits für Unruhe bei den moralischen Instanzen. Die Männerwelt zeigte sich dabei ungewohnt flexibel, was seine Ursache darin hatte, dass man nun in den Seebädern besser auf seine Kosten kam. Doch bei der eigenen Gattin hörte der Spaß selbstverständlich auf.[281]

Die Suche nach alternativen Lebensformen blieb ebenso der Oberschicht vorbehalten wie die aus den USA und England kommende »Reformkleidung«. Im Zuge der frühen Frauenbewegung wurden weit geschnittene Kleider als befreiende Antwort auf die einengenden und ungesunden Salonkleider, unter denen man noch ein luftabschnürendes Mieder zu tragen hatte, propagiert. Bei Gustav Klimt ließ man die Leinentoga noch als Arbeitskleidung durchgehen, doch die vom Reformkleid inspirierten Modekreationen der ihm nahestehenden Flöge-Schwestern fanden nur einen beschränkten Kreis betuchter Kundinnen, die sich diesen Luxus finanziell und gesellschaftlich leisten konnten. Damit alleine hätte der 1904 eröffnete Haute Couture Salon der Schwestern Flöge wirtschaftlich nicht überleben können, dazu diente nach wie vor der Verkauf konventioneller Mode. Trotzdem stellten die Reformkleider eine wichtige Errungenschaft dar: »Reformkleider ließen Frauen nicht nur anders aussehen, sie waren Ausdruck dafür, dass sich Frauen als eigenständige Bürgerinnen und nicht nur als soziales Ornament von Mann und Familie, als Besitz und Trophäe verstanden.«[282]

Radfahrerinnen in Pumphosen zählten zu den Vorreiterinnen der Damenhose. Der Hosenrock selbst entstand in Frankreich als Alternative zum damals modernen, jedoch völlig unpraktischen »Humpelrock«, dessen eng anliegender Schnitt nur Trippelschritte zuließ, daher rührte auch sein wenig schmeichelhafter Name. Der Pariser Designer Paul Poiret, nebenbei ein begnadeter Illustrator, spielte eine führende Rolle bei der Schöpfung der »Jupe-Culotte«, wie man die orientalisch inspirierten Pluderhosen nannte. In Deutschland verwendete man dafür auch den Begriff »Haremskleid«. Seinen ersten, viel beachteten Auftritt erlebte der Hosenrock im Frühjahr 1911 beim Pferderennen von Auteuil.[283]

Die Männerwelt in Aufruhr

Abb. 64

Für die frühe Frauenbewegung stellte die im doppelten Wortsinn einengende Kleideretikette eine weitere Fessel neben politischer und rechtlicher Unfreiheit dar. Nicht umsonst waren die sogenannten Suffragetten auch Vorreiterinnen in Sachen modischer Befreiung. Aus der Perspektive der Männerwelt, die vor dem Hintergrund der neuen Zeit ohnehin um ihre Privilegien fürchtete, war deshalb die Damenhose ein weiteres Vordringen in eine bis dato männliche Domäne. Der Widerstand gegen diese neue modische Errungenschaft schien vorprogrammiert.[284]

In Brünn musste am 12. März 1911 die berittene Polizei ausrücken, um Tumulte wegen einer flanierenden Hosenrockträgerin zu beruhigen. Eine Konfektionsfirma hatte die Unvorsichtigkeit begangen und eine Angestellte im Hosenrock auf die Promenade geschickt. Diese wurde umgehend von einer anwachsenden Horde Schaulustiger angepöbelt und musste in einem Hauseingang Zuflucht suchen. Weiteres Promenieren im Hosenrock wurde behördlicherseits untersagt.[285]

Nicht besser erging es der Gattin eines Rechtsanwalts in Bayern. Die in Sachen Mode tonangebende Bürgerin der Kleinstadt wollte neue Akzente setzen und spazierte im Hosenrock durch die Straßen. Auch sie wurde angepöbelt und zog sich eilig in die schützenden vier Wände zurück. Tags darauf erschien eine Gruppe von Studenten in Frauenröcken und mit Damenhüten vor ihrem Haus, marschierte im Gänsemarsch auf und ab und gab lautstark Schmählieder zum Besten.[286]

Dem Direktor des Petersburger Marientheaters wurde der allabendliche Zirkus um Besucherinnen im Hosenrock zu bunt. Er wolle kein »Theater im Theater«, verkündete er per Aushang und erließ kurzerhand ein Hosenrockverbot für sein Haus. In Dresden ereignete sich Ähnliches. In einem Kabarett trat jeden Abend eine Hamburger Opernsängerin im Hosenrockkostüm auf und entwickelte sich zum Publikumsmagneten, vor allem die Damen der Gesellschaft waren an ihrem »Outfit« brennend interessiert. Die Polizei nahm das Treiben unter die Lupe und sah darin eine unzulässige Propaganda

Abb. 65: Wiener Schauspielerinnen propagieren die Frauenhose.

für ein unsittliches Kleidungsstück. Ein Trageverbot wurde verhängt. In Prag kam es am 10. März 1911 zu tumultartigen Szenen, weil ein Schwesternpaar die Jupe-Culotte am Graben zur Schau stellte. Sogar ein Kinematograph war zugegen, um das Spektakel für die Nachwelt festzuhalten. Die Schaulustigen verhöhnten das Duo auf gehässigste Weise, der Verkehr kam teilweise zum Erliegen und die »Elektrische« musste schließlich ihre Fahrt einstellen. Abermals rückte die Polizei an, um die Ordnung wiederherzustellen. Die beiden Schwestern gaben Fersengeld und machten sich durch den Hinterausgang eines Geschäfts davon.[287]

Auch in Wien waren anfänglich »Ausschreitungen entfesselter Pöbelhaftigkeit« zu beklagen. Doch man lernte dazu und schickte ein zwölfjähriges Mädchen in Begleitung zweier Erwachsener zu einem gut besuchten Ringstraßenkorso. Die kindliche Hosenrockträgerin erregte weniger Zorn und konnte ihre Aufgabe ohne Zwischenfälle erfüllen. Ein entsprechendes Polizeiaufgebot bot zusätzliche Sicherheit. Aus Graz wurde von einer Sitzkassierin des Café Klein-Styria berichtet, die sich privat einen Hosenrock zugelegt hatte und in Begleitung eines Kellners damit einen Innenstadtbummel wagte. Der Weg führte durch die Murgasse, wo sich bereits eine schaulustige Menge formierte, über den Hauptplatz in die Herrengasse. Während die einen berichteten, sie wäre bejubelt worden, war im *Grazer Tagblatt* von Gejohle und Handgreiflichkeiten die Rede: »Derbe Scherze, Küsse und Stöße wechselten in bunter Reihenfolge.«[288]

In Salzburg wagte sich eine Frau im Hosenrock ins Theater und ließ sich damit in den Zwischenpausen im Foyer sehen. Das Publikum verhielt sich kultiviert, wie es dem Ort entsprach, doch es herrschte laut *Salzburger Volksblatt* das Motto, jeder Narr solle die Kappe tragen, die ihm gefiele. Eine Präsentation in einem Salzburger Modehaus soll auf großes Interesse gestoßen und ebenfalls ohne unliebsame Zwischenfälle abgelaufen sein. In Linz hingegen wurde eine Frau, die unter einem Plüschmantel einen Hosenrock ausführte, mit Spott und Hohn bedacht und schließlich sogar attackiert, wobei ihr der Mantel zerrissen wurde. Bei der Eröffnung der Wiener Frühjahrsausstellung 1911, die der Kaiser höchstpersönlich vornahm, präsentierte sich eine Dame der Gesellschaft ebenfalls im Hosenrock und wurde positiv aufgenommen. Ein Spaßvogel nutzte den Rummel auf seine Weise. Als er zwei Frauen mit einer Autopanne sichtete, streute er das Gerücht, die beiden würden Hosenröcke tragen. Blitzartig schwärmten unzählige Schaulustige zum havarierten Wagen und brachten den Verkehr für zehn Minuten zum Stehen. Erst als die beiden nichts ahnenden Frauen ausstiegen, entpuppte sich die Geschichte als Scherz.[289]

Gemischte Reaktionen

Die Kommentatoren der österreichischen Zeitungen waren wie immer geteilter Meinung. Die *Illustrierte Kronen Zeitung* fand am Hosenrock nichts Unschickliches und lobte darüber hinaus die praktischen und gesundheitlichen Vorteile des neuen Kleidungsstückes. Das *Neue Wiener Journal* stand der neuen Mode ebenfalls offen gegenüber, kritisierte jedoch die falsche Werbestrategie in Wien und den umliegenden Städten. Wie in Paris hätte es zu einer gemeinsamen Aktion der hiesigen Konfektionshäuser kommen müssen, statt unkoordiniert einige »Vorführmamsells« auf die Straße zu schicken und dem Spott auszusetzen. Die französische Strategie wurde empfohlen, möglichst viele Damen im Hosenrock bei einer Großveranstaltung mit internationalem Publikum aufmarschieren zu lassen. Nicht viel anders fiel die Bewertung im *Interessanten Blatt* aus. Auch hier verwies man auf die besseren Modelle in Frankreich, die für den Erfolg der Werbekampagne ausschlaggebend wären.[290]

Besonders euphorisch fiel der Bericht im *Arbeiterwillen,* dem Parteiorgan der steirischen Sozialdemokraten, aus. Man sprach bereits von einem Sieg des Hosenrocks und räumte ein, dass die ersten Trägerinnen zwar in Seitengassen flüchten mussten, doch nicht aufgrund von Angriffen, sondern weil der Jubel ungeheure Ausmaße angenommen hätte. Deshalb kam man zum Schluss, dass sich sogar die weltoffenen Franzosen von Graz eine Scheibe abschneiden könnten: »Ja wir Provinzler, wo bleibt da Paris?«, hieß es. Man lieferte auch gleich eine psychologische Erklärung für die allgemeinen

Abb. 66: Auch die Kirche stand vor neuen Herausforderungen.

Ressentiments gegen das neue Kleidungsstück: »Die Männer fürchten, ihre ganze Überlegenheit zu verlieren, wenn ein paar Modedamen Höschen anziehen, die man nur bei gründlicher Untersuchung als Andeutungen einer solchen zu erkennen vermag. Diese närrischen Männchen, die nur durch ihre Hosen Männer sind, haben diese blöden Skandalszenen, allerdings mit der ausdrücklichen Erlaubnis ihrer Frauen, veranstaltet.«[291]

»Die großen Kinder haben ein neues Spielzeug«, hieß es in den *Wiener Bildern* und man rief zur Gelassenheit auf, da sich der Rummel um diese »Perversion des guten Geschmacks« bald legen würde. Der Hosenrock wäre ein deformierendes und hässliches Kleidungsstück und würde von selbst bald wieder aus der Mode kommen.[292]

Peter Rosegger hingegen zeigte sich in seinem *Heimgarten* verwundert, dass man gerade ihn in Modefragen konsultierte. Er schlug vor, den Hosenrock zur Tracht zu erheben, da dieser lange nicht die dümmste Frauenmode wäre, und kam zum Schluss, dass das »Unweibliche unserer modernen Damen« ohnehin ganz woanders als in der Hose läge. Zudem hätte es die Frauenhose in seiner Waldheimat schon ewig als praktische Arbeitskleidung für Mägde gegeben. Der Hosenrock in seiner ursprünglichen Form verschwand bald wieder von der Bildfläche, da er sich nicht als praktisch erwies. Doch der Erste Weltkrieg fegte nicht nur die Monarchie hinweg, sondern auch viele damit verbundene Etiketten und Zwänge. Da die Männer an der Front waren, mussten Frauen deren Funktionen im täglichen Leben übernehmen. Schaffnerinnen gehörten ebenso bald zum Stadtbild wie Hilfsbeamtinnen in Uniformen, dazu kam ein Heer von Fabriksarbeiterinnen in Overall und Arbeitshosen. Modekönig Poiret aus Paris, der als Wegbereiter der Damenhose gilt, brachten seine Kreationen allerdings kein dauerhaftes Glück, er starb 1944 völlig verarmt.[293]

21

Die Canadian Pacific-Affäre

Vom Treiben früher »Lobbyisten«

~ 1913 ~

Das Staunen der kaiserlichen Stellungskommission war groß, als im Frühjahr 1913 in einer ostgalizischen Gemeinde von neunzig stellungspflichtigen Rekruten niemand auftauchte. Im Jahr davor lag die Ausbeute noch bei knapp über fünfzig Prozent. Wie konnte das möglich sein, schließlich bestand Wehrpflicht? Man ging der Sache auf den Grund und wandte sich an die Bezirksbehörden, dort wurde die Vermutung angestellt, dass die jungen Männer ihr Glück in Übersee suchen würden und ausgewandert wären. Die Rückmeldung an die Militärbehörde schreckte die Verantwortlichen auf. Eine Erhebung der Rekrutierungszahlen wurde angeordnet, das Ergebnis fiel ernüchternd aus und versetzte die Generalstäbler in erhöhte Alarmbereitschaft. In den Jahren 1911 bis 1913 hatte man den Abgang von unvorstellbaren 180.000 Wehrpflichtigen durch Auswanderung verschlafen, das entsprach der Truppenstärke von zwei Korps.[294]

Abb. 67: Die Schuldigen sind gefunden: Die *Canadian Pacific Railway Company* fungierte als »Schlepperorganisation« und korrupte Behörden ließen das Treiben gewähren.

Die *Reichspost* als Retterin des Vaterlandes

Die patriotische *Reichspost* nahm sich des Themas an und widmete ihm ab August 1913 mehrere Titelseiten. »Wie lange noch?« hieß es und gleichzeitig wurde gegen die Agenten der Auswanderungsbüros und deren unseriöse Praktiken gewettert. Man ortete eine »massenweise Verschleppung« von Stellungspflichtigen durch eine aggressive

Auswanderungspropaganda. Der Hauptschuldige für den Massenexodus von Jungmännern war schnell gefunden: Die »Canadian Pacific Railway Company« mit ihren Büros in Galizien und der Bukowina. Die *Reichspost* wartete als Beleg dafür mit Statistiken der Stellungskommissionen des Kriegsministeriums auf, gleichzeitig wurde eine wirtschaftliche Verquickung zwischen der »Canadian Pacific« und den Behörden vor Ort angedeutet. Speziell der bekannte galizische Abgeordnete Stapinski sah sich mit Korruptionsvorwürfen konfrontiert. Man berichtete ferner über die Mechanismen dieser frühen Form der »Schlepperei«. Manche Auswanderer wurden in Automobilen über die Grenze gebracht, die Mehrheit reiste per Bahn, vielfach ausgestattet mit russischen Papieren, wie die *Reichspost* behauptete. Russland hätte schließlich ein Interesse an der Schwächung der österreichischen Truppenstärke, hieß es. Bei der Versorgung der Auswanderer mit Papieren soll es zu regelmäßigen Interventionen involvierter Beamter gekommen sein.[295]

Massive Auswanderungswellen von Europa in die Neue Welt fanden bereits seit den 1880er-Jahren statt. Zumeist waren es wirtschaftliche Gründe, die Menschen aus ärmeren Landstrichen zum Weggehen bewogen. Die 1868 eingeführte Wehrpflicht von drei Jahren war für viele junge Männer ein weiterer Grund.[296]

Der Markt für die transatlantische Migration wurde von einem Schifffahrtspool beherrscht, in dem die norddeutschen Reedereien den Ton angaben, allen voran die Hamburg-Amerikanische Packetfahrt-Actien-Gesellschaft (HAPAG, auch Hamburg-Amerika-Linie) und der Norddeutsche Lloyd. Dem österreichischen Handelsministerium war das Quasimonopol der Deutschen ein Dorn im Auge, zumal der eigene Hafen Triest dadurch ins Hintertreffen geriet. Deshalb sah man es als willkommene Gelegenheit an, als 1911 die »Canadian Pacific« ihre Geschäfte in Südosteuropa verstärken wollte. Das Handelsministerium verfolgte die Strategie, mithilfe der Kanadier das Monopol der Deutschen zu brechen und gleichzeitig den Hafen Triest verstärkt ins Transatlantikgeschäft zu bringen. Als ersten Schritt der neuen Kooperation stellte die »Canadian Pacific« hochmoderne Panoramawagons für die österreichischen Zugstrecken zur Verfügung. Um die Konzessionsvergabe zu beschleunigen, lud man Beamte der zuständigen Ministerien zu Vergnügungsfahrten nach Triest ein. Unterm Strich erhielt die »Canadian Pacific« ihre Zulassung sowie das Privileg, auch in den Provinzstädten Kontaktbüros einrichten zu dürfen. Den Reedereien des Pools war dies bislang nur für die Hauptstädte erlaubt gewesen. Die »Canadian Pacific« errichtete binnen kurzer Zeit ein Filialnetz mit den Schwerpunkten Galizien und Dalmatien. Ein Punkt der Konzessionsvereinbarung sah allerdings vor, dass auf die Einhaltung der Militärgesetze, die eine Auswanderung Wehrpflichtiger explizit verboten, besonderes Augenmerk zu legen sei.[297]

Abb. 68: Rätselraten bei der Militärführung:
Wo sind die Rekruten?

Die Auswanderungsaffäre wird zur »Chefsache«

Während im Süden die Balkankriege tobten, sah sich die österreichische Militärführung einer sukzessiven Ausdünnung des Heeres durch den Verlust Zigtausender Rekruten gegenüber. Die Situation war ernst und der Kaiser selbst ließ sich auf den neuesten Stand der Dinge bringen. Ein Audienzreigen begann, Thronfolger Franz Ferdinand, Handelsminister und Kriegsminister sowie der Wiener Polizeichef gaben sich die Klinke in die Hand. Auch Generalstabschef Conrad von Hötzendorf musste zum kaiserlichen Rapport, denn die »Canadian Pacific«-Sache hatte sich längst zur Staatsaffäre ausgewachsen. Da es um illegale Auswanderung Wehrpflichtiger ging und der Vorwurf der Korruption im Raum stand, musste auch die Polizei verstärkt ausrücken. Das *Neuigkeits-Welt-Blatt* vermutete gar Bestechungsgelder in Millionenhöhe. Zu den seit geraumer Zeit auf Bahnhöfen vorgenommenen Massenverhaftungen und Rückschiebungen kamen nun zahlreiche Hausdurchsuchungen in den Filialen der »Canadian Pacific«. Im Oktober wurde der Innenminister vom Kaiser nach Ischl zitiert, um über den Fortgang der Ermittlungen zu berichten. Kriegsminister Krobatin hatte dem Monarchen inzwischen ein ausführliches Lagepapier übermittelt.[298]

Es folgte eine »Aktion scharf« gegen die Kanadier. Die Lemberger Staatsanwaltschaft entsandte eine Delegation nach Wien, im Gepäck hatte man beschlagnahmte Unterlagen aus den Filialen der »Canadian Pacific«. Am 16. Oktober wurden deren Generalrepräsentant für Österreich-Ungarn, Samuel Altmann, und zwei weitere Personen verhaftet. Die Aktion erregte großes Aufsehen in der Öffentlichkeit. Altmann und seine Mithelfer mussten sich wegen Vergehen gegen §5 Strafgesetzordnung sowie §66/67 Wehrgesetz wegen Mithilfe zur Umgehung der Wehrpflicht verantworten. Ein Ansuchen auf Freilassung gegen Kaution wurde vorerst abgelehnt. Presseberichte heizten die Stimmung zusätzlich an, vor allem die *Reichspost* triumphierte und sah sich als Aufdecker der staatsfeindlichen Umtriebe. Gerüchteweise war eine Liste aufgetaucht, die unter Decknamen bekannte Persönlichkeiten aus Verwaltung und Politik als Empfänger von »Spesenvergütungen« enthalten würde. Nähere Angaben fehlten, Spekulationen war damit Tür und Tor geöffnet.[299]

Das Abgeordnetenhaus widmete sich ebenfalls ausführlich dem Skandal. Der Kriegsminister musste sich die Frage gefallen lassen, warum seine Behörde die schleichende Abwanderung mehrerer Armeekorps verschlafen hatte. Der Handelsminister wiederum wurde mit Anfragen zur Konzessionsvergabe an die »Canadian Pacific« konfrontiert. Vor allem das Sonderprivileg zur Errichtung von Provinzfilialen bedurfte der Aufklärung. Der Schifffahrtsausschuss befasste sich eingehend mit der Angelegenheit und der Polenclub im Parlament kam unter Druck, weil die Vorgänge von Galizien ausgegangen waren. Eine Untersuchung gegen den Abgeordneten Stapinski wegen Korruptionsverdachts wurde angeordnet.[300]

Dubiose Figuren geraten ins Blickfeld

Je länger die Ermittlungen dauerten, desto mehr kamen auch die anderen Reedereien unter Druck. Es stellte sich heraus, dass die deutschen Linien des Pools ebenfalls kräftig im Geschäft mit den wehrpflichtigen Auswanderern mitmischten. Nun wurden auch Büros, die nicht zur »Canadian Pacific« gehörten, vorübergehend geschlossen und wegen illegaler Machenschaften angezeigt. Gleichzeitig ergaben die Recherchen liberaler Blätter, dass die *Reichspost* offenbar nicht alleine und schon gar nicht zufällig gegen die »Canadian Pacific« zu Felde gezogen war. Nun sah sich die *Reichspost* plötzlich dem Verdacht ausgesetzt, sich für eine konzertierte Aktion im Auftrag der deutschen Reedereien hergegeben zu haben. Zwei dubiose Figuren sollen diese Allianz eingefädelt haben: Arthur Grünhut, eine Art früher »Lobbyist«, und der in politischen Kreisen wegen seines bewegten Vorlebens einschlägig bekannte Baron Friedrich Weichs-Glon.[301]

Arthur Grünhut hatte sich im Zuge der Geschehnisse als Verbindungsmann zum Kriegsministerium ausgegeben und die *Reichspost* mit militärischen Informationen versorgt. Gleichzeitig tätigte er von Galizien aus immer wieder Anzeigen gegen die »Canadian Pacific« und deren Schleppertätigkeit. Sowohl die Militärführung als auch der Chefredakteur der *Reichspost*, Friedrich Funder, wollten davon später nichts mehr wissen. Kein Wunder, Grünhut galt als notorischer Spieler, der wegen seiner unbeglichenen Wettschulden sogar von der Pferderennbahn verwiesen worden war. Seinen teuren Lebensstil finanzierte er vorwiegend durch die Heirat mit einer amerikanischen Millionärstochter und durch finanzielle Zuwendungen seines Vaters. Trotz schlechten Leumunds hatte er es geschafft, für das Kriegsministerium mit dem freiwilligen Automobilcorps auf den Balkan entsandt zu werden. Sogar einen Orden hatte man ihm dafür in Aussicht gestellt. Boshaft kommentiert wurde von den liberalen Blättern auch die Tatsache, dass ausgerechnet die offen antisemitische *Reichspost* mit dem Juden Grünhut gemeinsame Sache gemacht hatte.[302]

Friedrich Freiherr zu Weichs-Glon war ebenfalls kein unbeschriebenes Blatt. Als Ministerialrat war er Jahre zuvor im Handelsministerium für die Schifffahrt zuständig gewesen. Nach seiner, wie der damalige Minister und spätere Wiener Bürgermeister Weiskirchner betonte, »aus Gründen der Selbsterhaltung« erfolgten Zwangspensionierung heuerte Weichs ausgerechnet bei der HAPAG, der Hamburg-Amerika-Linie, an und wurde deren Generalrepräsentant in Wien. Dass nun auch das Wiener Reisebüro Olma, das für die HAPAG arbeitete, wegen illegaler Auswanderungsgeschäfte in großem Stil behördlich geschlossen wurde, rückte Weichs' Aktivitäten zusätzlich in schlechtes Licht. Die *Wiener Sonn- und Montags-Zeitung* schlachtete dafür genüsslich Geschichten aus dem Vorleben des Barons aus. Sein Berufseinstieg als Bahninspektor geriet recht bald zum Fiasko: Weichs hatte zu einer Dienstfahrt eine Freundin mitgenommen und war vom Oberkondukteur im Coupé in einer »eindeutig galanten Situation« mit seiner Begleiterin erwischt worden. Das hätte an sich schon für einen Skandal gereicht, doch der über die Störung verärgerte Baron hatte dem Zugschef auch noch eine Ohrfeige verabreicht. Die Geschichte endete mit einem Disziplinarverfahren, doch statt der in solchen Fällen üblichen Entlassung setzte es für Weichs bloß eine Versetzung nach Triest. Von dort wurde er später durch Handelsminister Weiskirchner als Ministerialrat nach Wien geholt. Nicht ganz freiwillig, wie dieser rückblickend betonte, der parteiinterne Druck wäre extrem hoch gewesen. Wieder fiel der christlichsoziale Günstling Weichs auf die Butterseite.[303]

Der Skandal und die Folgen

Als die zwielichtige Rolle des Duos Grünhut–Weichs aufgeflogen war, stand die *Reichs-Post* nun als Miturheberin einer Pressekampagne da, die nicht nur der »Canadian Pacific«, sondern vor allem dem Ansehen der Monarchie geschadet hatte. Speziell für die betont patriotische *Reichspost* war das mehr als unangenehm, ihr Herausgeber und Chefredakteur Funder versuchte zurückzurudern, so gut es ging. Es blieb der Eindruck, dass die Reedereien des Pools aus geschäftspolitischen Gründen einen Pressefeldzug gegen einen lästigen Konkurrenten bezahlt hatten, um ihre gefährdete Monopolstellung im Bereich der Transatlantikreisen zu verteidigen. Grünhut, der sich als engagierter Patriot ausgegeben hatte, war dabei nichts weiter als ein bezahlter »Lobbyist«, ein unverdächtiger Verbindungsmann, der die wahren Hintermänner decken sollte. Zu diesen gehörte auch Baron Weichs, der bereits während seiner Beamtenzeit im Ministerium gegen die auf den Markt drängende »Canadian Pacific« gearbeitet hatte, wie sich nun im Zuge der parlamentarischen Untersuchungen herausstellte.[304]

Die »Canadian Pacific« selbst war durch ihre konzessionswidrige Rekrutierung wehrpflichtiger Auswanderer zur optimalen Zielscheibe einer derartigen Kampagne geworden. Nach Bekanntwerden ähnlicher Praktiken durch die deutschen Pool-Reedereien hatten die Interventionen Londons schließlich Erfolg. Altmann konnte gegen Kaution das Gefängnis verlassen, einer teilweisen Wiederaufnahme der Geschäfte unter strengen Auflagen wurde zugestimmt. Im Folgejahr klappte es für die »Canadian Pacific« auch wieder mit einer regulären Konzession. Die Auswanderungsschifffahrt wurde von nun an verstärkt kontrolliert. Was blieb, war eine weitere Blamage für die k. u. k. Armeeführung und die Erkenntnis, dass man die Auswanderungswellen nur stoppen könne, wenn sich die Lebensbedingungen in den »Armenhäusern der Monarchie« sprunghaft verbessern würden. Letzteres blieb freilich ein Wunschdenken liberaler Zeitungen.[305]

22

Otto Gross

Die Eskalation eines Vater-Sohn-Konflikts

~ 1914 ~

Abb. 69: Otto Gross (1877–1920)

Venedig, 2. September 2011: Auf dem Filmfestival wird der brandneue Streifen des kanadischen Kultregisseurs David Cronenberg gezeigt. *Eine dunkle Begierde* (Originaltitel: *A Dangerous Method*) basiert auf einem Theaterstück des britischen Dramatikers Christopher Hampton. Teile davon wurden in Wien gedreht. Im Mittelpunkt steht die historisch wahre Liaison des Freud-Schülers C. G. Jung mit seiner Patientin Sabina Spielrein, später ebenfalls Psychoanalytikerin, im Zürich des Jahres 1904. Die Hauptrollen sind erstklassig besetzt: Michael Fassbender als C. G. Jung, Keira Knightley als Sabina Spielrein, Viggo Mortensen als Sigmund Freud und schließlich Vincent Cassel in der Rolle des exzentrischen und revolutionären Steirers Otto Gross.[306]

Wer hätte gedacht, dass der zu Lebzeiten berüchtigte Bohemien und Freigeist Otto Gross neunzig Jahre nach seinem glanzlosen Tod in einem Kinofilm wiederauferstehen würde? Dass dabei sein Part vom rebellischen Sohn der französischen Leinwandlegende Jean Pierre Cassel gespielt wird, könnte passender nicht sein. Auch Otto Gross galt als ewiger Rebell und lehnte zeitlebens die bürgerliche Weltordnung seines Vaters ab. Der wiederum wollte sich nie mit dem anarchistischen Umfeld, der lasterhaften Lebensweise und dem hemmungslosen Drogenkonsum Ottos abfinden. Hans Gross, der berühmte Grazer Universitätsprofessor und Begründer der modernen Kriminalistik, hatte gewiss andere Wunschvorstellungen bezüglich der Karriere seines Sohnes. Doch es sollte anders kommen, wie Hans Gross 1914 rückblickend zugab: »Mein jetzt 36 Jahre alter Sohn war – unter den heutigen Verhältnissen kann ich es ja sagen – ein gut entwickeltes Kind, ein hochbegabter Mensch. Schon sehr früh zeigten sich aber an ihm Seltsamkeiten und abnormale Erscheinungen, die sich bald zu argen, ihn quälenden Depressionszuständen ausgebildet haben. Um diesen zu entgehen, begann er schon als Student Morphium zu nehmen […].«[307]

Anfang und Ende einer bürgerlichen Karriere

Dabei hatte es anfänglich noch so ausgesehen, als würde Otto Gross trotz aller »Seltsamkeiten« den Einstieg in eine bürgerliche Berufslaufbahn schaffen. Nach jahrelangem Unterricht durch Privatlehrer und in Privatschulen studierte er Medizin und promovierte 1899. Zur Jahrhundertwende heuerte der junge Otto als Schiffsarzt an, seine Reisen führten ihn bis nach Südamerika. Danach arbeitete er als Assistenzarzt in Graz und München und veröffentlichte erste Arbeiten. Seine Praxis in der Grazer Elisabethstraße Nr. 53 wurde von Oktober 1901 an mehrmals an- und abgemeldet. 1903 heiratete Otto in Graz die Anwaltstochter Frieda Schloffer, 1906 trat er eine Stelle als Privatdozent im Fach Psychopathologie an der Universität Graz an.[308]

Doch die Fassade einer typischen Akademikerlaufbahn zeigte bereits erste Risse. Aufgrund seines steigenden Drogenkonsums und der damit verbundenen »Seltsamkeiten«, so Vater Gross, verlor Otto die Stelle an der Grazer Universität wieder. Während dieser Zeit begab er sich in die Anstalt Burghölzli bei Zürich, um seinen Morphinismus zu bekämpfen. Er tat dies freiwillig, wurde aber auch von seinem Vater dazu gedrängt. Die Therapie verlief wie alle weiteren erfolglos. Otto Gross zog mit seiner Frau und dem 1907 geborenen Sohn Peter 1908 nach München. Auch die junge Ehe mit Frieda entsprach keinesfalls den damaligen Konventionen, denn gleichzeitig hatte er einen Sohn mit Else Jaffe, einer der Richthofen-Schwestern. Taufpate des außerehelichen Sohnes wurde der später berühmte Soziologe Max Weber. Auch mit der Richthofen-Schwester Frieda, verheiratete Weekley, die 1914 den englischen Skandalautor D.H. Lawrence heiratete, unterhielt Gross eine jahrelange intensive Beziehung.[309]

Otto tauchte tief in die Schwabinger Boheme ein und führte ein exzessives Leben, zu dem Drogenräusche ebenso gehörten wie das Ausleben seines Strebens nach einer sexuellen Revolution. In seinem Stammcafé Stefanie pflegte er intensiven Umgang mit Anarchisten, Literaten und anderen unangepassten Zeitgenossen. Dazwischen gab es immer wieder Aufenthalte im schweizerischen Ascona. Das unkonventionelle Leben forderte seinen Tribut und kein Geringerer als Sigmund Freud, der Otto Gross inzwischen als begabten Anhänger seiner Psychoanalyse schätzte, bat 1908 C. G. Jung um eine weitere Behandlung Ottos im Sanatorium Burghölzli. Diese verlief anfangs Erfolg versprechend, Jungs Beziehung zu seinem genialen Patienten intensivierte sich, beide profitierten von den Sitzungen. Doch über Nacht flüchtete Otto aus dem Sanatorium. Jung wandte sich enttäuscht von Gross ab und hielt ihn für einen Psychopathen, später verschärfte er seine Diagnose sogar auf Schizophrenie, damals ein Synonym für geistig unheilbar krank. Auch Aufenthalte in der Schweizer Anstalt von Mendrisio oder am Steinhof in Wien änderten wenig am selbstzerstörerischen Lebensstil Ottos.[310]

Abb. 70: Hans Gross (1847–1915) Begründer der modernen Kriminalistik

Otto Gross gehörte zu jenen Bildungsbürgern der Jahrhundertwende, die vor dem Hintergrund tiefgreifender Neuerungen in Technik, Wissenschaft und Kultur nach Alternativen zur bisherigen, in vielerlei Hinsicht überholten Gesellschaftsordnung suchten. Der Dauerkonflikt mit seinem Vater, einem kompromisslosen Verfechter der alten Ordnung, war vorprogrammiert. Im Hause Gross regierte der dominante Hans Gross, der als Rechtsprofessor mit seinem *Handbuch für Untersuchungsrichter* internationale Reputation erlangt hatte. In seinem Weltbild galt es, die Grundfesten des Staates zu schützen, jegliches »Abweichlertum«, das Staat und Sicherheit gefährdet, musste seiner Ansicht nach bekämpft werden. Er kultivierte auch die Idee, »Degenerierte« und »Unverbesserliche« in Strafkolonien zu deportieren.[311]

Otto Gross trug diesen Vater-Sohn-Konflikt mit der ihm eigenen Radikalität aus und führte einen Kampf gegen das Patriarchat in all seinen Ausdrucksformen. Die klassische Kernfamilie war für ihn die Wurzel gefühlsmäßigen Leids, er propagierte deshalb neue Beziehungsformen, die Gleichstellung der Frau und das freie Ausleben der sexuellen Bedürfnisse. Gleichzeitig forderte er die Zerstörung der »väterlichen Ordnung«. Otto Gross war nie ein blutleerer Theoretiker, sondern verfolgte seine Ziele durch einen radikal anarchistischen und exzessiven Lebensstil. Seine Neigung, sexuelle Beziehungen mit Patientinnen einzugehen, stieß selbst bei den frühen Psychoanalytikern auf Skepsis, wobei anzumerken ist, dass Therapieregeln erst später von Freud festgelegt wurden.[312]

Wie andere »Sinnsucher« seiner Zeit landete auch Otto im berühmten Aussteigerparadies Monte Verità bei Ascona. Hier hatten seit 1900 frühe Lebensreformer wie Karl und Gusto Gräser, der Antwerpener Industriellensohn Henri Oedenkoven und die Münchner Pianistin Ida Hoffmann ihre radikale Abkehr von der »krank machenden« Zivilisation vollzogen und eine Selbstversorgerkolonie gegründet. Man sah den Monte Verità dabei nicht als gewöhnliche Naturheilanstalt, sondern als eine Schule für ein höheres Leben und Bewusstseinserweiterung. Er sollte »ein Gegenpol zur miefigen Plüschwelt des Bürgertums, seiner verlogenen Moral und zu den Deformierungen der Industriegesellschaft werden«. In den Folgejahren pilgerten scharenweise Psychoanalytiker, Theosophen, Anarchisten, Vertreter der künstlerischen Avantgarde und andere bunte Zeitgenossen auf den kargen Berg, um der elterlichen Ordnung und der grassierenden Neurasthenie ihrer Zeit mittels eines naturnahen Lebens zu entfliehen: »In der Praxis hieß das: strenge Rohkostnahrung, die vor allem aus Nüssen, getrockneten Früchten und rohem Gemüse bestand, Lichtluftkuren, Sonnenbäder und Gartenarbeit im Adamskostüm. So sollten die Gäste lernen, ein naturgemäßes Leben zu führen. Alkohol und Nikotin waren streng verboten.«[313]

Man kann sich vorstellen, dass gerade die Besucher aus der städtischen Boheme mit dem asketischen, genussfeindlichen Dasein der »Fundis« ihre Probleme hatten. Dazu gehörte auch Otto Gross, über den Erich Mühsam in sein Tagebuch notierte: »Schrecklich ist auch die Kokainsüchtigkeit bei ihm. Ewig auf dem Sprung zur Apotheke, ewig mit der Schachtel in der Hand und mit dem Kiel in der Nase, die immer verletzt und mit Salbe beschmiert ist.« Der Aussteigerberg bei Ascona geriet bald zur Touristenattraktion mit entsprechender Kommerzialisierung, Persönlichkeiten wie Hermann Hesse, Rudolf Steiner, Lenin oder Trotzki machten hier Station, doch es blieb eine Kluft zum eingesessenen Stammpersonal. Für die Vertreter der Kulturschickeria gehörte es fast zum guten Ton, auch einmal auf dem Verità gewesen zu sein. Manche deckten sich während ihres Aufenthalts in der Umgebung mit Wein, Brissago-Zigarren und anderen Spezialitäten ein, um sich den Aufenthalt zu erleichtern. Manche machten sich lustig über die naiven Aussteiger in ihren wallenden Reformgewändern. Mühsam, der wie Gross alles andere als ein Abstinenzler war, sprach spöttisch von den »schmachtäugigen Blassgesichtern«, auch der gemeinsame Freund Max Weber hatte mit der kargen Aussteigerkost wenig Freude: »Morgens und abends der Vegetarierfraß: Haferbiscuits und Feigen«, schrieb er an seine Frau. Auch mit der viel gepriesenen »freien Liebe« war es auf dem Monte Verità nicht weit her.[314]

Für Otto Gross hingegen waren mehrere Beziehungen gleichzeitig selbstverständlich, Kinder von verschiedenen Partnerinnen ebenso. Man kann sich das Entsetzen der stockkonservativen Eltern ausmalen, als Otto gemeinsam mit dem Schweizer Anarchisten Ernst Frick in Graz auftauchte und den Eltern eröffnete, dass Frick nun der neue Partner seiner Ehefrau Frieda wäre. Doch nicht nur die zur Schau gestellte offene Ehe brachte Vater Gross auf die Palme. Schlimm genug, dass sein Sohn als Drogensüchtiger bekannt war, hinzu kamen mittlerweile auch strafrechtliche Probleme. Otto Gross wurde vorgeworfen, er hätte im Rahmen seiner Tätigkeit als Psychoanalytiker mehrfach Beihilfe zum Selbstmord geleistet. So soll er der Bildhauerin Lotte Hattemer, die in der Gemeinschaft des Monte Verità lebte, das Gift für deren Suizid besorgt haben. Am 3. März 1911 tötete sich in Ascona Ottos Geliebte und Patientin Sophie Benz ebenfalls mit einem von ihm erhaltenen Gift. Otto hatte die Vorwürfe anfangs in seinen »Selbstbeschuldigungen« bestätigt und sein Handeln damit gerechtfertigt, dass ein selbst gewähltes Ende seiner Auffassung vom freien, selbstbestimmten Individuum entspräche. Vater Gross und der Anwalt Dr. Fischl bemühten sich später, diese strafrechtlich relevanten Handlungen zu dementieren. Hinzu kam, dass Otto 1909 in München als vermeintliches Mitglied einer militanten Anarchistengruppe denunziert worden war und die Polizei gegen ihn ermittelte. Die ebenfalls eingeschalteten

Schweizer Behörden fanden jedoch keine Hinweise für eine Beteiligung an staatsfeindlichen Aktivitäten.[315]

Für Hans Gross muss es eine bittere Erkenntnis gewesen sein, dass ausgerechnet sein einziger Sohn zu einem jener »Abweichler« geworden war, die er am liebsten in eine Strafkolonie deportiert hätte. Er konnte und wollte dem Treiben nicht tatenlos zusehen. Doch nicht allein die väterliche Sorge trieb ihn, er fürchtete auch um die eigene Reputation. Vater Gross ließ ihn deshalb immer wieder bespitzeln, der Hausmeister an der Münchner Wohnadresse Ottos, die Polizei in Ascona, Privatdetektive und Kontaktpersonen in Polizeikreisen mussten regelmäßig über die Aktivitäten des Sohnes berichten. 1911 notierte Ottos Freund Erich Mühsam: »Seine infamen Eltern haben ihn inzwischen heimlich in der Schweiz observieren lassen, um ihn mit Gewalt zu internieren. Er erhielt durch die bodenlose Dummheit der Polizei zufällig Kenntnis davon und floh nach Frankreich.«[316]

Abschiebung und Internierung

1913 erreichte Otto Gross der lange Arm seines Vaters in Berlin-Wilmersdorf, wo er inzwischen in trister körperlicher und psychischer Verfassung in der Wohnung des befreundeten Anarchisten Franz Jung lebte. Aus diffusen Gründen sollte Otto als »lästiger Ausländer«, wie es im damaligen Amtsdeutsch hieß, aus Preußen ausgewiesen werden. Am 9. November erfolgte die Überstellung in ein österreichisches »Sanatorium für Gemüts- und Geisteskranke«. Wenige Wochen später, im Jänner 1914, landete Otto Gross schließlich in der Schlesischen Landesirrenanstalt in Troppau.[317]

Für das Umfeld von Otto Gross war auf den ersten Blick nicht ersichtlich, dass dessen Vater hinter der Blitzaktion steckte. Der hatte nämlich, um einer üblichen Abschiebung über die Grenze vorzubeugen, in Absprache mit den Berliner Behörden den Wiener Psychiater Karl Birnbaum und zwei Helfer mit der Abholung seines Sohnes beauftragt. Die Vorgangsweise hätte zu dieser Zeit keine großen Wellen geschlagen, da viele prominente Familien ihre »schwarze Schafe« durch Entmündigung und Einweisung in Sanatorien elegant aus dem Verkehr zogen. Zeitungsberichte über Kuratelverhängungen waren an der Tagesordnung. Auch für Hans Gross wäre die Rechnung beinahe aufgegangen, doch Ottos Freunde organisierten umgehend eine Pressekampagne. Man bediente sich der nahestehenden linken Zeitschriften *Die Aktion, Revolution* und *Kain*, am 22. November 1913 erschien in der Zeitschrift *Die Aktion* ein Artikel mit dem Titel »Verhaftung eines Wissenschaftlers«, es folgten mehrere Sondernummern zum Fall Gross. Vater Gross hatte zudem ein Entmündigungsverfahren in die Wege geleitet, das am 9. Jänner 1914 zur Kuratelverhängung über Otto Gross »wegen gerichtlich erhobenen Wahnsinns« durch das k. k. Landesgericht Graz führte, Vater Hans Gross wurde als Kurator eingesetzt. Zeitgleich am 9. Jänner 1914 erschien schließlich ein Artikel mit der Überschrift »Zwangsweise Internierung eines Gelehrten in einer Irrenanstalt« im weitaus bekannteren und viel gelesenen *Prager Tagblatt*. Damit wurde eine breitere Öffentlichkeit auf den Fall Gross aufmerksam. Tags darauf erschien der fast idente Artikel im *Neuen Wiener Journal*. Der Skandal erreichte die Hauptstadt Wien.[318]

Hier war Otto längst »amtsbekannt«. In den Akten des Innenministeriums galt er als Anarchist und »Morphinist«, auch sein »freundschaftlicher Verkehr mit sittlich herabgekommenen Individuen« in München fand sich in den Protokollen. Besonderes Missfallen erregte seine psychotherapeutische Arbeit, die bei Patientinnen »erotische Exzesse« verursacht hätte. Weiters hieß es in den Polizeiakten: »Gross ist ein durch den Genuss kolossaler Mengen von Kokain, Opium und durch Anästhesie völlig degenerierter Mensch […]«[319]

Für den prominenten Vater und seine Familie geriet der Fall auch zur gesellschaftlichen Katastrophe, Abkürzungen von Namen waren weder üblich noch rechtlich vorgeschrieben, alle Leser wussten Bescheid, von wem die Rede war. »Professor Dr. Hans Gross gegen seinen Sohn« konnte man in fetten Lettern lesen. Mit Fortdauer des Skandals wuchs der Druck auf Hans Gross, der schließlich im März 1914 ein Interview zur »unsagbar traurigen Familienangelegenheit« gab, in dem er die Sorge um den Gesundheitszustand seines Sohnes als Hauptgrund für seine Handlungen anführte. Was den Zustand seines Sohnes betraf, hatte Vater Gross nicht übertrieben. Erich Mühsam hatte bereits 1911 in sein Tagebuch notiert: »R. erzählte mir Trauriges von Otto Gross […] Er halluziniere wieder sehr viel, zertrümmere im Halbschlaf Spiegel, Lampen und sonstige Dinge, wische die kranke Nase an allen erreichbaren Geräten, wie Milchtöpfen etc. ab und sei ganz irr und krank. Seit 8 Tagen aber ist er verschwunden.« Später beklagte Mühsam die äußerliche Verwahrlosung seines Freundes und dessen manisches Monologisieren: »Gross habe ich mir ein wenig vom Hals geschafft. Er strengte mich zu sehr an.«[320]

Die Pressekampagne seiner Freunde dauerte noch bis März 1914. Weitere Intellektuelle, darunter Arnold Zweig, Maximilian Harden und der französische Literat Guillaume Apollinaire, hatten sich inzwischen in die Debatte eingeschaltet. Im Juli wurde Otto Gross überraschend als geheilt aus der Anstalt Troppau entlassen. In naiver Selbstüberschätzung wurde die Freilassung zum Erfolg der Pressekampagne hochstilisiert. Doch in einem Brief an die Kuratelbehörde gestand Otto »volle Krankeneinsicht« und bat um erneute Prüfung seines Falles. Nach dem Tod seines Vaters 1915 kämpfte er weiter um die Aufhebung seiner Entmündigung, zumal der von Otto wenig geschätzte Jurist und spätere steirische Landeshauptmann Anton Rintelen zum neuen Vormund bestellt worden war. Otto lebte inzwischen mit Marianne Kuh, einer Schwester des Schriftstellers

Anton Kuh, zusammen, 1916 wurde die Tochter Sophie geboren. 1917 kam es zur Bekanntschaft mit Franz Kafka, der nach 1900 eine Zeit lang bei Vater Gross in Prag studiert hatte. Man schmiedete gemeinsame Zeitungspläne, die sich jedoch wieder zerschlugen. Im selben Jahr wurde Otto Gross wegen seines exzessiven Drogenmissbrauchs erneut in eine Anstalt eingewiesen. 1920 starb er verarmt und ausgezehrt vom jahrelangen Drogenkonsum in Berlin. Kein Geringerer als Anton Kuh fasste das bewegte Leben seines Schwagers in einer prägnanten Formel zusammen: »Sohn eines Kriminalwissenschaftlers, Dozent, Anarchist, Schiffsarzt, Ehe, Entmündigung, Giftmordverdacht, Irrenhaus, Schriftsteller, Heilanstalt, Tod.«[321]

23

Der Tango

Die Gefahr aus Übersee

~ 1914 ~

Im September 2009 wurde der argentinische Tango in das immaterielle Weltkulturerbe der UNESCO aufgenommen und befindet sich nun in bester Gesellschaft mit der »hohen Reitkunst der Spanischen Hofreitschule« oder dem portugiesischen Fado. Es hat lange gedauert bis zu dieser höchsten Anerkennung als kulturelle Ausdrucksform, denn knapp hundert Jahre zuvor stieß der Tango außerhalb seiner Ursprungsländer Argentinien und Uruguay auf heftige Widerstände.[322] Es ist eine Ironie der Geschichte, dass ausgerechnet das Zentralkomitee zur Schaffung einer österreichischen Luftflotte unter Patronanz des Erzherzogs und späteren Kaisers Karl dem Tango in Wien zu seinen ersten öffentlichen Schritten verhalf. Das Militär zählte nämlich kurze Zeit später neben der Kirche zu den schärfsten Gegnern der neuen Tanzform. Das bis dahin nur mäßig erfolgreiche Zentralkomitee veranstaltete Mitte November 1913 in den Gesellschaftsräumen des Wiener Hotel Bristol einen sogenannten »Tango-Tea« im Dienste der patriotischen Sache.[323]

Die Veranstalter, allen voran Gräfin Anka von Bienerth, eine bekannte »Charitylady« der Kaiserzeit, wollten die aufkommende Tangomode als attraktiven Aufhänger benutzen, um finanziell potente Mitglieder der oberen Zehntausend für ihre Vereinsziele zu gewinnen. Doch die Rechnung ging nicht auf, denn nach dem vaterländisch ausgerichteten Tanzkränzchen stand nicht die Luftfahrt, sondern nur mehr der Tango im Mittelpunkt der Diskussion.[324]

Argentinien zählte seit den 1880er-Jahren nicht nur zu den vorrangigen Zielen europäischer Auswanderer, Buenos Aires war auch eine beliebte Destination für den aufkommenden Luxustourismus. Auf diese Weise gelangte der Tango vor 1910 in die USA und später nach Europa, wo Paris als erste Tangohochburg galt. Schon bald lockten die gehobenen Lokale und Hotels mit »Tango-Teas« als neuestem Schrei, die Tanzschulen wurden gestürmt. Die Nachfrage nach Profitänzern konnte nicht mehr gedeckt werden, ihre Gagen stiegen sprunghaft. Die Hoteliers an der Riviera machten aus der Not eine Tugend und ließen Teile ihres Personals zu »Eintänzern« umschulen, mancher Kellner lernte so eine gute Partie kennen und sagte dem Angestelltenleben adieu. Neben Frankreich kamen die Impulse für den neuen Tanz vor allem aus den USA, wo das Tanzpaar Vernon und Irene Castle wesentlich an der Entwicklung und Verbreitung eines internationalen Tangos beteiligt waren. Im Gegensatz zum urwüchsigen und lasziven

Abb. 71: Österreich-Premiere des Tangotanzes: patriotischer Tango-Tea im Wiener Hotel Bristol, 1913

südamerikanischen Tango wurde die neue Standardform für den breiten Publikumsgeschmack geglättet und entschärft. Doch vielen Zeitgenossen um 1910 war das immer noch zu wenig, die Sittenwächter und Hüter des guten Geschmacks formierten sich.[325]

Der Tango und die Bedrohung der guten Sitten

Die amerikanische Gesellschaft war nicht weniger empfindlich als die europäische, wenn es um Tänze ging. Bereits 1912 hatte eine Tanzeinlage zu einem Gesellschaftsskandal in Washington geführt. Eine Millionärswitwe namens Patterson hatte einen Empfang zugunsten ihrer Tochter ausgerichtet. Beinahe die gesamte ausländische Diplomatie war gekommen, auch Helen Taft, die Tochter des amerikanischen Präsidenten, gab der Hausherrin die Ehre und vergnügte sich beim Turkey-Trott, einem ebenso umstrittenen Modetanz. Doch wirklich schlimm wurde die Situation, als die junge Frau eines Kongressabgeordneten zusammen mit der Gattin eines Botschafters den Saal betrat, in transparentes Tuch gehüllt, und mit der Zigarette im Mund eine amerikanische Variante des Can-Can zum Besten gab. Dem betretenen Schweigen der dort versammelten High Society folgte der sofortige Abgang der Diplomaten aus der Millionärsvilla, angeführt von der Frau des langjährigen österreichischen Botschafters, Baronin Hengelmüller von Hengervar. Der Skandal war tags darauf das Gesprächsthema Nummer eins in der amerikanischen Hautevolee.[326]

Noch im Oktober 1913 kam es im amerikanischen Cleveland zu einem kuriosen »Tango-Prozess«. Ein Tanzschulbetreiber, dem die Polizei den Laden wegen seiner Tangokurse aus sittlichen Gründen geschlossen hatte, prozessierte gegen die Maßnahme. Der Richter wollte sich ein eigenes Bild von der Sache machen und ließ den inkriminierten Tanz mitten im Gerichtssaal vorführen. Der Polizeichef seinerseits bot eine möglichst laszive Vortänzerin auf, um den unsittlichen Charakter des Tanzes zu belegen. Der Richter vertagte.[327]

In Europa wurde der Tango von der Oberschicht durchwegs positiv aufgenommen. Das galt auch für die beiden deutschsprachigen Kaiserreiche. Seit dem Herbst 1913 wurden in *Sport & Salon* und anderen Gesellschaftszeitungen »Tango-Teas« inseriert. Im Wiener Prater ließen ausverkaufte Tangovorstellungen die Kassen des Cirkus Henry klingeln. Das Kabarett Elysee in der Walfischgasse bot ebenfalls Tangovorführungen, die Tanzschulen folgten. Die Berliner Filmgesellschaft Vitascope erkannte die Zeichen der Zeit und produzierte 1913 den Kurzfilm *Die Tango-Königin* mit der Stummfilmdiva Hanni Weisse in der Titelrolle. Im selben Jahr erschien auch *Tangofieber* mit dem aus Ungarn stammenden Ernst Matray.[328]

Der Kreuzzug gegen den Tango

Die Feuilletonisten waren sich einig wie selten: Der Tango würde Schwung in die kommende Ballsaison bringen und dem etwas angestaubten Walzer Beine machen. Doch die freudige Erwartung wurde bald getrübt, denn nicht nur am Wiener Walzerhimmel waren die ersten Gewitterwolken aufgezogen. Der deutsche Kaiser Wilhelm II. eröffnete den Kreuzzug gegen den »widerwärtigen Tanz« und erließ am 20. November 1913 ein Tangoverbot für alle Offiziere in Uniform. Kurz darauf wurde der eigene Sohn Kronprinz Wilhelm beim Tangotanz erwischt, der schrullige Kaiser dehnte das Verbot kurzerhand auf seinen gesamten Hofstaat aus. Der Vatikan folgte und zu Beginn des Jahres 1914 ließ Papst Pius X. über den *Osservatore Romano* einen Rundbrief gegen den »übers Meer gekommenen Tanz« in Umlauf bringen. Der belgische Klerus zog geschlossen nach. Auch die französische Staatsführung untersagte den Tango bei Empfängen im Élysée-Palast. Selbst der argentinische Gesandte in Paris verbot den in seiner Heimat als Spelunkentanz geltenden Tango bei sämtlichen Veranstaltungen in der Botschaft. In Italien tanzte der exzentrische Gabriele d'Annunzio erwartungsgemäß aus der Reihe, indem er verkündete, er wäre bereits ein Meister im Tango.[329]

In Österreich hatte die anfängliche Sympathie hoher Militärs, verdeutlicht durch das Tangokränzchen des Zentralkomitees zur Schaffung einer österreichischen Luftwaffe, für einige Verunsicherung unter den Offizieren gesorgt, wie aus einem Leserbrief an *Danzer's Militärzeitung* hervorgeht. Der namentlich nicht genannte Offizier zeigte sich verwundert über die patriotische Vereinnahmung des Tangos, den er sonst für eine lästige Seuche halten würde. Aus Soldatenpflicht müsse man der Sache im Moment allerdings positiv gegenüberstehen. Abschließend wünschte sich der Schreiber von der österreichischen Heeresführung ein vehementes Vorgehen, wie das der deutsche Kaiser Wilhelm vorexerziert hätte.[330]

Abb. 72: Boshafter Beitrag der *Muskete*: der Tango auf dem sittlichen Prüfstand im Vatikan

Bereits am 1. November 1913 hatte der populäre Walzerkomponist Karl Michael Ziehrer im *Neuen Wiener Journal* sorgenvoll das Wort an die Wienerinnen und Wiener gerichtet. Im Hinblick auf die »Tango Epidemie« prophezeite Ziehrer dem beliebten Walzer ein jähes Ende, man würde kurzen Prozess machen und ihn aus den Ballsälen werfen. Dann appellierte er an den Patriotismus: »Wiener, wo seid ihr? Ist in euch alles wienerische Empfinden gestorben?« In Anlehnung an die bekannte »Los-von-Rom-Bewegung« vor 1900 rief Ziehrer theatralisch die »Los-vom-Tango-Devise« aus.[331]

Die hiesige Presse ging größtenteils lockerer mit dem Thema um. Das Satireblatt *Kikeriki* widmete Ziehrers Initiative eine Titelseite mit entsprechender Karikatur. Das *Interessante Blatt* argumentierte mit bestechender Logik: »Wir exportieren unsere Operetten ins Ausland und dürfen daher nicht engherzig sein, wenn das Ausland seine Vergnüglichkeiten uns über die Grenze schickt.« Ein bekanntes liberales Blatt wiederum erinnerte an die ähnlichen Aufschreie von »Schwert und Tonsur«, also Militär und Klerus, als es seinerzeit um die Einführung des Walzers gegangen war. Gelassenheit wäre angesagt, ließ man die Leserschaft wissen, schließlich verginge jede Mode mit der Zeit. Der Staat solle sich angesichts der niedrigen Geburtenrate sogar freuen, schloss man ironisch, denn der Tango würde die Menschen einander wieder näherbringen und indirekt für mehr Nachwuchs sorgen. Den Sittenwächtern empfahl man einen jahrtausendealten chinesischen Schreit-Tanz, der ihren strengen moralischen Maßstäben mit Sicherheit entspräche.[332]

Manchen fehlte allerdings diese Lockerheit. Als im Jänner 1914 die Tanzkapelle beim Touristenclub-Kränzchen in den Sofiensälen einen Tango anstimmte und einige Paare

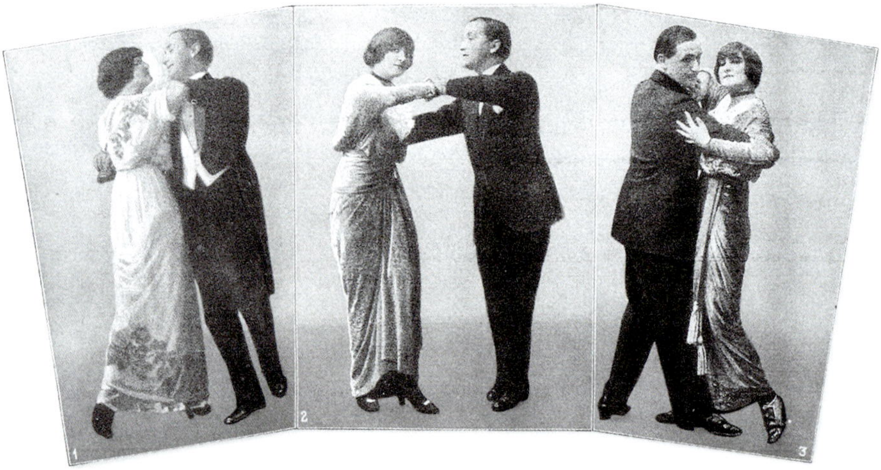

Abb. 73: Der Tango in Wien

dem Ruf folgten, kam es zu lautstarken Protesten anderer Ballbesucher. Das Tanzorchester schwenkte geistesgegenwärtig auf eine Walzermelodie um und der Wirbel war wieder vorbei. Eine Pariser Illustrierte wiederum kam zur kuriosen Erkenntnis, dass der Tango die Frauen vorzeitig altern ließe, da das angestrengte Achten auf die komplizierten Tanzschritte zu Falten im Gesicht führen würde.[333]

Auch die Tangomode der Frauen, ein geschlitzter Rock, der mehr Bein sehen ließ als die konventionellen Toiletten, sorgte mancherorts für Entrüstung. Das *Grazer Tagblatt* warnte vor der in Wien grassierenden »Tango-Seuche«, die alles andere überdecken würde. Der importierte »Bauchtanz« käme aus den Froschvierteln von Buenos Aires, wo der Abschaum wohne, »gewesene und werdende Zuchthäusler«. Selbst das argentinische Rindfleisch, dass man jüngst in der Hauptstadt zu kaufen bekommen hätte, wäre längst nicht so stürmisch begrüßt worden wie der sittenlose Paarungstanz. In Wien, bekannt als Stadt der diskreten Eleganz, trügen die Damen der Gesellschaft nun Kleider, wie man sie sonst nur an Chansonetten sehen würde. Andererseits hatte das biedere *Illustrierte Familienblatt*, der »Häusliche Ratgeber für Österreichs Frauen«, 1913 kein Problem damit, Empfehlungen für das passende Tangokleid abzugeben. Die *Wiener Sonn- und Montags-Zeitung* forderte: »Man darf es ruhig den Frauen selbst überlassen, ihre Kleidung zu bestimmen.«[334]

Die Aufregung um den Tango verrauchte schnell, bald gehörte er zum Standardrepertoire in den Tanzschulen. Manche sahen ihn sogar bedroht wie einst den Walzer, als in den 1920er-Jahren mit der Verbreitung des Jazz neue Modetänze Einzug hielten und nun der »Shimmy«, ein Schütteltanz mit afrikanischen Elementen, die Gemüter erhitzte.

24

Gräfin Vera Esterházy

Das verschwundene Tagebuch

~ 1914 ~

Wer im Jänner 1913 auf der Suche nach einem Domizil in bester Wiener Lage war, musste für eine elegante Villa im Hietzinger Cottage-Viertel mindestens 100.000 Kronen auf den Tisch blättern. Die Mehrheit der Bevölkerung, deren Jahresgehalt im besten Fall ein paar Tausend Kronen betrug, konnte davon nur träumen. Die junge Gräfin Vera Esterházy (geb. 1889) allerdings, die zur gleichen Zeit ihren 24. Geburtstag und somit nach damaligem Recht ihre Volljährigkeit feierte, hätte sich mit ihrem plötzlich verfügbaren Vermögen 80 solcher Villen kaufen können. Kein Wunder, dass die ledige Millionenerbin aus dem ungarischen Hochadel, die ihren Reichtum sichtlich genoss und in den Grandhotels zwischen Wien, Semmering und Monte Carlo dem süßen Leben frönte, zur Zielscheibe von Mitgiftjägern und Hochstaplern wurde.[335]

Abb. 74: Die junge Komtesse Vera von Esterházy zu Galantha zierte gleich mehrmals das Cover der exklusiven Gesellschaftsillustrierten.

Die liebe Familie und der Kuratelprozess

Die lebenslustige Komtesse Vera hatte sich durch ihr exzentrisches Auftreten und ihren sorglosen Umgang mit Geld schon seit längerer Zeit den Unmut der Familie zugezogen. Als sie zum Zeitpunkt ihrer Volljährigkeit nicht nur das vom verstorbenen Vater Michael Esterházy hinterlassene Erbe zu verschleudern drohte, sondern auch noch die arrangierte Ehe mit einem reichsdeutschen Grafen platzen ließ, zog ihre Mutter Antoinette die Notbremse. Im September 1913 stellte sie beim zuständigen Bezirksgericht in Pressburg den Antrag auf Kuratel, um das unberechenbare Familienmitglied aus dem gesellschaftlichen Verkehr zu ziehen. Im Falle von Vera Esterházy wurde die »Verschwendungs-Kuratel« durch das psychiatrische Gutachten eines Budapester Dozenten, der ihr »jugendlichen Irrsinn« attestierte, untermauert. Otto Mahler, der Rechtsbeistand Veras, ließ umgehend mehrere Gegengutachten erstellen, eines davon vom prominenten Psychiater Julius Wagner-Jauregg. Der erste Prozess geriet zum Gutachterstreit, man vertagte die Entscheidung auf den März 1914.[336]

Im Visier der Mitgiftjäger

Zu Beginn des Jahres 1914, das Damoklesschwert einer Entmündigung schwebte immer noch über der jungen Gräfin, kam es im direkten Umfeld von Vera Esterházy zu seltsamen Vorgängen, die schließlich in einem sensationellen Society-Skandal endeten und für den Ausgang des Kuratelprozesses nicht ungefährlich waren. Der 32-jährige Baron Heinrich Stralendorff, ein mittelloser Aristokrat, der ein Leben auf Pump führte und sich von Freunden und Frauen aushalten ließ, hatte ein Auge auf die ledige Komtesse geworfen. Dass dabei nicht die Romantik im Vordergrund stand, sondern die Sanierung seiner maroden Finanzen, war bald allen Beteiligten klar. Gemeinsam mit seinem Vertrauten Graf Ryary quartierte sich Stralendorff im Hotel Meissl & Schadn ein, wo Vera Esterházy seit 1913 mit ihrer Zofe logierte. Die Hotelkosten wurden dem Baron von einer guten Freundin vorgestreckt. Er ließ sich in ein Zimmer direkt gegenüber dem Appartement der Gräfin verlegen, wo er durch ein Guckloch die Bewegungen und Gewohnheiten der jungen Frau besser beobachten konnte. Stralendorff sprach sogar bei Otto Mahler vor, um den Anwalt der Gräfin für seine Heiratspläne zu gewinnen. Genervt von den Nachstellungen und einem dreisten Heiratsantrag des Barons erteilte Vera Esterházy ihrem lästigen Verehrer schließlich eine schriftliche Abfuhr. »Sie mussten doch bemerken, dass ich Ihre ersten Annäherungsversuche nur widerwillig geduldet, so unangenehm es mir auch war«, ließ sie ihm per Anwaltsbrief ausrichten. Stralendorff, dessen einziges Kapital seine Wirkung auf Frauen zu sein schien, war erbost über diesen Korb. Doch er betrieb sein Vorhaben weiter, änderte allerdings die Strategie.[337]

Nach Beratung mit seinem Freund Graf Ryary versuchte Stralendorff nun über Umwege an das Vermögen der Gräfin zu kommen. Er erschlich sich das Vertrauen der Kammerzofe Eva Böjty, die sich als Dienstbotin geschmeichelt fühlte, weil sich ein Baron um sie bemühte. Es kam zu nächtlichen Treffen in Stralendorffs Zimmer, wo es neben dem Austausch von Intimitäten vor allem um das Aushorchen der Esterházy-Vertrauten ging. Dem raffinierten Baron gelang es, die Zofe so weit zu manipulieren, dass sie in seinem Auftrag die Tagebücher ihrer Arbeitgeberin las und über deren Inhalt detailliert berichtete. Zu Beginn delektierte man sich an den älteren Aufzeichnungen Vera

Esterházys, die diese in losen Blättern aufbewahrte. Stralendorff gab sich damit nicht zufrieden, er verlangte auch Einblick in die aktuellen, mittlerweile versperrbaren Tagebücher der Gräfin, in denen er intime Informationen vermutete, die er dann zu seinen Zwecken zu benutzen hoffte. Sein Vorgehen wurde immer dreister, schließlich ließ er die Zofe Abdrücke der gräflichen Schlüssel in einer Seife machen, aus denen Nachschlüssel angefertigt wurden. Mit diesen verschaffte sich Stralendorff am Nachmittag des 23. Februar 1914 Zugang zum Hotelzimmer Vera Esterházys und entwendete eines der großen Tagebücher aus einem versperrten Schrank. Er brachte seine Beute noch am gleichen Tag in Sicherheit, fuhr damit nach Pressburg und deponierte die heiße Fracht beim vertrauten Kellner des Café Pannonia.[338]

Aufregung im Hause Esterházy

Noch am Abend flog der Diebstahl auf und der Verdacht fiel sofort auf den lästigen Baron. Die illoyale Kammerzofe wurde fristlos entlassen, gleichzeitig begann die fieberhafte Suche nach dem verschwundenen Tagebuch. Auch in der Familie Esterházy herrschte helle Aufregung. Womit war zu rechnen, wenn die Aufzeichnungen in falsche Hände gerieten? Vera Esterházy fürchtete nicht nur um ihren Ruf, sondern auch um ihr selbstbestimmtes Luxusleben nach einer Niederlage im schwebenden Kuratelprozess. Stralendorff war inzwischen erfolglos von der Pressburger Polizei verhört worden und leugnete den Diebstahl. Gleichzeitig nahm er Kontakt mit dem Finanzverwalter der Esterházys auf und bot sich als Vermittler bei der Beschaffung des Tagebuchs an, dessen angeblichen neuen Besitzer er zu kennen vorgab. Vera Esterházy hingegen wollte mit allen Mitteln verhindern, dass die intimen Aufzeichnungen ihrer Familie in die Hände fielen. In ihrem Auftrag verhandelte Anwalt Mahler mit dem windigen Stralendorff. Dieser pokerte hoch und verlangte im Namen des großen Unbekannten 80.000 Kronen für die Herausgabe des Buches. Zudem verlangte er dreist einen Posten als Sekretär bei der Gräfin. Mahler stellte ihm eine Falle und ließ stenografische Protokolle der Telefonate anfertigen, mit denen er einen Tag vor dem entscheidenden Verhandlungstag im Kuratelprozess zur Polizei eilte. Stralendorff wurde umgehend im Speisesaal eines Grandhotels verhaftet.[339]

Schmutzige Wäsche vor Gericht

Es dauerte nicht lange, bis die Presse von der delikaten Affäre erfuhr. Mitte März rätselten bereits die *Neue Freie Presse* und die *Illustrierte Kronen Zeitung* über den Verbleib und

Abb. 75: Vera Esterházy, 1914

vor allem über den Inhalt des Tagebuchs. Dieses musste in jedem Fall kompromittierendes Material enthalten, so viel stand fest. Die Tatsache, dass das Corpus Delicti verschollen blieb, heizte die Spekulationen zusätzlich an. Am 12. Mai 1914 begann im Landesgericht der Prozess gegen Baron Stralendorff und die ehemalige Kammerzofe der Gräfin. Der Andrang war enorm, vor allem die Damen der High Society wollten sich den Blick durch das Schlüsselloch der gräflichen Kemenate nicht entgehen lassen. Eine Patrouille von Wachmännern wurde aufgeboten, um Ordnung in die Gänge des Gerichtsgebäudes zu bringen.[340]

Wer gehofft hatte, endlich mehr über den Inhalt des Tagebuchs zu erfahren, wurde enttäuscht. Da dieses verschollen blieb, war man auf Erzählungen angewiesen. Die Gräfin selbst hielt sich bedeckt und gab lediglich zu, dass ihre persönlichen Notizen von Außenstehenden falsch interpretiert werden könnten. Genüsslich spekulierte man über das »liebesschwüle Tagebuch« der Komtesse, selbst ihre extravagante Toilette wurde kommentiert, speziell die aus damaliger Sicht viel zu weit ausgeschnittene Bluse.[341]

Anwalt Dr. Mahler, der mittlerweile als Geliebter der Gräfin gehandelt wurde und um seine Ehe fürchtete, berichtete von der Gewohnheit der Gräfin, ihre intimsten Fantasien in den Tagebüchern aufzuschreiben. Er selbst sei durch ständigen Kontakt ebenfalls Gegenstand ihrer Träumereien geworden, doch die beschriebenen erotischen Abenteuer wären bloß Produkte ihrer Einbildung. Zur Untermauerung seiner Unschuld wartete Mahler mit einem ärztlichen Attest auf, das die Jungfräulichkeit der jungen Gräfin bestätigte. Doch das mehr als peinliche Keuschheitszeugnis konnte nichts an der schiefen Optik ihrer Beziehung ändern.[342]

Auch das Vorleben des Barons Stralendorff geriet in den Blickpunkt. Schon früh hatte er seine Familie verlassen und es danach vom Detektiv bis zum Direktor einer Ziegelfabrik gebracht. Nach einer schmerzhaften Verletzung wurde er zum Morphinisten. Von da an war es vorbei mit regelmäßiger Erwerbstätigkeit, Freunde und Frauenbekanntschaften kamen nun für den Lebensunterhalt des gestrauchelten Aristokraten auf. Stralendorff gab vor, er hätte die Gräfin mit Wissen der Familie aus den Fängen des Anwalts Mahler retten wollen, der es nur auf das Millionenerbe abgesehen hätte. Das Gericht honorierte die Geschichten des Lügenbarons mit einem Jahr Kerker und dem Verlust des Adelstitels. Vera Esterházy konnte trotz peinlicher Enthüllungen im Prozess, die kein vorteilhaftes Licht auf ihre Persönlichkeit geworfen hatten, der Entmündigung durch ihre Familie entgehen.[343]

Das Luxusleben geht weiter

Das flotte Society-Leben der Gräfin ging somit auch nach dem Ende der Monarchie weiter. Das *Salonblatt* widmete ihr mehrere Titelblätter, 1921 wurde die »Sporting Lady« Vera Esterházy Miteigentümerin der Marienbader Fluggesellschaft IKARUS. 1927 starb ihre Mutter Antoinette im Wiener Nobelsanatorium Löw, zuvor hatte sie noch ihre beiden Töchter bis auf den Pflichtteil enterbt. Es folgte ein öffentlicher Erbschaftsprozess, in dem es auch um den berühmten Familienschmuck ging. Dieser war nach 1918 im Hotel Panhans von den berüchtigten Fassadenkletterern Ruckensteiner gestohlen und nach deren Verhaftung wieder zurückgegeben worden. Vera Esterházy blieb ihrem Ruf als exzentrische Erscheinung treu und versuchte sich kurzzeitig auch als Schauspielerin. 1932 endete das süße Leben. Wegen nicht beglichener Rechnungen kam es zur Delogierung aus ihrem Stammhotel Meissl & Schadn. 1936 folgte schließlich der Tiefpunkt, denn die vormals schwerreiche Gräfin war pleite. Sie hatte mehrere Millionen durch Kriegsanleihen verloren, das tschechische Erbe war verstaatlicht worden und der Rest in den Taschen dubioser Finanzjongleure versickert. Die 47-jährige Vera Esterházy wurde vom Gericht als begrenzt zurechnungsfähig eingestuft und die Einweisung in eine psychiatrische Anstalt empfohlen.[344] Danach verliert sich ihre Spur.

25

Skandal am Volkstheater

Eine »#Me Too-Debatte« vor 100 Jahren

~ 1917 ~

Im Oktober 2017 wurde in den USA eine Debatte über sexuelle Belästigung von Frauen in der Filmbranche gestartet, die als »#Me Too-Debatte« über die sozialen Netzwerke weltweit Verbreitung fand und die öffentliche Meinung für das Thema sensibilisierte. Genau ein Jahrhundert früher beschäftigte im alten Wien ebenfalls eine Diskussion über Belästigung von Frauen im Kulturbetrieb die Öffentlichkeit. Gespannt verfolgte man einen Ehrenbeleidigungsprozess, den der Direktor des Deutschen Volkstheaters, Karl Wallner (1858–1935), gegen den Journalisten Maximilian Schreier angestrengt hatte. Der Publikumsandrang war enorm, der Schwurgerichtssaal zum Bersten gefüllt und die *Illustrierte Kronen Zeitung* ortete sogleich »alle Anzeichen eines Sensationsprozesses«, dessen Bedeutung sich in zwei illustrierten Titelseiten niederschlug.[345]

Abb. 76: Der Ton macht die Musik: Aufruhr gegen Theaterdirektor Karl Wallner

Kein Wunder, denn immerhin ging es um eine der ersten Bühnen der Kaiserstadt Wien, die Vorgeschichte ließ zudem eine gewisse »pikante Note« für die Verhandlung erwarten. Nicht weniger als 40 Zeugen waren vorgeladen, darunter namhafte Bühnenstars. Die *Neue Freie Presse* skizzierte das Geschehen so: »Bis zum Schnürboden hinauf wird der Öffentlichkeit der Blick freigemacht, das Bilanzkonto wird aufgeschlagen, die Verträge mit den Schauspielern werden revidiert, die intimsten Häuslichkeiten der Direktion werden unnachsichtig durchstöbert. Es ist ein sehr radikales Reinemachen, und der Wiener lernt das Deutsche Volkstheater in dem kalten Tageslicht des Gerichtssaales gründlichst kennen.«[346]

Seit seiner Gründung 1889 durch den Dichter Ludwig Anzengruber und seinen Freund, den Kerzen- und Seifenfabrikanten Felix Fischer, den Erfinder der Schichtseife, stellte das Deutsche Volkstheater das bürgerliche Gegenstück zum aristokratisch dominierten Hofburgtheater dar. Hier im Volkstheater hatten die neureichen Ringstraßenbarone ihre kulturelle Selbstdarstellungsbühne gefunden. Kein Geringerer als der legendäre Stuhlfabrikant Franz Thonet übernahm die erste Präsidentschaft des damals noch jungen Hauses. Dem Ensemble der frühen Jahre gehörten später berühmte Namen wie Adele Sandrock, Helene Odilon, Rosa Albach-Retty und Alexander Girardi an.[347]

Wie sein Vorgänger Adolf Weisse, Direktor von 1905 bis 1916, war auch Karl Wallner ein ehemaliger Schauspieler des Hauses, der es zu einigem Wohlstand gebracht hatte. Nachdem Weisse wegen grober Unstimmigkeiten mit der Gewerkschaft das Feld hatte räumen müssen, war Wallner zum neuen Direktor gekürt worden. Ausschlaggebend für seine Wahl sollen weniger seine künstlerischen Verdienste gewesen sein, sondern seine dicke Brieftasche, die dem Haus in Kriegszeiten eine gewisse wirtschaftliche Sicherheit garantierte, zumal sich Wallner bei seiner Bewerbung zur Abdeckung allfälliger Abgänge bereit erklärt hatte.[348]

Der Stein des Anstoßes

Auslöser der ganzen Geschichte war ein bereits am 1. Jänner 1917 erschienener Presseartikel mit dem verheißungsvollen Titel *Skandalöse Vorgänge am Deutschen Volkstheater* und dem noch deutlicheren Untertitel *Unanständigkeiten des Direktors Wallner*. Hinter dem als M. S. abgekürzten Verfasser steckte kein Geringerer als der Herausgeber des viel gelesenen Blattes *Der Morgen*, Maximilian Schreier. Nach dem Hinweis, man würde sich nie mit bloßem Theatertratsch beschäftigen, doch diesmal ginge es um mehr, listete Schreier unter Berufung auf theaterinterne Quellen die Verfehlungen des Direktors auf: nicht eingehaltene Vertragszusagen, unerlaubte Gagenkürzungen, Massenkündigungen und der besonders schwerwiegende ungehörige Umgangston mit Schauspielerinnen. Hierzu bemerkte Schreier: »Beim Bühnenverein sind zahlreiche Beschwerden über die rohen Umgangsformen des Herrn Direktors eingelaufen, wobei ganz besonders angeführt wird, dass er im Verkehre mit den Schauspielerinnen sich einer unflätigen Ausdrucksweise bedient und dass er ersten Künstlerinnen den Rat erteilte, als ›Priesterinnen der Liebe‹ zu wirken, damit sie, als begehrte Damen zahlreicher Liebhaber, die für den Geschäftsgang des Theaters notwendige Anziehungskraft ausüben.«[349]

Der Artikel endete mit der Aufforderung an den Trägerverein des Volkstheaters, ein Disziplinarverfahren gegen den Direktor einzuleiten. Wallner musste tatsächlich vor den Vereinsoberen aufmarschieren, wo er die Anschuldigungen bestritt. Er ging in die Gegenoffensive und kündigte eine Klage gegen den Verfasser des Artikels an, zudem wandte er sich per Leserbrief an mehrere Tageszeitungen. »Meine Lebenserfahrung sagt mir, dass der Verleumdung nur im Gerichtssaale der Kopf zertreten werden kann«, ließ er die Leserschaft des *Deutschen Volksblatts* wissen. Die *Wiener Caricaturen* hingegen ergriffen Partei für den Direktor, den man bedauerte, weil er neben der Vereinsleitung auch noch Gewerkschaftsvertreter »am Hals hängen« hätte. Zur reihenweisen Kündigung von Schauspielern bemerkte man lapidar: »Die künstlerische Karriere ist eben eine sehr gewagte – man kann sehr hoch hinaufkommen, muss dafür aber riskieren, entlassen zu werden, wenn der Direktor einen nicht mehr mag.« Der scharfzüngige Schriftsteller und Publizist Alfred Polgar nannte Direktor Wallner wiederum eine in Kunstdingen »garantierte Null«.[350]

Aufmarsch der Zeugen

Beim von Wallner angestrengten Prozess wurde der beklagte Maximilian Schreier als Erster befragt, ehe dann der Aufmarsch der Zeugen begann. Schreier betonte, dass er Wallner nicht einmal persönlich kenne, deshalb auch keinen Groll gegen diesen hege und seinen Artikel im *Morgen* aus rein journalistischen Gründen und aus Sorge um den Zustand des Theaters publiziert hätte. Die Befürchtungen der Kritiker bei Wallners Bestellung wären eingetreten, im Volkstheater spiele man statt ernster, bodenständiger Kunst nur mehr seichte Pariser Lustspiele.[351]

Den Reigen der Zeugen eröffnete Gustav Rickelt, Direktor der Deutschen Bühnengenossenschaft, ein hochrangiger Gewerkschaftsfunktionär also. Er hatte ursprünglich für die Einsetzung Wallners als Theater-Direktor gestimmt, doch nach der ersten Kündigungswelle ging er naturgemäß in Opposition. Im Falle der Kündigung der Schauspieler Löhr und Ziegler hätte Wallner den Betroffenen sogar erklärt, Rickelt wäre auch für deren Kündigung eingetreten, erklärte der Gewerkschafter dem Richter empört.[352]

Schauspieler Ferdinand Onno, der in feldgrauer Korporalsuniform erschienen war, bestätigte, dass es zwischen dem Direktor und Schauspielerinnen wiederholt zu Wortwechseln gekommen wäre, deren Inhalt er aus Scham nicht wiederholen könne. Der mittlerweile in Prag engagierte Darsteller Herbert Mühlberg berichtete, dass er trotz Kriegsverwundung sein Engagement am Volkstheater verloren hätte. Wallners Reaktion auf seine Bitte um Vertragsverlängerung wäre folgende Bemerkung gewesen: »Was geht mich der Krieg an?« Dem Oberregisseur Leopold Kramer und seiner Frau, der populären Volksschauspielerin Pepi Glöckner, hatte Wallner angekündigt, dass sich beide künftig Kramers Gage teilen müssten. Auf die Glöckner, hatte der Direktor dem Gatten erklärt, könne er nämlich verzichten, deshalb fiele ihre Gage weg.[353]

Als Hauptbelastungszeugin gegen Wallner galt die Schauspielerin Claire Wallentin-Metternich. Ihre Befragung erfolgte »aus Gründen der Sittlichkeit« unter Ausschluss der Öffentlichkeit, doch die Zeitungen berichteten ohnehin darüber. Claire Wallentin-Metternich war für ihren luxuriösen und unkonventionellen Lebensstil bekannt, den sich damals nur Künstlerinnen herausnehmen konnten. Männer aus höchsten Kreisen fühlten sich von den weiblichen Bühnenstars angezogen, deren im

Theater gelebte Freizügigkeit in Ausdruck und Kleidung machte sie besonders attraktiv. Damit kalkulierte auch Direktor Wallner, der Claire Wallentin allen Ernstes erklärt hatte, Schauspielerinnen sollten besser zehn als einen Liebhaber haben, denn das brächte dem Theater mehr Besucher, sie wären vorrangig »Dienerinnen der Venus«. Ihren Einwand, es käme doch auf die künstlerische Leistung an, hatte er nicht gelten lassen: »Nein, das Publikum interessiert sich bei einer Salondame mehr dafür, was sie vor und nach dem Theater tut.«[354]

Was das Publikum betraf, dürfte Wallner sogar recht gehabt haben, doch für einen Theaterdirektor galten selbst in der männlich dominierten Zeit der ausgehenden Donaumonarchie andere Maßstäbe. Wallners seltsame Ansichten betrafen allerdings nicht nur die Frauen seines Hauses. Dem damals noch jungen Bühnenliebling Fritz Kortner hatte er eine öffentliche Beziehung ausdrücklich untersagt, da dies viele Verehrerinnen abschrecken und dem Theater wirtschaftlich schaden würde. Auch in seiner Regiearbeit war Wallner nicht zimperlich, wenn es galt, die Reize der Schauspielerinnen publikumswirksam in Szene zu setzen.[355]

Ein Direktor als »ordinärer Kerl«

Die 27-jährige Schauspielerin Erika von Wagner berichtete von einer Probe zu *Don Carlos*, in der Wallner die Schauspielerinnen aufgefordert habe, mehr Sinnlichkeit zu zeigen. Dabei hätte er derbe Ausdrücke gebraucht, wie man sie laut Zeugin vorher noch nie von einem Schauspieler oder gar von einem Direktor gehört habe. Eine ebenfalls anwesende junge Schauspielerin hätte dabei entrüstet gerufen: »Jessas, ist das ein ordinärer Kerl!« In geheimer Befragung bestätigte auch Nachwuchsstar Grete Herzfeld diese Angaben. Sie sollte laut Regieanweisung Wallners ihrem Bühnenpartner Ferdinand Onno möglichst nahe kommen. Der Kollege hätte die heikle Situation aber durch umsichtiges Spiel abgemildert.[356]

Auch Wallners Bemerkungen im Prozess zeigten, dass er im Umgang mit seiner beruflichen Umgebung nicht gerade zimperlich war. Bei Claire Wallentin-Metternich versuchte er, den Spieß umzudrehen und unterstellte ihr, sie würde selbst die gröbsten Zoten von sich geben, bei denen er erröten würde. Über den ursprünglich als zweiten Theaterleiter vorgesehenen und von ihm abgelehnten Professor Gregori meinte er, das wäre so gewesen, als würde man ein edles Pferd mit einem Ochsen zusammenspannen. Dem gekündigten Paul Askonas sagte er nach, dieser taugte lediglich für niedere Chargenrollen. Dem Schauspieler Walter Huber hatte er einst mehrmals in scharfem Ton nahegelegt, die »Finger von der Wallentin zu lassen«. Über die Arbeit des Dramaturgen Glücksmann meinte er, diese sei ihm »ganz wurscht«, Glücksmann sei ein schlechter

Abb. 77: Im Theater stand nicht immer das Stück im Mittelpunkt des Interesses.

Dramaturg und würde wie ein Maurer um 12 Uhr den Hammer fallen lassen. Der langjährige Sekretär des Volkstheaters, Anton Geiringer, wurde vor den Augen des Richters gemaßregelt. Als dieser Wallners Bilanzrechnung im Prozess widersprach, kanzelte ihn der Direktor als Oppositionellen ab, der dem alten Chef nachtrauern würde. Wallner konnte einige Entlastungszeugen aufbieten, die vor allem bestätigten, dass er einen bis dahin im Haus herrschenden Schlendrian abgestellt hätte. Wallners Anwalt gab im Plädoyer immerhin zu, dass sein Mandant manchmal seine Nase in Dinge gesteckt hätte, die ihn nichts angegangen wären. Dem Richter war die Suppe jedenfalls zu dünn. Maximilian Schreier wurde für seinen Artikel im *Morgen* zu einer Geldstrafe von 1.000 Kronen verurteilt. Der *Illustrierten Kronenzeitung* hatte der Prozess immerhin zwei Titelseiten gebracht, Wallners Tage als Direktor des Volkstheaters waren aber gezählt, 1918 wurde er abgelöst. Er betrieb später eine Schauspielschule in der Wiener Mariahilfer Straße.[357]

Dank

Ein herzliches Dankeschön an Mag. Matthias Opis, Mag. Elisabeth Wagner und Dr. Johannes Sachslehner von den Styria Buchverlagen für die Begleitung, Unterstützung und Realisierung dieses Projektes.

Ebenso gilt mein Dank der Österreichischen Nationalbibliothek (ÖNB) für das hervorragende digitale Zeitschriftenarchiv ANNO.

Zudem möchte ich dem Archivleiter der Karl-Franzens-Universität Graz, ao. Univ.-Prof. Mag. Dr. Alois Kernbauer, für die Abdruckgenehmigung des Porträts von Dr. Hans Gross danken.

Der Autor

© privat

Arno Spreitzhofer (Mag.), geboren 1964, studierte Geschichte und Germanistik in Graz und war viele Jahre in unterschiedlichen Funktionen in der Erwachsenenbildung tätig. Seit 2011 arbeitet er als Lehrer.

Anmerkungen

1 Bergmann/Pörksen, Klappentext

2 Burkhardt, 132–155

3 Beispiel: »Mord im Raxental«: WB Titelseiten vom 31.01, 07.02., 14.02., 16.05.1906

4 Burkhardt, 135 f.

5 Zweig, WvG, 39

6 S&S 11.08.1918, 13 f.; 10.11.1918, 15 f.; DNZ 11.11.1918, 4; Broch, 46 f.

7 Kleindel, 267 f.

8 Ebda. 272 f.; Draganovici, 109; Winkler, Umbruchstimmung in der Monarchie. In: Die Welt der Habsburger, online 10.09.2017

9 Winkelhofer, Der Alltag des Kaisers, 103–125

10 Ebda.

11 Ebda.

12 Draganovici, 109; Eigner/Mathis/Resch, 3–5

13 Zweig, WvG, 14

14 Ebda. 22

15 Blom, 276-286, 190 ff. Sandgruber, 200–218

16 Blom, 238–246; Herbert Silberer, Durch Tod zum Leben, 24

17 Ebda. 413 ff.

18 Ebda. 305–316; Winkelhofer, Das Leben adeliger Frauen, 111–115

19 Ebda. 191; Blom, 253 f.

20 Jacono, 4–7; Blom, 73; Seydel, 77–94

21 Jacono, 1–10; Draganovici, 111 ff.; Kraus, Karl: Aphorismen – Eros, Moral, Christentum. Online-Ausgabe: gutenberg.spiegel.de, 9475.

22 Jacono, a. a. O.; Zweig, WvG, 94; Duma u. a., Aufstand in der Vorstadt

23 Metzger, Wien um 1900; Bisanz Prakken, Die Wiener Secession; Ackerl, Die Wiener Moderne, 22–25; Leopold, Wien 1900, 17; Wischin

24 Wien 1900, Sammlung Leopold, 105–107 sowie 113–115

25 Springer, Wiener Musik um 1900; Ackerl, Die Wiener Moderne, 30–33

26 Ebda Winkelhofer, Der Alltag des Kaisers, 15 ff.; Jacono, »Sexmarkt«

27 Blom, 53, 43–46 sowie 59–62; Sandgruber, 192–216

28 Winkelhofer, Das Leben adeliger Frauen, 164–180

29 Ebda.

30 Blom, 356–387

31 Sandgruber, 55 f. und 215 ff.; Winkelhofer, Das Leben adeliger Frauen, 11–31; Kratzer, 166–189

32 Jacono, 9–11; Schnitzler, Jugend in Wien, 289; Zweig, WvG, 22 und 36; Zuckerkandl, 133

33 Hingst, 124; Samuel, 88 ff.; Bahr, Renaissance, 104 f.; Biographie Leopold von Sacher-Masoch (Online Ausgabe auf: zeno.org/Literatur)

34 NFP 12.03.1895, 1–2

35 Hingst, a. a. O.; Weismann, Das Potenzial der Peripherie, 196 ff.; Homepage der Steirischen Rechtsanwaltskammer: Beitrag über Dr. Anton Wasserfall Edler von Rheinbrausen; Tsiavou, 191–193; Kap.52: »Dr. Wasserfallen und seine Frauen«, In: Johann Neuholds Lebensbeschreibung – online; GV 31.10.1868, 16

36 Zitiert nach: Kratzer, 105

37 Kratzer, 106 f.; Wanda von Sacher-Masoch, Meine Lebensbeichte; ÖVZ 02.01.1916, 8; GT 03.01.1916, 3; NFP 03.01.1916, 11

38 GV 20.01.1870, 4

39 PR 25.02.1871, 14; 21.09.1871, 15; NFB 13.08.1871, 6; 01.10.1871, 6; 05.11.1871, 8; MoPo 24.08.1879, 5; Kratzer, 109 f.; Beitrag über Berthold Frischauer in: ÖBL – Auflage online

40 Kratzer, 110–121; Wanda v. S-M, Lebensbeichte

41 Ebda. sowie: GV 15.10.1873, 2; IN 24.10.1873, 4; SB 09.11.1873, 6; SV 05.11.1873, 2; Beitrag über Sacher-Masoch Wanda von, eigentlich Angelika

(Angelica) Aurora Rümelin, Ps. Wanda von Dunajew, D. Dolorès. In: ÖBL – Ausgabe online

42 NWB 16.09.1874, 4; GV 19.09.1874, 4; Wanda v. S-M, Lebensbeichte

43 Kratzer, 120–122; NWJ 02.09.1906, 5; WZ 20.03.1875, 2; NWB 18.01.1896, 1; PT 12.01.1896, 10; Lessing, Nachtkritiken, 507

44 NFP 28.06.1870, 1-3; DtZ 21.03.1873, 20; SV 14.01.1871, 5

45 NFB 10.03.1875, 13; NFP 02.07.1873, 1-3; FI 11.04.1874, 3; SV 10.11.1874, 3; PT 22.08.1877, 6

46 WZ 19.03.1867, 6; 30.10.1880, 4–5; SV 11.01.1876, 3; 04.09.1879, 3; PR 30.08.1879, 15; 03.07.1882, 3; GV 02.09.1879, 4; 02.10.1879, 6; MoPo 30.10.1880, 5; PT 30.10.1880 (Abend), 3; 21.09.1881, 7; 30.09.1881, 6; VL 31.10.1880, 6; NFP 06.04.1882, 7

47 NWJ 20.04.1906, 6

48 Zur Rezeption Sacher-Masochs: »Das Sacher-Masoch-Festival« 2003 in Graz, Ausstellung der Neuen Galerie Graz, 26. April bis 24. August 2003: Phantom der Lust. Visionen des Masochismus in der Kunst (Kurator: Peter Weibel, Michael Farin) – dazu Ausstellungskatalog, Hrsg. Peter Weibel, München 2003. (Online: www.museum-joanneum.at/neue-galerie-graz/ausstellungen/ausstellungen/events/event/1949/phantom-der-lust)

49 Dickinger, 176 ff.

50 StP-AH-RR, X Session, 192. Sitzung am 17.02.1888, 6991 f.

51 Dickinger, a. a. O.

52 PR 27.02.1888, 2

53 PT 27.02.1888, 3; NFP 28.02.1888, 2 f; SV 27.02.1888, 2; MT 27.02.1888, 6; WA 27.02.1888, 2; WSMZ 05.03.1888, 3; Dickinger, 183; NWJ 07.01.1918, 2; AW 08.01.1918, 1

54 Lonyay, Lebenserinnerungen (zitiert nach: Dickinger, 183)

55 Sandgruber, 131; Dickinger, 184 f.; Seydel, 113 f.

56 Seydel, 113.

57 WSMZ 19.03.1906, 2

58 StP-AH-RR, 409. Sitzung der 8. Session am 18.12.1878, 13112

59 PR 09.01.1879, 3; NFP 09.01.1879, 2

60 PR 09.03.1888, 15; PA 10.03.1888, 4; NWB 06.05.1888,10

61 Ebda.

62 EP 12.03.1888, 1; LV 11.03.1888, 3; PR 11.03.1888, 14

63 PT 03.03.1888, 7; NWB 06.05.1888, 10 f.

64 Ebda. sowie NWB 08.05.1888, 10

65 Ebda. sowie TSA, Nr. 38 vom 09.05.1888, 7

66 WSMZ 07.05.1888, 4; NWB 08.05.1888, 1 sowie 15.05.1888, 4 und 12; KYF 18.03.1888, 8 und 25.03.1888, 1

67 NWB 21.08.1888, 4; PA 21.08.1888,4; PR 21.08.1888,11

68 WSMZ 04.07.1892, 2; Lindinger, 72 ff. und 212 ff.; AZ Morgenblatt 17.07.1917, 4

69 Winkelhofer, Das Leben adeliger Damen, 30 ff.; Jacono

70 Zuckerkandl, 19

71 HU 01.01.1896, 1 f. Rosenberger, Im Cottage, 61; Zuckerkandl, 20 f.

72 NWJ 11.12.1896, 5 f.

73 FI 19.12.1896, 2 und 5; WC 20.12.1896, 1 und 3; NWJ 10.12.1896, 4

74 Rosenberger, Im Cottage, 64 ff.; Zuckerkandl, 23 f.; Julius Wagner-Jauregg, Lebenserinnerungen, 109 f.

75 NWJ 11.12.1896, 5 f; 12.12.1896, 7; 15.12.1896, 5; DtV 11.12.1896, 8; 12.12.1896, 4f.;13.12.1896, 9; 14.12.1896, 6; 15.12.1896, 8; NFP 11.12.1896, 8

76 Zuckerkandl, 21.; DtV 11.12.1896, 8; zitiert nach: WM 10.06.1912, 2

77 StP-AH-RR, 546. Sitzung der XI. Session am 11.12.1896, 28060.; zitiert nach: Rosenberger, Im Cottage 65

78 NFP 23.01.1897, 1; A. Holzer, Sex, Lügen, Irrsinn: Die Geschichte der Helene Odilon. In: FAZ 04.01.2011; WSMZ 02.08.1909, 2; WB 23.11.1907, 6 f.

79 Schlothauer, 12

80 Anders Leben, 52–55; Wolfingseder, 101 ff.

81 Der Prophet. Die Welt des Karl Wilhelm Diefenbach. Begleitbuch zur Ausstellung in der Hermesvilla, Wien, 2011; Wolfingseder, 105

82 Wien Geschichte WIKI, Beitrag »Österreichischer Kunstverein«; Beitrag zu Diefenbach auf: http://www.gusto-graeser.info

83 Ebda.

84 BB 26.11.1892, 3; NWJ 22.08.1895, 3; Lindinger, 97–119.

85 Lindinger, 115 ff.; ÖIZ 23.10.1898, 4–5

86 IN 22.09.1898, 4; DtV 14.11.1897, 9; NFP 13.01.1899, 3; AZ 14.01.1899, 5–6; RP 31.03.1898, 1–2; Lindinger, 117; Wolfingseder, 116

87 NWB 22.09.1899, 8

88 Ebda. RP 22.09.1899, 9; Wolfingseder, 110

89 Ebda. sowie NWB 22.09.1899, 8; AZ 21.09.1899, 7

90 NFP 25.12.1900, 34–41

91 Ebda.

92 AZ 21.06.1901, 4; NWJ 21.06.1901, 4; MTB 20.06.1901, 5; NWB 25.06.1901, 5; IN 01.07.1901, 3; AW 04.07.1901, 4; LTP 22.06.1901, 2; WZ 20.06.1901, 4; LV 28.04.1903, 4; VLZ 30.04.1903, 3

93 Rath, 2–70

94 Ebda.

95 Ebda.

96 Ebda.

97 Renner, 33-216, Rath, a. a. O., Wien Geschichte WIKI: Beitrag über Gustav Davis; DAZ 11.07.1901, 1–2; ZW 26.06.1901, 8; LTP 22.06.1901, 2; TSA 22.06.1901, 11; VL 21.06.1901, 3–4; GV 21.06.1901, 9; MTB 21.06.1901, 6. AZ 21.06.1901, 3-4

98 Ebda.

99 Reissmüller, 272–294

100 BP 30.06.1901, 6; AZ 21.06.1901, 3–4; GT 27.06.1901, 1; PL 23.06.1901, 2; GT 22.06.1901, 2

101 Renner, a. a. O.

102 Rath, a. a. O.; DAZ 11.07.1901, 1–2; RP 22.06.1901, 1; GV 23.06.1901, 1–2

103 NFP 21.06.1901, 1; AZ 22.06.1901, 5

104 Wien Geschichte WIKI: Beitrag über Alexander Roda Roda

105 AZ 12.03.1904, 7; DZ 12.03.1904, 4; NWJ 12.03.1904, 3; NWT 12.03.1904, 7; WSMZ 14.03.1904, 6

106 Ebda. NWJ 13.03.1904, 9; 14.03.1904, 4

107 Ebda.

108 Ebda. VL 12.03.1904, 6; NFP 22.05.1904, 12–13

109 NFP 28.08.1904, 12

110 NWT 16.03.1904, 8-9; SB 11.03.1894, 10; DZ 12.03.1904, 4

111 VL 01.06.1904, 9; PL 24.03.1904, 6

112 Ebda. NWT 14.03.1904, 6–7; NFP 22.05.1904, 12–13

113 WZ 29.07.1904, 17; DNB 24.09.1904, 7; NFP 26.08.1904, 1; WSMZ 10.10.1904, 2; 29.08.1904, 2

114 NFP 20.09.1904, 6; WSMZ 26.09.1904, 2; VL 13.09.1900, 11; NFP 28.08.1904, 12

115 NWT 18.09.1900, 5; 07.02.1908, 10; AGZ 08.02.1908, 4; IKZ 08.02.1908, 7–8; VL 14.05.1890, 4; 19.09.1900, 3; PR 22.05.1890, 2; BB 05.04.1890, 2.

116 Wolfingseder, 135 ff.

117 Ebda.

118 Sachslehner, Abbazia, 166–171

119 Ebda. S&S 03.04.1903, 19

120 S&S 09.01.1904, 2; 16.01.1904; 23.01.1904, 2; WSMZ 18.01.1904, 5

121 WNN 25.01.1904, 2; WSMZ 25.01.1904, 5; NWJ 25.01.1904, 2; NFP 25.01.1904, 5; S&S 30.01.1904, 2–4 und 06.02.1904, 2

122 IN 01.02.1904, 9; DtV 04.02.1904, 8; 13.03.1904, 14; PL 04.02.1904, 11; SC 05.02.1904, 2; NFP 14.04.1904, 7.DtV 20.01.1919, 3; FB 20.01.1919, 5

123 IKZ 20.01.1919, 4; DtV 20.01.1919,3; FB 20.01.1919, 5; Neuhold, 195 f. und 148–157

124 NWJ 05.12.1919, 3; SV 03.08.1926, 4–5

125 SV 05.08.1926, 5

126 Lindinger, 29–50

127 Neuhold, 154–162

128 Vgl. Inserat zur Eröffnung des Centralbades in: NFP 25.05.1889,14; Wolfingseder, 135 ff.

129 KIK 09.06.1904, 2

130 DtV 11.11.1904, 8; WB 16.11.1904, 10; FL 06.11.1904; KIK 13.11.1904

131 AZ 01.11.1905, 10–12; NWJ 30.09.1923, 5 und 17; SV 03.08.1926, 4–5; AZ 05.08.1926, 9

132 Nachrufe in: FB 20.01.1919, 5; LTP 20.01.1919, 3

133 Karl Kraus: Der Fall Hervay. In: Die Fackel, Nr. 165, VI. Jahr, Wien, 8. Juli 1904

134 DtV 17.06.1904, 7; NFP 25.06.1904, 6–7; WB 29.06.1904, 4–5; GT 10.08.1903, 3 f.

135 GT 19.06.1904, 5; NWJ 18.06.1904, 5; NWJ 20.06.1904, 2 f.

136 NWJ 18.06.1904, 5; WB 15.06.1904, 3

137 DtV 17.06.1904, 7; Mürzzuschlager »Märchen«, abgedruckt in: GT 18.06.1904, 4

138 Ebda.

139 WB 14.12.1904, 4–6

140 NWJ 18.06.1904, 5

141 AW 18.06.1904, 6; 25.06.1904, 3; NWJ 21.06.1904, 5; 23.06.1904, 7

142 Ebda. WB 29.06.1904, 4-5

143 DtV 24.06.1904, 6; DZ 25.06.1904, 3–4

144 NFP 25.06.1904, 6–7

145 DtV 17.06.1904, 7; NWJ 23.06.1904, 7; 25.06.1904, 6–7; VSL 24.06.1904, 7; WB 14.12.1904, 4–6; DZ 02.11.1904, 7.

146 BO 03.07.1904, 2; KIK 26.06.1904, 2; WSMZ 04.07.1904, 1 und 5; Karl Kraus: Der Hexenprozess von Leoben. In: Die Fackel, Nr. 168, VI. Jahr, Wien, 10. November 1904

147 DZ 03.11.1904, 5; NWT 15.01.1905, 6; Karl Kraus: Die Memoiren der Frau Hervay. In: Die Fackel, Nr. 186, Wien, 26.10.1905

148 RP 08.12.1906, 13; NWJ 07.12.1906, 8; NFP 11.01.1907, 19; Franz Preitler: Die schwarze Baronin, Graz 2015

149 ASZ 18.05.1926, 5

150 Sandgruber, 206; Blom, 206 f.

151 LZ 28.10.1879; Pickl, 86 und 277 f.

152 Zitiert nach: Projekt Gutenberg.DE: Peter Rosegger, Als ich noch der Waldbauernbub war – Kapitel 36

153 Jahresbuch der Trabrennen in Österreich-Ungarn 1905, 23 sowie 1907, 19; Pedigree Database for Trotters 1902; GT 15.10.1896, 16; SB 12.05.1895; ÖFZ 10.05.1895, 4; GV 20.02.1896, 3; GT 27.05.1896, 3

154 ASZ 08.09.1900; 20.09.1900, 1042

155 Breeder and Sportsman, Vol.35 (Juli bis Dezember 1899), San Francisco, Calif.; ASZ 10.02.1901, 108; 04.04.1895, 284; S&S 20.05.1916, 12

156 ASZ 06.06.1918; 22.12.1923; 18.05.1926, 5; 21.03.1927, 3; 28.03.1927, 3; ASZ 07.06.1919, 1 ff.; S&S 01.10.1904, 11 f.; NFP 13.02.1892, 8; PR 13.02.1892, 11; GT 11.08.1896, 16 f.

157 S&S 13.05.1916, 12; 20.05.1916, 12

158 ASZ 25.07.1895; NWT (Tagesausgabe) 17.06.1904, 11; DZ 22.06.1904, 6

159 NWJ 22.06.1904, 7; DtV 22.06.1904, 13; 23.06.1904, 12; 24.06.1904, 13; NFP 22.06.1904, 9; 23.06.1904, 10

160 NFP 25.12.1900, Beilage, 34 ff.

161 AW 25.06.1904, 3; DZ 25.06.1904, 3-4; DtV 24.06.1904, 6; VL 03.11.1896, 11; PT 24.05.1900, 8; IWE 05.03.1902, 6

162 Rauterberg; Weinzierl; Kos.

163 Long; Akt 2.3.4.A11.5707/1928 – Strafverfahren: Adolf Loos (Gerichtsakten auf der Website der Wiener Stadtverwaltung).

164 NWJ 26.10.1905, 7 f.; IKZ 26.10.1905, 5.

165 NWJ 24.03.1904, 3.

166 NFP 24.03.1904, 8; DZ 24.03.1904, 4; NWJ 26.03.1904, 2; DZ 25.03.1904, 5; DtV 25.03.1904, 1.

167 IKZ 26.10.1905, 5; AZ 27.10.1905, 7.

168 NFP 26.10.1905, 10; AZ 26.10.1905, 8; DtV 26.10.1905, 7-9; IKZ 26.10.1905, 5; NWJ 29.10.1905, 5.

169 NWJ 26.10.1905, 8; NFP 26.10.1905, 11.

170 Ebda. NWJ 26.10.1905, 8; IKZ 26.10.1905, 5 f.

171 Heiliger, Pädophilie, 166-174.

172 Kratzer, 176 f.; AZ 27.10.1905, 7 f.; DtV 27.10.1905, 10; NWT 27.10.1905, 12; DtV 26.10.1905, 7–9; AZ 27.10.1905, 7 f.; NWJ 26.10.1905, 8; 27.10.1905, 10; 29.10.1905, 5; NWT 26.10.1905, 12–13

173 Ebda. RGBl. 1849–1918, 520 f.; NWJ 27.10.1905, 11; AZ 27.10.1905, 7

174 Sigmund Freud: Stellungnahme zum Fall Prof. Dr. Beer. In: DZ 27.10.1905 (Morgenblatt), 5. Nachdruck in englischer Übersetzung in: Spiers, Herb; Lynch, Michael (1977): The Gay Rights Freud. The Body Politic. 33, 8–10; Die Fackel, Nr. 187, VII. Jahr/Wien, 8. November 1905: »Die Kinderfreunde«; AZ 27.10.1905, 7; DtV 28.10.1905, 10; NWB 28.10.1905, 8; 29.10.1905, 6; Homepage »Theater Petersplatz« Marc-Aurel-Straße 3/6, Wien

175 Kratzer, 181 ff.; AZ 13.02.1906, 9; IKZ 13.01.1906, 12; 11.02.1906, 18; 13.02.1906, 11; 27.03.1906, 18-19; NFP 12.02.1906, 10; NSZ 28.03.1906, 2; Altmann-Loos, 177–184

176 StP-AH-RR, 23.Sitzung der 18. Session am 18.10.1907, 1983; WSMZ 02.08.1909, 3; NWJ 05.10.1905, 2

177 Zitiert nach: NFP 26.04.1930, 1 f.; StP-AH-RR, Session 18, Sitzung vom 21.01.1907

178 WSMZ 19.02.1906, 1

179 PT 26.04.1930, 1; GV 20.02.1909, 2; IKZ 26.04.1930, 6; WSMZ 14.08.1911, 7; PT 26.04.1930, 1 (Nachruf von Anton Kuh)

180 Portal ÖAW sowie ALEX (ÖNB), Personenregister der Sessionen 17 und 18; StP-AH-RR 17.02.1905, 27298 f.; NWJ 10.01.1914, 4; NWJ 11.01.1914, 5

181 StP-AH-RR, Session 18, Sitzungen vom 05.07.1907 sowie 24.10.1907; PT 26.04.1930, 1; StP-AH-RR 17.02.1905, 27300; PT 26.04.1930, 1

182 Portal ÖAW; Sandgruber, 208; NFP 26.04.1930, 4

183 WB 11.10.1905, 1 und 4; AZ 05.10.1905, 3; DtV 05.10.1905, 5

184 StP-AH-RR, Session 17, Sitzung vom 04.10.1905, 32024 f.

185 NWJ 05.10.1905, 1 f.; PA 05.10.1905, 1; NWT 05.10.1905, 1; WSMZ 02.08.1909, 3; IKZ 07.12.1928, 12

186 NFP 26.04.1930, 4; PT 26.04.1930, 1; DIB 01.05.1930, 4; AZ 26.04.1930, 4; RP 27.04.1930, 13

187 MU 24.05.1906, 6

188 Schick, Bildmonographie, 34; Wiener Rundschau, Wien [Jg. 1], Nr. 1 v. 15. November 1896, 19–27 [I], Nr. 2 v. 1. Dezember 1896, 68–72 [II], Nr. 3 v. 15. Dezember 1896, 113 bis 118 [III], Nr. 4 v. 1. Januar 1897, 153–157 [IV.

189 NFP 25.02.1897, 22–23; DtV 25.02.1897, 22

190 Ebda.

191 DtV 12.05.1899, 11

192 Monika Kornberger, Art. »Friedmann, Oskar«, in: Österreichisches Musiklexikon online, Zugriff: 9.7.2017

193 MZ 15.05.1899, 2; LT 13.05.1899, 6

194 Die Fackel, Nr. 4, Wien, Anfang Mai 1899, 16–21. Quelle: Hrsg.: AAC – Austrian Academy Corpus, AAC-FACKEL, Online Version: »Die Fackel. Herausgeber: Karl Kraus, Wien 1899–1936«, AAC Digital Edition Nr. 1, http://www.aac.ac.at/fackel, Abrufdatum 04.07.2017

195 AZ 27.05.1899, 7; WZ 27.05.1899, 6; GT 28.05.1899, 8–9; NWJ 14.05.1899, 9; 25.5.1899, 6; WMJ 15.05.1899, 2–3

196 Ebda.

197 PT 01.05.1906, 3

198 DtV 01.05.1906, 9; GT 01.05.1906, 24; 04.05.1906, 5; 26.05.1906, 20; NWJ 01.05.1906, 3; 14.05.1906, 2–3; MTB 02.05.1906, 5; 26.05.1906, 6; LT 03.05.1906, 3; 26.05.1906, 8; NWJ 14.05.1906, 2–3; AZ 26.05.1906, 9-10; IKZ 26.05.1906, 11–12; NWT 26.05.1906, 14; NWB 27.05.1906, 13–14; LV 26.05.1906, 7

199 NWJ 14.05.1906, 2–3; SV 25.05.1906, 6; PT 01.05.1906, 3; WMJ 28.05.1906, 2–3

200 Ebda. RP 29.05.1906, 10; NWJ 08.09.1906,10; WZ 08.09.1906, 5; GT 09.09.1906, 6

201 Jacono; DtV 04.11.1906, 1–8

202 Jacono

203 AZ 30.05.1906, 8

204 DtV 02.11.1906, 10 f.; RP 03.11.1906, 7; NWB 03.11.1906, 1 und 10; NWB 07.11.1906, 8; RP 08.11.1906, 1: Titelgeschichte »Der Herd der Seuche«; Kraus, Karl: Der Fall Riehl. In: Die Fackel, Nr. 211, Wien 13.11.1906

205 DtV 02.11.1906, 10 f.; AZ 02.11.1906, 6; RP 03.11.1906, 7; IKZ 03.11.1906, 2–8

206 AZ 02.11.1906, 4 ff.; RP 03.11.1906, 7; DtV 02.11.1906, 10 ff.

207 IKZ 03.11.1906, 2–8; AZ 04.11.1906, 8

208 DtV 02.11.1906, 10; IKZ 03.11.1906, 2–8; AZ 02.11.1906, 6; NWJ 03.11.1906, 8

209 Ebda. IKZ 06.11.1906, 2 f. NWJ 06.11.1906, 9

210 NWJ 03.11.1906, 8; AZ 30.05.1906, 8; 02.11.1906, 4; IKZ 04.11.1906, 8

211 IKZ 07.11.1906, 2 ff. NFP 06.11.1906, 13; IKZ 05.11.1906,7; 06.11.1906, 2 f.

212 AZ 08.11.1906, 9; IKZ 08.11.1906, 2

213 Ebda.

214 DtV 07.11.1906, 9; NWB 09.11.1906, 1; AZ 07.11.1906, 1–2; RP 08.11.1906, 1

215 SV 18.05.1922, 6; PT 08.04.1922, 3; NWT 07.04.1922, 6; NWJ 17.05.1922, 9

216 NFP 07.09.1907, 9

217 NWJ, 10.09.1907; DV, 09.09.1907

218 Ebda; NWJ 07.09.1907, 3; AZ 07.09.1907, 5–6

219 NFP 07.09. und 10.09.1907; NWJ 07.09. und 15.09.1907; AZ 07.09., 11.09.,12.09.1907; DtV 12.,13.,14.09.1907

220 WB 11.09.1907, 5; NWJ 07.09.1907, 3; NFP 09.09.1907, 4; AZ 07.09.1907, 6

221 Ebda.

222 NWJ 08.09.1907; NFP 09.09.1907; NWJ 09.09.1907, 1–2 und 10.09.1907, 1; WB 18.09.1907, 4

223 Vgl. NFP 09.09.1907; IKZ 11.09.1907, 7–9; RP 09.09.1907, 5; IKZ 05.03. und 08.03.1910; WB 09.03.1910, 4

224 Ebda.

225 Vgl. IKZ 08.03.1910, 11-12

226 Vgl. AZ 12.09.1907, 6–9

227 Friedländer, 9–76; NWB 18.12.1910, 5

228 Sabitzer, 39–41; NWT 04.06.1915, 30; SV 04.06.1915, 8; AZ 07.06.1915, 4; NWB 17.09.1916, 9

229 AZ 01.07.1918, 3; NFP 01.07.1918, 6; RP 01.07.1918, 6.

230 NFP 01.07.1918, 6; Karl Kraus, Der Hanswurst (Februar 1908). In: Die Chinesische Mauer, Essays, 4. Aufl 1918; Murauer

231 WSMZ 19.09.1910, 3; 09.05.1898, 6; 26.12.1904, 2; GV 13.05.1909, 3

232 DtV 04.04.1908, 2; StP-AH-RR, 57. Sitzung der 18. Session, 3971

233 NFP 04.04.1908, 1; NWJ 04.04.1908, 1; DtV 04.04.1908, 2; AZ 04.04.1908, 2; RP 04.04.1908, 3; BO 12.04.1908, 2

234 FL 19.05.1908, 2

235 NFP 05.04.1908, 1; WSMZ 26.12.1904, 2; StP-AH-RR, 57. Sitzung der 19. Session, 1240

236 Benesch, Die Wiener Christlichsoziale Partei 1910–1934, 17 ff.; Boyer, 329 f; NWJ 09.04.1910, 2 f.

237 WSMZ 26.02.1906, 2

238 NWJ 09.04.1910, 2 f.; WSMZ 15.08.1910, 5; WSMZ 19.09.1910, 3; Biographisches HB des NÖ Landtages 1861–1921, Beitrag über Bielohlawek

239 StP-AH-RR, 23. Sitzung der 19. Session am 4. Juni 1909, 1244; WSMZ 25.12.1911, 5; Sandgruber, 209; Mertens, 113 f.; Biographisches HB des NÖ L. 1861–1921; PT 02.07.1918, 1

240 NWJ 09.08.1909, 3; WSMZ 09.08.1909, 6

241 Vgl. Weingand

242 Skandal, Ausgabe Strahalm 2016, 9 f.

243 Ebda. Kapitel 1–3; Weingand

244 Zitiert nach Weingand

245 Skandal, Ausgabe Strahalm 2016, 73 ff.; Homepage des Sacré Cœur Graz (Schulgeschichte)

246 Skandal, Ausgabe Strahalm 2016, 105 ff.

247 GV 26.01.1909, 3; GT 26.01.1909, 24; AW 26.01.1909, 5; Zeitschrift Hochland, Novemberausgabe 1908; zitiert nach Weingand

248 GV 26.01.1909, 3; GT 01.02.1909, 4; GV 31.01.1909, 1; 21.02.1909, 2

249 NWJ 26.01.1909, 4–5

250 Weingand; Porträt Ernst Klein in WIKIPEDIA

251 AW 25.01.1909, 3

252 RP 14.09.1906, 4; AW 13.09.1906, 7; GT 13.09.1906, 4

253 NWT 11.02.1909, 13

254 BO 03.01.1909, 7; WB 11.08.1909, 14
255 WSMZ 03.06.1912, 3
256 IKZ 29.09.1910, 5; DIB 06.10.1910, 15; NFP 29.09.1910, 6; SB 01.10.1910, 11
257 DIB 22.12.1910, 5; DtV 15.12.1910, 25, und 16.12.1910, 8
258 Ebda. IKZ 17.12.1910, 2-3; DIB 22.12.1910, 5 bzw. 8–9
259 DNZ 16.12.1910, 3; DtV 16.12.1910, 8; NWT 16.12.1910, 9
260 Ebda.
261 Vgl. DNZ 21.12.1910, 1–2; NWT 20.12.1920, 8; RP 21.12.1910, 6
262 DIB 20.07.1911, 8; IKZ 14.07.1911, 12; Deutsche Zeitung, Wochenausgabe Brasilien/São Paolo vom 04.05.1911
263 »Graf Gisbert von Wolff-Metternich. Ein Bild aus der Berliner Lebewelt. Skandalprozeß in Berlin.« In: Interessante Kriminal-Prozesse von kulturhistorischer Bedeutung. 1911–1921, Band 7.
264 Ebda. IKZ 17.12.1910, 2–3; NWT 25.11.1911, 17
265 PL 23.07.1911, 1–2; NWT 08.01.1915, 22; PT 15.02.1917, 6; KIRS 18.08.1912, 37; NWJ 13.02.1934, 5
266 NWJ 08.12.1909, 1
267 DtV 27.10.1908, 1
268 SC 12.06.1908, 1–2; AZ 29.10.1908, 7
269 NWJ 16.01.1909, 1; RP 26.02.1909, 2
270 Ebda. ASZ 05.01.1908, 18; DIB 28.01.1909, 4
271 AZ 11.06.1912, 1–3
272 SB 06.02.1904, 2
273 NWJ 12.11.1913, 5; 13.01.1907, 3; 16.01.1909, 3
274 SC 23.04.1907, 1; NWJ 09.03.1909, 3
275 KIK 18.02.1909, 2; NWJ 04.03.1909, 6; SV 04.03.1909, 4; WMJ 08.03.1909, 3; PIT 11.03.1909, 6
276 NWT 19.11.1911, 16; GV (Abend) 29.12.1911, 1; LV 29.12.1911, 1
277 Ebda. AZ 29.12.1911, 6; GT 29.12.1911, 20; NWT 29.12.1911, 8; NWJ 29.12.1911, 4; PL 29.12.1911, 7; PT 29.12.1911, 7; 30.12.1911, 6
278 SV 29.12.1911, 6; IKZ 30121911, 5
279 AW 31.12.1911, 7; NWA 30.12.1911, 50; GT 30.12.1911, 22; GV (Abend) 29.12.1911, 1
280 WSMZ 13.03.1911, 6; IKZ 15.03.1911, 5
281 NWJ 23.04.1911, 5; Sachslehner, Abbazia, 166–171
282 Blom, 380
283 NWT 05.03.1911, 1; IKZ 17.07.1911, 6
284 WB 15.03.1911, 9; Blom, 269 f. und 380 f.
285 WSMZ 13.03.1911, 6
286 DNZ 11.03.1911, 2
287 NWJ 08.03.1911, 4–5; WSMZ 13.03.1911, 6; DNZ 11.03.1911, 2
288 Ebda. IKZ 15.03.1911, 5; WSMZ 13.03.1911, 6. GT 11.03.1911, 4
289 SV 16.03.1911, 6; IKZ 15.03.1911, 5; WSMZ 13.03.1911, 6
290 DIB 09.03.1911, 9–11; NWJ 08.03.1911, 4–5; IKZ 15.03.1911, 5
291 AW 13.03.1911, 3
292 WB 15.03.1911, 9
293 Zitiert nach: PIT 31.03.1911, 5; Gut dargestellt in der Sonderschau »WoMen at War« des Heeresgeschichtlichen Museums 2013
294 NWJ 19.10.1913, 3; RP 08.08.1913, 1
295 Ebda. RP 21.08.1913, 1; 13.09.1913, 1; 20.09.1913, 1–2
296 NWJ 17.10.1913, 5; DAZ 13.11.1913, 8
297 Kronenbitter, 222 f.; Bednar, Österreichische Auswanderung in die USA 1900–1930; NWJ 17.10.1913, 5
298 NWB 18.10.1913, 8; 19.10.1913, 6
299 NWJ 17.10.1913, 5; 19.10.1913, 8; 21.10.1913, 4
300 NWJ 22.10.1913, 3; 24.10.1913, 3
301 Ebda. NWJ 23.10.1913, 3; 29.10.1913, 3; WSMZ 27.10.1913, 2-3; 03.11.1913, 1–2
302 Ebda.
303 NWJ 29.10.1913, 3
304 WSMZ 10.11.1913, 2; 01.12.1913, 5; NWJ 29.10.1913, 3
305 NWJ 17.11.1913, 2; WSMZ 17.11.1913, 5
306 Höbel, Kino Drama »Eine dunkle Begierde«
307 Zitiert nach: Jung/Anz, 75
308 GT 22.10.1901, 3; 31.07.1902, 21; 01.01.1903, 4; GV 03.01.1903, 2; VL 04.08.1902, 2; »Otto Gross (1877–1920). Biographischer und theoretischer Überblick« von Gottfried Heuer auf der Homepage der Otto Gross-Gesellschaft

309 Ebda.

310 Jung/Anz, 15–17; www.psyalpha.net: Alfred Springer, Otto Gross-Biografie 2008

311 Dienes, Lasterhaftes Leben trotz der Gesetze des Vaters«. In: Grazer Stadtblatt 03.04.2007

312 Heuer, »Otto Gross (1877–1920); Alfred Springer, Otto Gross-Biografie 2008 (online: www.psyalpha.net)

313 Tobias Engelsing, Vollpension mit Gartenfron. In: Anderes Leben, 30–36

314 Erich Mühsam: Tagebücher, Heft V/Eintrag 4. Juli 1911; Engelsing, Vollpension, 33–34

315 Jung/Anz, 48; Raimund Dehmlow, »Der Fall Wertheimer oder Otto Gross als Verführer« (online-Text auf Homepage von R. Dehmlow); ZT 08.03.1914, 9; NWT 27.02.1914, 5; 05.03.1914, 80; Alfred Springer, Otto Gross Biografie 2008

316 Dehmlow und Dienes; Mühsam/Tagebücher, Heft VI, Eintrag 7. September 1911

317 Vgl. dazu Akten und Berichte des k. k. Innenministeriums, abgedruckt in: Jung/Anz, 146 ff.

318 Dickinger, 174; Jung/Anz, 146 ff., 80, 101 ff.

319 Jung/Anz, 146–155

320 NWJ 10.01.1914, 5; NWT 28.02.1914, 14; 05.03.1914, 80; NWA 27.02.1914, 49; ZT 08.03.1914, 9; Jung/Anz, 74 ff.; Mühsam/Tagebücher: Heft X, Eintrag vom 16.September 1912; Heft VI, Eintrag vom 29. Juli 1911

321 Jung/Anz, 39 f., 61 ff., 29 ff.; Heuer, »Otto Gross (1877–1920); Anton Kuh: zitiert nach Jung/Anz, 44; NWJ 11.01.1921, 5

322 Vgl. tanzbibliothek.de, Beitrag über den Tango

323 DIB 20.11.1913, 6–7

324 Ebda; RP 07.11.1913, 6; IKZ 21.11.1913, 5

325 S&S 15.11.1913, 8; NWJ 01.03.1914, 7

326 NFP 15.04.1912, 9

327 NWJ 21.10.1913, 6

328 DIB und IKZ a. a. O.; NWJ 30.10.1913, 7; KIRS 23.11.1913, 110

329 NWJ 16.01.1914, 5; MRB 21.07.1913, 8; GT 24.11.1913, 3; Döpp, Musik und Eros, 112

330 DAZ 27.11.1913, 8

331 NWJ 01.11.1913, 5

332 KIK 16.11.1913, 1; DIB a. a. O.; WSMZ 19.01.1914, 3

333 DNZ 26.01.1914, 2; NWJ 17.01.1914, 9; WSMZ 16.02.1914, 3

334 GT 26.08.1913, 19; 15.11.1913, 1; WSMZ 16.02.1914, 3; IF Heft 4/1913, 6

335 NFP 26.01.1913, 53

336 IKZ 27.09.1913, 13; PT 17.03.1914, 19; CAZ 07.04.1914, 4

337 NWT 12.05.1914, 64; IKZ 13.05.1914, 1 und 3–7; AZ 14.05.1914, 9-10; KZ 13.05.1914, 1 und 3–7

338 Ebda. DNZ 13.05.1914, 1 und 4–5

339 IKZ 14.05.1914, 3-6; DtV 13.05.1914, 11

340 Ebda. WB 17.05.1914, 9; PT 15.05.1914, 4

341 Ebda.

342 Ebda.

343 DtV 13.05.1914, 11; IKZ 13.05.1914, 1 und 3–7; TI 19.05.1914, 5; SC 14.05.1914, 6; DIB 21.05.1914, 5

344 SB 29.03.1924, 1; 15.05.1927, 4.; 28.10.1928, 7; 31.08.1930, 1; ISZ 21.07.1923, 11; NWJ 21.10.1927, 4 f.; LT 22.08.1932, 12; SV 28.01.1936, 8; 29.01.1936, 9; 16.03.1936, 9; 27.08.1936, 8; SC 27.08.1936, 6

345 IKZ 02.und 03.05.1917

346 NFP 03.05.1917, 8

347 ÖBL: Felix Fischer; austria-lexikon.at

348 NFP 02.05.1917, 7-9; Gruber-Hauk, 17 ff.

349 MO 01.01.1917, 3

350 MO 08.011.917, 3; DtV 03.01.1917, 7; WC 14.01.1917, 6; Alfred Polgar: zitiert nach Gruber-Hauk, 18

351 IKZ 02.05.1917, 3–4

352 IKZ 03.05.1917, 5–8

353 Ebda.

354 Ebda.

355 NFP 02.05.1917, 7–9

356 FB 03.05.1917, 8; NFP 05.05.1917, 10

357 IKZ 02. und 03.05.1917, 1; DtV 05.05.1917, 7–8; AZ 03.05.1917, 7 und 05.05.1917, 7; NWJ 08.09.1923, 27

Quellenverzeichnis

1. Primärquellen

Historische Zeitungen und Zeitschriften

Abgerufen über: ANNO = *AustriaN Newspapers Online* der ÖNB (http://anno.onb.ac.at/)

BP	Bukowinaer Post
DtZ	Deutsche Zeitung
EB	Extra Blatt
FRB	Freies Blatt
HU	Der Humorist
ISZ	Illustrierte Sport-Zeitung
MB	Montags Blatt
MIZ	Militär Zeitung
AAZ	Allgemeine Automobilzeitung
ABZ	Allgemeine Bauzeitung
AGZ	Agramer Zeitung
ALFZ	Allgemeine land- und forstwirtschaftliche Zeitung
ASZ	Allgemeine Sport Zeitung
MON	Der Montag
AW	Arbeiterwille
AZ	Arbeiter-Zeitung
BB	Badener Bezirksblatt
BOM	Die Bombe
BR	Bukowinaer Rundschau
MAZ	Marburger Zeitung
LZ	Laibacher Zeitung
BZ	Badener Zeitung
CAZ	Czernowitzer Abendzeitung
DAZ	Danzers Armee-Zeitung
DIB	Das Interessante Blatt
DNB	Deutsches Nordmährer Blatt
DNZ	Die Neue Zeitung
DtV	Deutsches Volksblatt
DZ	Die Zeit
EP	Extrapost
FB	Neues Fremden-Blatt
FH	Freiheit
MOPO	Morgen Post
FH	Freiheit
FI	Figaro
FL	Der Floh
GL	Die Glühlichter
GMZ	Grazer Mittags-Zeitung
GT	Grazer Tagblatt
GV	Grazer Volksblatt
IF	Illustriertes Familienblatt. Häusl. Ratgeber für die Frau.
IKZ	Illustrierte Kronen Zeitung
IN	Innsbrucker Nachrichten
MIZ	Militär Zeitung
IWE	Illustriertes Wiener Extrablatt
KIK	Kikeriki
KIRS	Kinematographische Rundschau
KYF	Der Kyffhäuser
LEITZ	Leitmeritzer Zeitung
LTP	Linzer Tages-Post
LV	Linzer Volksblatt
MO	Der Morgen
MRB	Montags Revue aus Böhmen
MTB	Mährisches Tagblatt
MU	Die Muskete
MZ	Montags Zeitung
NFB	Neues Fremdenblatt
NFP	Neue Freie Presse
NHZ	Neue Hamburger Zeitung
NIZ	Neue Illustrierte Zeitung
NSZ	Neue Schlesische Zeitung
NWA	Neues Wiener Abendblatt

NWB	Neuigkeits-Welt-Blatt
NWJ	Neues Wiener Journal
NWT	Neues Wiener Tagblatt
ÖBZ	Österreichische Bauzeitung
ÖFZ	Österreichische Forst Zeitung
ÖIZ	Österreichische Illustrierte Zeitung
ÖVZ	Österreichische Volkszeitung
PA	Prager Abendblatt
PIT	Pilsner Tagblatt
PL	Pester Lloyd
PR	Die Presse
PT	Prager Tagblatt
RP	Reichspost
S&S	Sport & Salon
SB	Salonblatt
SC	Salzburger Chronik
SV	Salzburger Volksblatt
SW	Salzburger Wacht
TA	Tiroler Anzeiger
TI	Der Tiroler
TSA	Teplitz Schönauer Anzeiger
VL	Das Vaterland
VLZ	Vorarlberger Landes Zeitung
VSL	Volksblatt für Stadt und Land
VV	Vorarlberger Volksfreund
WA	Wiener Abendpost
WB	Wiener Bilder
WC	Wiener Caricaturen
WE	Wiener Extrablatt
WLZ	Wiener Landwirtschaftliche Zeitung
WM	Wiener Montagsblatt
WMJ	Wiener Montags Journal
WMP	Wiener Montags Post
WNN	Wiener Neueste Nachrichten
WSMZ	Wiener Sonn- und Montags-Zeitung
WST	Wiener Sport Tagblatt
WWB	Wienerwaldbote
WZ	Wiener Zeitung
ZT	Znaimer Tagblatt
ZW	Znaimer Wochenblatt

Weitere historische Publikationen:

RGBl. = Reichsgesetzblatt für die im Reichsrathe vertretenen Königreiche und Länder 1870–1918, Deutsche Ausgabe. (Abgerufen über: ALEX – Historische Rechts- und Gesetzestexte Online der ÖNB.)

StP-AH-RR = Stenographische Protokolle des Abgeordnetenhauses des **Reichsrates** 1861–1918. (Abgerufen über: ALEX – Historische Rechts- und Gesetzestexte Online der ÖNB)

Memoiren und andere zeitgenössische Texte (Auswahl):

Altenberg, Peter: Im Nachtcafé, Wien 2008

Altenberg, Peter: Was der Tag mir zuträgt. Auswahl aus seinen Tagebüchern, Wiesbaden (Matrixverlag) 2009

Altenberg, Peter: Wie ich es sehe (In der Fassung des Erstdrucks von 1896), Frankfurt a. M. 2009

Altmann-Loos, Elsie: Mein Leben mit Adolf Loos, Wien 2013

Ascher, Robert Maximilian, Der Schuhmeier, Wien 1933. (Onlineversion: http://gutenberg.spiegel.de/buch/der-schuhmeier-1579/1)

Bahr, Hermann: Renaissance. Neue Studien zur Kritik der Moderne. Berlin 1897

Bahr, Hermann: Tagebücher, Skizzenbücher, Notizhefte, hrsg. v. Moritz Csáky, Wien ab 1997

Friedländer, Hugo: Die Ermordung des Grafen Komorowski vor dem Schwurgericht zu Venedig. In: Interessante Kriminal-Prozesse von kulturhistorischer Bedeutung. 1911–1921, Band 3, 9–76

Graf Gisbert von Wolff-Metternich. Ein Bild aus der Berliner Lebewelt.« In: Interessante Kriminal-Prozesse von kulturhistorischer Bedeutung. 1911–1921, Band 7

Illig, Heribert (Hrsg.): Das Egon Friedell Lesebuch, Zürich 2009

Jahresbuch der Trabrennen in Österreich-Ungarn 1905 und 1907

Johann Neuholds Lebensbeschreibung, hrsg. von Eberhard Winkler, Sirnach/Schweiz; Kap. 52: »Dr. Wasserfallen und seine Frauen«. (Onlineversion: http://johannneuhold.blogspot.co.at/)

Kraus, Karl: Aphorismen – Eros, Moral, Christentum

Kraus, Karl: Das große Lesebuch, Frankfurt a. M. 2010

Kraus, Karl: Der Fall Hervay. In: *Die Fackel*, Nr. 165, VI. Jahr, Wien, 8. Juli 1904

Kraus, Karl: Der Hanswurst (Februar 1908). In: Die Chinesische Mauer, Essays, 4. Aufl. 1918

Kraus, Karl: Der Hexenprozess von Leoben. In: *Die Fackel*, Nr. 168, VI. Jahr, Wien, 10. November 1904

Kraus, Karl: Die Memoiren der Frau Hervay. In: *Die Fackel*, Nr. 186, Wien, 26.10.1905

Kraus, Karl: »Der Fall Riehl«. In: *Die Fackel*, Nr. 211, Wien 13.11.1906

Lessing, Theodor: Nachtkritiken – Kleine Schriften 1906–1907, hrsg. von Rainer Marwedel, Göttingen 2006

Mühsam, Erich: Tagebücher, Heft V/Eintrag 4. Juli 1911

Sacher-Masoch, Wanda von: Meine Lebensbeichte. (Onlineversion auf ZENO, abgerufen 10.09.2017)

Schaukal, Richard von: Leben und Meinungen des Herrn Andreas von Balthesser, eines Dandy und Dilettanten. Hrsg. von Alexander Kluy, *Wiener Literaturen* 4, Wien 2013

Schnitzler, Arthur: Jugend in Wien. Eine Autobiographie, Frankfurt a. M. 1992

Silberer, Herbert: Probleme der Mystik und ihrer Symbolik, 1914. Nachdruck Graz 2012

Silberer, Herbert: Durch Tod zum Leben, Wien 1915

Silberer, Herbert: Der Traum: Einführung in die Traumpsychologie, Stuttgart 1919. (Nachdruck Bremen 1012)

Der Skandal von Graz oder Der nackte Ball. Aus den Geheimnissen einer österreichischen Provinzhauptstadt, Zwei Teile in einem Band, Graz 1909. (Ausgabe Edition Strahalm, Graz 2016.)

Wallersee-Larisch, Marie Louise von: Meine Vergangenheit (Reprint der Originalausgabe von 1913), austrian literature online Band 314, Graz–Linz o. J.

Zuckerkandl, Berta: Österreich intim. Erinnerungen 1892 bis 1942, Wien 2013

Zweig, Stefan: Die Welt von Gestern. Erinnerungen eines Europäers, Frankfurt a. M. 1993.(=WvG)

2. Literatur

Ackerl, Elisabeth: Wiener Moderne 1890–1910, hrsg. vom Bundespressedienst, Wien 1999

Anderes Leben. Aus der Reihe *ZEIT Geschichte*. Heft 2/2013. Hamburg 2013

Arnbom, Marie-Theres: Damals war Heimat. Die Welt des Wiener jüdischen Großbürgertums, Wien 2014

Ascher, Robert Maximilian: Der Schuhmeier, Wien 1933. (Onlineversion Projekt Gutenberg DE)

Bankl, Hans: Die kranken Habsburger. Befunde und Befindlichkeiten einer Herrscherdynastie, 3. Aufl. München 2005

Bednar, Kurt: Österreichische Auswanderung in die USA 1900–1930, Dissertation, Wien 2012

Benesch, Markus: Die Geschichte der Wiener Christlichsozialen Partei zwischen dem Ende der Monarchie und dem Beginn des Ständestaates, Dissertation, Wien 2010

Benesch, Markus: Die Wiener Christlichsoziale Partei 1910–1934. Eine Geschichte der Zerrissenheit in Zeiten des Umbruchs, Wien 2014

Bergmann, Jens/Pörksen, Bernhard (Hrsg.): Skandal! Die Macht öffentlicher Empörung, Köln 2009

Binder, Dieter A.: Duell und Duellverweigerung. Zur Frühgeschichte des CV in Österreich, in: *Blätter für Heimatkunde* 55/2 (1981), 42–53

Binder, Dieter A.: Einige Überlegungen zu politischen Positionen von Karl Kraus, in: Literatur und Kritik 211/212 (1987), 55–68

Blom, Philipp: Der taumelnde Kontinent. Europa 1900–1914, München 2011

Boyer, John W.: Karl Lueger (1844–1910): Christlichsoziale Politik als Beruf, Wien 2010

Bruckmüller, Ernst: Armut und Reichtum in der Geschichte Österreichs, Wien 2010

Burkhardt, Steffen: Skandal, medialisierter Skandal, Medienskandal: Eine Typologie öffentlicher Empörung, in: Bulkow, Kristin/Petersen, Christer (Hrsg.): Skandale. Strukturen und Strategien öffentlicher Aufmerksamkeitserzeugung, Wiesbaden 2011, 132–155

Csáky, Moritz: Die Wiener Moderne. Ein Beitrag zu einer Theorie der Moderne in Zentraleuropa, in: Rudolf Haller (Hrsg.), nach kakanien. Annäherung an die Moderne, Wien–Köln–Weimar 1996

Czernin, Monika: Anna Sacher und ihr Hotel. Im Wien der Jahrhundertwende, München 2014

Der Prophet. Die Welt des Karl Wilhelm Diefenbach. Begleitbuch zur Ausstellung in der Hermesvilla, Wien 2011

Dickinger, Christian: Habsburgs schwarze Schafe. Über Sonderlinge, Rebellen und Wahnsinnige im kaiserlichen Hause, 5. Aufl. München 2007

Dienes, Gerhard M.: Lasterhaftes Leben trotz der Gesetze des Vaters, in: *Grazer Stadtblatt*, 03.04.2007

Die Wiener Ringstraße. Der Prachtboulevard und seine Epoche, Wien 2015 (= *Zeitreise Österreich* Heft 1/2015)

Döpp, Hans-Jürgen: Musik und Eros, Frankfurt 2010

Duma, Veronika u. a.: Aufstand in der Vorstadt: Wiens verborgene Klassenkämpfe um 1900, in: *Perspektiven. Magazin für linke Theorie und Praxis*, Nr.11/2010, Wien 2010

Fellner, Sabine/Unterreiner, Katrin: Morphium, Cannabis und Cocain. Medizin und Rezepte des Kaiserhauses, Wien 2008

Grieser, Dietmar: Eine Liebe in Wien, Ausgabe 2003

Gruber-Hauk, Susanne: Das Wiener Volkstheater zwischen 1889 und 1987 im gesellschaftlichen Kontext, Diplomarbeit, Wien 2008

Hamann, Brigitte: Bertha von Suttner: Kämpferin für den Frieden, München 2015

Harriet, Elisabeth-Joe (Hrsg.): Ich bin auf Kur am Semmering. Ein Erinnerungsband an das Kurhaus Semmering und seine berühmten Gäste, 2011

Heiliger, Anita: Pädophilie. Definition, Selbstdarstellung, Strategien der Opfergewinnung und Möglichkeiten des Gegenhandelns. In: *Deutsche Jugend* 4/2008, 166–174

Heuer, »Otto Gross (1877–1920). Biographischer und theoretischer Überblick«, London 1998 (Onlineversion auf der Homepage der Internationalen Otto Gross Gesellschaft e.V. Hannover/London)

Hingst, Wolfgang: Macht der Mütter – Ohnmacht der Väter, Berlin 2013

Höbel, Wolfgang: Kino Drama »Eine dunkle Begierde«: Segelboot und Peitsche, *Spiegel online* 10.11.2011

Holzer, A.: Sex, Lügen, Irrsinn: Die Geschichte der Helene Odilon, in: *FAZ* 04.01.2011

Jacono, Domenico: Der Sexmarkt im Wien des Fin de Siècle. (Onlineversion auf: www.kakanien–revisited.at)

Johnston, William M.: Österreichische Kultur- und Geistesgeschichte: Gesellschaft und Ideen im Donauraum 1848 bis 1938, Wien 4. Aufl. 2006

Jung, Christina/Anz, Thomas (Hrsg.): Der Fall Otto Gross. Eine Pressekampagne deutscher Intellektueller im Winter 1913/14, Marburg a. d. Lahn 2002

Kabarett Fledermaus 1907–1913. Ein Gesamtkunstwerk der Wiener Werkstätte. Literatur, Musik, Tanz. (Buch zur Ausstellung), Wien 2007

Kleindel, Walter: Österreich. Daten zur Geschichte und Kultur, Sonderausgabe Wien 1978

Komarek, Alfred: Österreich von innen, Band 1: Semmering, Innsbruck–Wien 2012

Kos, Wolfgang: Highway 1912 Revisited, in: *Der Standard* (Onlineausgabe vom 07.12.2001)

Kramar, Konrad/Stuiber, Petra: Die schrulligen Habsburger. Marotten und Allüren eines Kaiserhauses, München 2005

Kratzer, Hertha: Alles, was ich wollte, war Freiheit. Außergewöhnliche Österreicherinnen der Moderne, Wien–Graz–Klagenfurt 2015

Kränsel, Nina: Gustav Klimt, München 3. Aufl. 2011

Kronenbitter, Günther: »Krieg und Frieden«. Die Führung der k. u. k. Armee und die Großmachtpolitik Österreich-Ungarns 1906–1914, München 2003

Kuhl, Isabel: Egon Schiele, München 2006

Kultur, Identität, Differenz. Wien und Zentraleuropa in der Moderne, hrsg. von Moritz Csáky, Astrid Kury, Ulrich Tragatschnig, Innsbruck–Wien–München–Bozen 2004

Lindinger, Michaela: Sonderlinge – Außenseiter – Femmes Fatales. Das »andere« Wien um 1900, Wien 2015

Long, Christopher: Der Fall Loos, Wien 2015

Mertens, Christian: Richard Weiskirchner (1861–1926). Der unbekannte Wiener Bürgermeister, Wien 2006

Mildenberger, Florian: » ... als Conträrsexual und als Päderast verleumdet ... « – Der Prozess um den Naturforscher Theodor Beer (1866–1919) im Jahre 1905, in: *Zeitschrift für Sexualforschung*, 2005, 18(4), 332–351

Millner, Alexandra: Prostitutionsutopien und -realitäten der Habsburgermonarchie. Zu einem Text von Paul Zschorlich, Wien 2007. (Onlineversion: www.kakanien-revisited.at)

Murauer, Markus: Karl Kraus und das Judentum, Diplomarbeit, Salzburg 1999

Neue Deutsche Biographie (= NDB, Onlineversion: http://www.ndb.badw–muenchen.de/ndb.htm)

Neuhold, Helmut: Das andere Habsburg. Homoerotik im österreichischen Kaiserhaus, Marburg 2008

Österreichisches Biographisches Lexikon (= ÖBL, Onlineversion: http://www.biographien.ac.at)

Peham, Helga: Die Salonièren und die Salons in Wien. 200 Jahre Geschichte einer besonderen Institution, Wien–Graz–Klagenfurt 2013

Pickl, Othmar: Geschichte der Marktgemeinde Langenwang, Judenburg 1972

Rath, Eva-Maria: Ehrenkodex, Duellzwang und Spielleidenschaft in ausgewählten Werken von Arthur Schnitzler und deren szenische Umsetzung, Diplomarbeit, Wien 2013

Rauterberg, Hanno: Pädophiliedebatte in der Kunst: Die Bilder des Begehrens, in: *DIE ZEIT* Nr. 50/2013

Reissmüller, Reinhard: »Aus einer kleinen Garnison«. Der Roman des Leutnants Bilse aus dem Jahre 1903. Aktuelle Wirkung und späte Folgen einer frühen Wilhelminismus-Kritik, in: Imprimatur. Ein Jahrbuch für Bücherfreunde. Neue Folge Band X, 1982, 272–294

Renner, Ursula: Dokumentation eines Skandals. Arthur Schnitzlers »Lieutenant Gustl«, in: Hofmannsthal – *Jahrbuch zur Europäischen Moderne* 15/2007, Freiburg, 33–216

Rosenberger, Werner: Auf der Hohen Warte. Flair & Mythos des berühmten Wiener Villenviertels, Wien 2015

Rosenberger, Werner: Im Cottage. Wiens erste Adressen und ihre berühmten Bewohner, Wien 2014

Sachslehner, Johannes: Abbazia. K. u. k. Sehnsuchtsort an der Adria, Wien–Graz–Klagenfurt 2011

Samuel, Lara: Das Erotische bei Leopold von Sacher-Masoch und seine Rezeption in Frankreich, Diplomarbeit, Wien 2008

Sandgruber, Roman: Traumzeit für Millionäre. Die 929 reichsten Wienerinnen und Wiener im Jahr 1910, Wien–Graz–Klagenfurt 2013

Sarnitz, August: Adolf Loos 1870–1933. Architekt, Kulturkritiker, Dandy, Köln 2010

Sarnitz, August: Josef Hoffmann 1870–1956. Im Universum der Schönheit, Köln 2007

Schick, Paul: Karl Kraus, Rowohlt Bildmonographien, 12. Aufl. Hamburg 2004

Schlögl, Michaela: Klimt mit allen fünf Sinnen, Wien–Graz–Klagenfurt 2012

Schlothauer, Andreas: Die Diktatur der freien Sexualität. AAO, Mühlkommune, Friedrichshof. Österreichische Texte zur Gesellschaftskritik Band 55, hrsg. vom Verein Kritische Sozialwissenschaft und Politische Bildung; Verlag für Gesellschaftskritik, Wien 1992

Seydel, Robert: Die Seitensprünge der Habsburger. Liebesrausch und Bettgeflüster einer Dynastie, München 2011

Stourzh, Gerald: Die österreichische Dezemberverfassung von 1867, in: Österreich in Geschichte und Literatur 12 (1968), 1–16

Tallis, Frank: Der Tod und das Mädchen: Ein Fall für Max Liebermann, München 2011

Tsiavou; Evangelia: Die romantische Liebe als Medium der Sublimierung: Leopold von Sacher–Masochs »Die geschiedene Frau«, Würzburg 2006

Vasko-Juhász, Désirée: Die Südbahn. Ihre Kurorte und Hotels (= Semmering Architektur, Band 1, hrsg. v. Mario Schwarz), Wien–Köln–Weimar 2006

Weingand, Hans-Peter: Der Skandal von Graz, in: *Korso* vom 11.10.2007

Weinzierl, Ulrich: Mädchensammler auf Kur, in: *Die Welt* 02.02.2002

Weismann, Stephanie: Das Potenzial der Peripherie: Leopold von Sacher-Masoch (1836–1895) und Galizien (= Band 2 von Wiener Galizien–Studien), Göttingen 2017

Wien 1900. Kunst und Kultur. Fokus der europäischen Moderne, hrsg. von Christian Brandstätter, Wien 2011

Wien 1900, Sammlung Leopold, Wien, hrsg. von Diethard Leopold und Peter Weinhäuptl, Wien–München 2009

Winkelhofer, Martina: Eine *feine* Gesellschaft. Europas Königs- und Kaiserhäuser im Spiegel ihrer Skandale, Wien 2014

Winkelhofer, Martina: Das Leben adeliger Frauen. Alltag in der k. u. k. Monarchie, Innsbruck–Wien 2011

Winkelhofer, Martina: Der Alltag des Kaisers. Franz Joseph und sein Hof, Innsbruck–Wien 2010

Winkler, Anita: Umbruchstimmung in der Monarchie. Die Welt der Habsburger. (Onlineversion: www.habsburger.net, abgerufen am 10.09.2017)

Wolfingseder, Barbara: Lust & Laster im Alten Wien, Wien–Graz–Klagenfurt 2015

Abbildungsverzeichnis

Alle: ANNO/Österreichische Nationalbibliothek (außer Abb. 8, 12, 42, 70)

Abb. 1: Figaro 22.06.1907, 16. (NN); **Abb. 2**: Muskete 12.10.1905, 8 (Theodor Zasche); **Abb. 3**: Sport & Salon 14.06.1913, 7. (Lechners Taschenkamera); **Abb. 4**: Sport & Salon 25.01.1913, 11. (Foto: Ludwig Gutmann); **Abb. 5**: Die Bombe 17.02.1907 (NN); **Abb. 6**: Muskete 09.02.1912, 12. (Heinrich Krenes); **Abb. 7**: Die Bombe 07.07.1901, 1. (Carl Fischer-Köystrand); **Abb. 8**: Wikimedia Commons (Foto: NN); **Abb. 9**: Die Bombe 11.05.1879, 1. (László von Frecskay); **Abb. 10**: Wiener Bilder 07.11.1906, 4. (Foto: n. n.); **Abb. 11**: Der Floh 04.03.1888, 2. (Theodor Zasche); **Abb. 12**: Wikimedia Commons (Foto: Rudolf Krziwanek); **Abb. 13**: Wiener Caricaturen 22.04.1883, 1 (Carl Fischer-Köystrand); **Abb. 14**: Glühlichter 08.05.1907, 10. (Rudolf Sperl); **Abb. 15**: Sport & Salon 12.12.1903, 11. (Foto: NN); **Abb. 16**: Wiener Caricaturen 20.12.1896, 1. (Theodor Zajaczkowski); **Abb. 17**: Der Floh 20.12.1896,6. (Theodor Zajaczkowski); **Abb. 18**: Figaro 12.03.1892, 7. (Theodor Zasche); **Abb. 19**: Österreichische Illustrierte Zeitung 23.10.1898, 4. (F.G. Walther für die ÖIZ); **Abb. 20**: Kikeriki 22.09.1898, 1. (NN); **Abb. 21**: ÖIZ 30.06.1901, 3. (Foto: NN); **Abb. 22**: Glühlichter 01.07.1908, 1. (Rudolf Sperl); **Abb. 23**: Sport im Bild 1897/nr48/792 (Foto: Karl Maloch); **Abb. 24**: Der Floh 15.11.1903, 1. (Theodor Zajaczkowski); **Abb. 25**: Der Floh 07.07.1901, 4. (Theodor Zajaczkowski); **Abb. 26**: Wiener Bilder 16.03.1904, 6. (nach der Skizze eines Augenzeugen); **Abb. 27**: Muskete 09.02.1912, 9. (Heinrich Krenes); **Abb. 28**: Wiener Bilder 26.01.1919, 7. (Foto: NN); **Abb. 29**: Sport & Salon 03.04.1903, 19. (Foto: NN); **Abb. 30**: Wiener Caricaturen 31.07.1904, 1. (Carl Fischer-Köystrand); **Abb. 31**: Wiener Bauindustrie-Zeitung 1894, Pläne, Blatt Nr.85. (Foto: NN); **Abb. 32**: Wiener Bilder 29.06.1904, 5. (Foto: NN); **Abb. 33**: Wiener Bilder 02.11.1904, 10. (Foto: NN); **Abb. 34**: DIB 30.06.1903, 1.; **Abb. 35**: Sport & Salon 02.04.1904, 17.(Foto: NN); **Abb. 36**: Sport & Salon 16.07.1910, 11. (Foto: R. Lechner) **Abb. 37**: DIB 31.03.1904, 10.; **Abb. 38**: Der Floh 29.10.1905, 4. (Friedrich Graetz); **Abb. 39**: Muskete 07.06.1906, 8. (Franz Wacik); **Abb. 40**: Wiener Bilder 04.05.1930, 6. (Foto: NN); **Abb. 41**: Wiener Bilder 11.10.1905, 1.; **Abb. 42**: Wikimedia Commons (Foto: NN); **Abb. 43**: Muskete 05.04.1906, 8. (Heinrich Krenes); **Abb. 44**: Die Muskete 24.05.1906, 6. (Friedrich Koch); **Abb. 45**: Muskete 23.05.1907, 4. (Heinrich Krenes); **Abb. 46**: Wiener Bilder 14.11.1906, 8.; **Abb. 47**: ÖIZ 22.09.1907, 6. (Foto: NN); **Abb. 48**: Wiener Bilder 11.09.1907, 1.; **Abb. 49**: ÖIZ 15.09.1907, 6. (Fotos: NN); **Abb. 50**: Wiener Bilder 07.07.1918, 8. (Foto: NN); **Abb. 51**: Figaro 11.04.1908, 16. (Friedrich Graetz); **Abb. 52**: Glühlichter 22.04.1908, 12. (R. Sperl); **Abb. 53**: Glühlichter 01.09.1898, 8. (Friedrich Graetz); **Abb. 54**: Muskete 03.01.1908, 5. (Carl Fischer-Köystrand); **Abb. 55**: Muskete 02.02.1911, 3. (Franz Wacik); **Abb. 56**: Muskete 04.09.1913, 4. (Hans Printz); **Abb. 57**: ÖIZ 29.12.1907, 15. (Foto: NN); **Abb. 58**: Der Floh 02.10.1910, 5. (Friedrich Graetz); **Abb. 59**: Wiener Caricaturen 16.02.1908, 1. (Carl Fischer-Köystrand); **Abb. 60**: WC 29.08.1909, 1. (Tony Pfoser); **Abb. 61**: Der Floh 17.01.1909, 8. (Franz Kuderna); **Abb. 62**: DIB 10.07.1913, 18. (Foto: NN); **Abb. 63**: Der Floh 05.03.1911, 4. (Friedrich Graetz); **Abb. 64**: Wiener Bilder 15.03.1911, 1.; **Abb. 65**: WB 15.03.1911, 9. (Fotos: NN); **Abb. 66**: Figaro 18.03.1911, 3. (Heinrich Krenes); **Abb. 67**: Wiener Caricaturen 09.11.1913, 1. (NN); **Abb. 68**: Die Muskete 13.02.1908, 5. (Carl Josef Pollak); **Abb. 69**: Wikimedia Commons (Foto: NN); **Abb. 70**: © Archiv Karl-Franzens-Universität Graz (Foto: NN); **Abb. 71**: DIB 20.11.1913, 5. (Foto NN); **Abb. 72**: Muskete 11.12.1913, 8. (Franz Wacik); **Abb. 73**: WB 12.10.1913, 6. (Foto: NN); **Abb. 74**: Sport & Salon 11.06.1910, 1. (Foto: Sándor Strelisky); **Abb. 75**: DIB 21.05.1914, 5. (Foto: NN); **Abb. 76**: Wiener Bilder 20.08.1916, 14. (Foto: NN); **Abb. 77**: Muskete 31.12.1908, 4. (Carl Josef Pollak)

STYRIA
BUCHVERLAGE

Wien – Graz – Klagenfurt

ISBN 978-3-222-15025-8

Bücher aus der Verlagsgruppe Styria gibt es
in jeder Buchhandlung und im Online-Shop
Styriabooks.at

Coverabbildungen: alle ANNO der ÖNB;
vorne: Willy Stieborsky/Muskete 11.02.1913, 49;
hinten: (v. o. n. u. & l. n. r.): Heinrich Krenes/Muskete 09.02.1912, 9.;
Wiener Bilder 15.03.1911, 1; Hans Printz/Muskete 04.09.1913, 4.;
Tony Pfoser/Wiener Caricaturen 29.08.1909, 1.;
Carl Fischer-Köystrand/Muskete 03.01.1908, 5.;
Wiener Caricaturen 09.11.1913, 1.; Heinrich Krenes/Muskete 05.04.1906, 8.

Covergestaltung: Emanuel Mauthe
Buchgestaltung und Satz: Burghard List
Lektorat: Elisabeth Wagner

Druck und Bindung: Finidr
Printed in the EU
7 6 5 4 3 2 1